Kohlhammer

Der Autor

Dr. Stefan Goertz, Professor für Sicherheitspolitik (Schwerpunkt Extremismus- und Terrorismusforschung) an der Hochschule des Bundes, Fachbereich Bundespolizei.

Dies ist die Analyse eines Sicherheitsforschers, der seit über 25 Jahren für Behörden der Öffentlichen Sicherheit tätig ist.
Dieses Buch stellt die persönliche Auffassung des Autors dar.

Stefan Goertz

Öffentliche Sicherheit in Gefahr?

Verlag W. Kohlhammer

Gewidmet den Toten und Verletzten von Kriminalität,
extremistischer Gewalt und terroristischer Anschläge
sowie ihren Angehörigen.

Titelbild: © Sébastien Jouve – stock.adobe.com

1. Auflage 2024

Alle Rechte vorbehalten
© W. Kohlhammer GmbH, Stuttgart
Gesamtherstellung: W. Kohlhammer GmbH, Stuttgart

Print:
ISBN 978-3-17-045370-8

E-Book-Formate:
pdf: ISBN 978-3-17-045371-5
epub: ISBN 978-3-17-045372-2

Inhalt

1
Öffentliche Sicherheit in Gefahr?

1.1 Ist unsere Öffentliche Sicherheit in Gefahr?

Diese Frage wird politisch und medial unterschiedlich diskutiert und behandelt. Die Antwort auf diese Frage kann Menschen verunsichern. Jedoch war die »Sicherheit«, dass Russland keinen Krieg gegen die Ukraine beginnen würde, viele Jahre eine trügerische »Sicherheit« und erwies sich am 24.2.2022 als falsch. Diese trügerische »Sicherheit« beruhte auf einer utopisch-idealistischen Annahme. Das System Putin sei »auf den Westen angewiesen« und werde »schon nicht die Grenze überschreiten, einen Krieg gegen die Ukraine zu führen«.

Dieses Buch antwortet auf die Leitfrage – Ist unsere Öffentliche Sicherheit in Gefahr? – aus der Perspektive der Denkschule des **sicherheitspolitischen Realismus**. Die Antworten auf diese Leitfrage, die in diesem Buch gegeben werden, lesen sich mitunter »unangenehm«, aber sie kommen aus der Sicherheitsforschung des Realismus und spätestens der Ukrainekrieg sowie die vielen **terroristischen Anschläge** (von islamistischen Terroristen und Rechtsterroristen) und die zahlreichen Fälle von **extremistischer Gewalt** in Deutschland sollten dazu führen, dass wir mit der **Brille des sicherheitspolitischen Realismus** auf die **Realität**, auf die **Fakten und** auf die **Zahlen** schauen, und dies nicht idealistisch bzw. teilweise gar utopisch tun, wie es manche Politikerinnen und Politiker sowie Medien übrigens leider immer noch zu tun scheinen.

Ist unsere Öffentliche Sicherheit in Gefahr? Unsere Öffentliche Sicherheit ist so sehr bedroht, wie sie es seit dem Bestehen unserer Bundesrepublik noch nicht war. Es kommen viele, offensichtlich **zu viele, Bedrohungen und Akteure zur gleichen Zeit** zusammen.

Wer und was bedroht unsere Öffentliche Sicherheit? Es sind Extremisten und Terroristen, Cyberangriffe und Spione aus Russland, China und anderen Staaten, es ist die Organisierte Kriminalität. Hinzu kommen weitere Bedrohungen und Akteure, u. a. Gewalt im öffentlichen Raum, die im Verlauf dieses Buches dargestellt werden.

Die **Quantität der extremistischen Akteure** nimmt seit Jahren deutlich zu und die **qualitative** Bedrohung, die von ihnen ausgeht, zum Beispiel durch ihre **Gewaltbereitschaft,** durch ihre Vernetzung, durch neue technische Mittel, ist ebenfalls erheblich gestiegen. Diese Vielzahl an Bedrohungen in sehr hoher Qualität bringen die **deutsche Sicherheitsarchitektur** an **ihre Grenzen.**

Die Antwort auf die Frage »Ist unsere Öffentliche Sicherheit in Gefahr?« hängt auch davon ab, was Sie unter »Öffentlicher Sicherheit« verstehen.

Was versteht die Sicherheitsforschung des Realismus unter Öffentlicher Sicherheit?

Dass der Staat, die Bundesregierung, die Landesregierungen und ihre Sicherheitsbehörden die Bevölkerung vor **sicherheitspolitischen Bedrohungen schützt:** Kriminalität, Gewalt, Krieg. Sicherheit ist nicht die Abwesenheit von Bedrohungen. 0 Prozent Kriminalität ist nicht möglich. Sicherheit ist das **Kontrollieren,** das »Im- Griff-haben« der Bedrohungen. Zur Öffentlichen Sicherheit gehört auch, dass **Täterinnen und Täter gefasst** und schnell von **Gerichten verurteilt** werden, und zwar auf eine Art und Weise, dass potenzielle andere, zukünftige Täterinnen und Täter abgeschreckt werden. Aktuell gibt es jedoch zu viele Fälle, zu viele Zahlen, die belegen, dass dies nicht bzw. nur in begrenztem Maß der Fall ist.

Sehr wichtig festzustellen ist auch, dass der Zustand der Öffentlichen Sicherheit in Deutschland eben nicht nur durch die Zahlen der Polizeilichen **Kriminalstatistik** und der Verfassungsschutzberichte bemessen wird, sondern auch durch das **persönliche Sicherheitsempfinden** jedes Menschen in Deutschland.

1.2 Die Polizeiliche Kriminalstatistik für das Jahr 2023 – Alarmierende Zahlen

Im April 2024 stellten die Bundesministerin für Inneres und Heimat, Nancy Faeser (SPD) sowie der Präsident des Bundeskriminalamtes, Holger Münch, die Polizeiliche Kriminalstatistik (PKS) für das Jahr 2023 vor. Das BKA erklärt jedes Jahr, dass die Polizeiliche Kriminalstatistik dazu dient, die Kriminalität in Deutschland zu beobachten, einzelne **Deliktsarten**, dazu auch den **Tatverdächtigenkreis**, zu analysieren. Die PKS solle dabei helfen, dass die Sicherheitsbehörden reagieren, kriminologisch-soziologische Forschung konzipieren und kriminalpolitische Maßnahmen treffen können. Das BKA betont auch bei der Polizeilichen Kriminalstatistik, dass darin nur das sogenannte **Hellfeld** – also die der Polizei bekannt gewordene Kriminalität – erfasst ist. Das sogenannte **Dunkelfeld** umfasst **Straftaten und Kriminalität, die der Polizei nicht bekannt geworden** sind. Das BKA weist bei allen Lageberichten daraufhin, dass das Dunkelfeld potenziell sehr groß ist. Sprich: Die Zahlen der PKS bilden nur das Hellfeld ab (»Spitze des Eisbergs«) und sind tatsächlich höher (»der große, aber unterhalb der Wasseroberfläche treibende Eisberg«), in manchen Bereichen (beispielsweise Sexualdelikte, Cybercrime und Organisierte Kriminalität) wohl viel höher.

Im Jahr 2023 haben die Polizeien der Länder und des Bundes in Deutschland so viele Straftaten registriert wie seit 2016 nicht mehr. Im Jahr 2023 wurden bundesweit rund **5,95 Millionen** Straftaten statistisch erfasst. Das sind 5,5 Prozent mehr als im Jahr 2022. Bundesinnenministerin Nancy Faeser (SPD) betonte bei der Vorstellung der Statistik dennoch: »Deutschland ist weiterhin eines der sichersten Länder der Welt.« Weiter erklärte sie, dass die **Prävention gestärkt** werden müsse: »Wir müssen bei den sozialen Ursachen ansetzen, die sich hinter Kriminalität und Gewalt verbergen«. Dazu gehörten fehlende Schulabschlüsse und Perspektivlosigkeit sowie Kinderarmut, so die Bundesinnenministerin: »Das bedeutet auch: Gute Sozial- und Bildungspolitik ist die wirkungsvollste Prävention.«[1]

Nach der Vorstellung der Polizeilichen Kriminalstatistik (PKS) 2023 titelte die europaweit anerkannte Schweizer Zeitung »Neue Zürcher Zeitung«: »Jung, männlich, arm, ungebildet und aus muslimisch geprägten Ländern – Nancy Faeser kann das Problem der Migrantenkriminalität nicht mehr relativieren.«[2] Die Zahl der Straftaten in Deutschland ist im vergangenen Jahr weiter gestiegen. Das hänge maßgeblich mit der Zuwanderung zusammen, wie die PKS für das Jahr 2023 zeige, so der NZZ-Autor Marco Seliger. Dieser schrieb dann von einem »Moment mit Symbolkraft für die **deutsche Debatte um kriminelle Migranten**«. Als die »Bundesinnenministerin zum wiederholten Male bei ihrer Pressekonferenz von Journalisten gefragt wurde, ob die illegale Zuwanderung die **Bundesrepublik unsicherer** gemacht habe, schüttelte Bundesinnenministerin Nancy Faeser den Kopf, als könne sie die Frage nicht mehr hören, und schwieg«, konstatierte der NZZ-Journalist Seliger. »Ja«, sagte daraufhin Michael Stübgen, Vorsitzender der Innenministerkonferenz, Innenminister (CDU) aus Brandenburg, »und nickte«, so Seliger. Schon Tage vor der Vorstellung der aktuellen Polizeilichen Kriminalstatistik waren die alarmierenden Zahlen medial besprochen worden. Im Jahr 2023 wurden 5,95 Millionen Straftaten von 2,25 Millionen Tatverdächtigen begangen, die höchste Zahl seit sieben Jahren. Vor allem der mit 41 Prozent sehr hohe Anteil von Ausländern an der Gesamtzahl der Straftäter sorgte für Aufregung. »Die meisten von ihnen sind jung, männlich, arm, ungebildet und stammen aus muslimisch geprägten Ländern«, stellte der NZZ-Journalist Seliger fest.[3]

Der ebenfalls bei der Pressekonferenz anwesende Präsident des Bundeskriminalamts (BKA), Holger Münch, ging auf die Tatsache, dass eine Vielzahl von **Intensiv- und Mehrfachstraftätern** aus nordafrikanischen sowie arabischen Ländern kommt, nach Beobachtung des NZZ-Journalisten zwar erst auf Nachfrage ein, machte aber dann deutlich, dass, gemessen an ihrem Anteil an der Gesamtzahl der Migranten, Flüchtlinge und Asylbewerber aus »Maghreb-Staaten und Ländern in Zentralafrika überproportional häufig schwere Straftaten begingen.«[4]

Bei der Thematik von Kriminalität und Migration ist es von essenzieller Bedeutung, sachlich und nüchtern auf der Grundlage von Zahlen und Fakten zu argumentieren. Es darf **keine Pauschalisierungen** geben! Aber es muss ein **realistischer Blick** auf die vorliegenden Fallzahlen geworfen werden. Werden Probleme im Kontext von Kriminalität und Migration geleugnet bzw. verdrängt, besteht die **Gefahr**, dadurch **Populisten, Radikale** und **Extremisten** zu stärken, die das dann für ihre **Zwecke instrumentalisieren.**

Das Sicherheitsempfinden der Menschen in Deutschland – Gewalt im öffentlichen Raum

Die repräsentative Umfrage des BKA »Sicherheit und Kriminalität in Deutschland – SKiD 2020 Bundesweite Kernbefunde des Viktimisierungssurvey des Bundeskriminalamts und der Polizeien der Länder« zeigt beispielsweise, dass sich bereits im Jahr 2020, zu Beginn der Corona-Pandemie und damit verbundenen Ausgangsbeschränkungen, weniger als die Hälfte der Bevölkerung (46 Prozent) **nachts in öffentlichen Verkehrsmitteln sicher fühlte.** Unter **Frauen** war dieser

Anteil (33 Prozent) deutlich geringer als unter Männern (60 Prozent). Um sich vor Kriminalität zu schützen, meidet ein erheblicher Teil der Bevölkerung **nachts** bestimmte Orte (44 Prozent) oder die **Nutzung** des **ÖPNV** (37 Prozent) – dies gilt vor allem für **Frauen** (58 Prozent bzw. 52 Prozent). Der Großteil der Bevölkerung (77 Prozent) hält die **Polizei** zudem für **überlastet**. Ebenso empfindet mehr als ein Drittel (39 Prozent) die **Polizeipräsenz** im öffentlichen Raum als **nicht ausreichend**.[5] Im Jahr 2024 würden diese Werte – mit Blick auf die teilweise massiv angestiegenen Zahlen der Straftaten in der Polizeilichen Kriminalstatistik – wohl nicht besser ausfallen. Ein neuer Viktimisierungssurvey des BKA ist für 2025 angekündigt und wird wohl problematische Einschätzungen und Zahlen zeigen.

Gewalt gegen Politikerinnen und Politiker

Zur Frage »*Wie sicher ist unsere Öffentliche Sicherheit?*« gehört auch das Phänomen, dass **Politikerinnen und Politiker** in Deutschland **beleidigt, verleumdet, genötigt und bedroht** werden und auch, wie die politischen Entscheidungsträger damit umgehen. Im Frühjahr 2024 gab es eine **intensive mediale Berichterstattung** darüber, dass dem SPD-Politiker Matthias Ecke in Dresden von einem Jugendlichen das Jochbein gebrochen wurde, die Grünen-Lokalpolitikerin Yvonne Mosler bedrängt, bedroht und bespuckt und die Berliner Wirtschaftssenatorin Franziska Giffey (SPD) in einer Bibliothek tätlich angegriffen und verletzt wurde.

Im Jahr 2023 wurden nach Angaben des BKA die **meisten Gewaltdelikte** gegen Politikerinnen und Politiker der AfD verübt (86 Fälle), gefolgt von den Politikerinnen und Politiker der Partei Die Grünen (62 Fälle). Zu den Gewaltdelikten gegen Politikerinnen und Politiker hinzu kommen Äußerungsdelikte, Bedrohung, Beleidigung, Nötigung oder Verleumdung.[6]

Als Reaktion auf die aktuellen, oben geschilderten Gewaltvorfälle im Frühjahr 2024 gegen Politikerinnen und Politiker Matthias Ecke (SPD), Yvonne Mosler (Grüne) und Franziska Giffey (SPD) forderte die gesondert einberufene Innenministerkonferenz (IMK) wenige Tage später die **Prüfung von Strafrechtsverschärfungen** bei Delikten gegen politisch engagierte Menschen und Mandatsträger. Die Innenminister von Bund und Ländern stellten dabei fest, dass »sich die Folgen dieser Taten über die Verletzung des Einzelnen hinaus auf die Funktionsfähigkeit der freiheitlichen demokratischen Grundordnung erstrecken.«[7] Die Zahl der **Straftaten** gegen **Amts- und Mandatsträger** habe sich in den letzten drei Jahren **verdreifacht**, erklärte BKA-Präsident Holger Münch Ende Mai 2024. Er sehe eine »auffällige Häufung der Gewalt. Und das häuft sich nun vor den anstehenden Wahlen«, sagte er. Damit bezog er sich auf die Europawahl im Juni 2024 sowie auf die Landtagswahlen in Sachsen, Thüringen und Brandenburg im September 2024.[8]

> » Keiner kann sagen, was der Schwellenwert ist, an dem die Demokratie kippt. Aber wenn zehn Prozent der Amts- und Mandatsträger sagen, sie überlegten wegen der Anfeindungen aufzuhören, und weitere fast zehn Prozent angeben, aufgrund der Anfeindungen nicht mehr kandidieren zu wollen, ist dieser Wert deutlich zu hoch.[9]

Auf die Idee, einen neuen Straftatbestand für Angriffe auf Politikerinnen und Politiker zu schaffen, reagierte die Innenministerkonferenz eher verhalten. Bundesinnenministerin Nancy Faeser (SPD) erklärte, Täter müssten durch schnelle Verfahren »die volle Härte des Rechtsstaates« spüren.[10] Wenn Strafverschärfungen nötig seien, werde sie mit Bundesjustizminister Marco Buschmann (FDP) darüber sprechen. Der Innenminister von Nordrhein-Westfalen, Herbert Reul (CDU) zeigte sich in Bezug darauf jedoch skeptisch und möchte Gegenmaßnahmen nicht nur auf Politikerinnen und Politiker konzentriert wissen. So erklärte er: »Wir in Nordrhein-Westfalen tun seit Jahren etwas gegen die wachsende Gewalttätigkeit gegenüber Mitarbeitern im öffentlichen Dienst, gegen Rettungskräfte, Mitarbeiter im Ausländeramt oder Polizisten. Stehen die nicht auch im Dienst der Allgemeinheit, brauchen die keinen Schutz?«[11]

Der innenpolitische Sprecher der Unionsfraktion im Bundestag, Alexander Throm, ging noch weiter und sprach von dem Eindruck von **»Gewaltopfern erster und zweiter Klasse«**.[12] Er nannte das neueste Versprechen der Bundesinnenministerin »hilflosen Aktionismus: Auch immer mehr Bürgerinnen und Bürger spüren die zunehmende Gewalt in ihrem Alltag. Dazu schweigt die Innenministerin völlig.«[13]

Auch der stellvertretende Vorsitzende der FDP und Vizepräsident des Deutschen Bundestages, Wolfgang Kubicki, beklagte doppelte Standards: »Was mich stört: Wenn ein Politiker betroffen ist, dann schreien alle auf. Wenn eine **Jugendbande eine Stadt terrorisiert** oder **Leute am Bahnhof zusammengeschlagen** werden, dann wird das eher hingenommen.«[14] Die Hemmschwelle für Gewalt sei insgesamt dramatisch gesunken, so Kubicki. Dieser Auffassung widerspricht der SPD-Innenpolitiker Sebastian Hartmann. Die **Debatte um** **»Gewaltopfern erster und zweiter Klasse«** verkenne dieses Problem grob und sei »im Kern zersetzend als auch der Verteidigung unserer Demokratie abträglich.«[15]

Ein aktuelles Beispiel für die **Bedrohung der Sicherheit im öffentlichen Raum** sowie für das Gewaltpotenzial junger Männer und Jugendlicher, die gewaltbereit in Gruppen auftreten, wurde Ende Juni 2024 nach und nach medial und von der Politik besprochen: In der Nacht zu 23.6.2024 wurde der 20-jährige Philippos T., der vom Abiturball seiner Schwester kam, auf dem Nachhauseweg im Kurpark zu Tode geschlagen. Die Polizei Bielefeld ermittelt nun wegen eines vollendeten Totschlags in Tateinheit mit gefährlicher Körperverletzung. Am 26.6.2024 nahmen Polizeibeamtinnen und -beamte einen 18-jährigen Syrer fest. Nach dem Stand der Ermittlungen Ende Juni 2024 war der Tatverdächtige Syrer 2016 im Rahmen einer Familienzusammenführung als Flüchtling nach Deutschland gekommen und in der Vergangenheit bereits durch Gewalt-, Eigentums- und Betäubungsmitteldelikte aufgefallen.[16]

Lars Bökenkröger (CDU), der Bürgermeister von Bad Oeynhausen, forderte von der Bundespolitik bzw. von der Bundesregierung, als Reaktion auf die Tötung von Philippos **Konsequenzen in der Migrationspolitik**. Der Tod von Philippos sei schließlich kein Einzelfall: »Zuletzt hat uns der Messerangriff von Mannheim erschüttert. Darüber müssen wir offen diskutieren und Konsequenzen ziehen.«[17]

Der örtliche SPD-Bundestagsabgeordnete Stefan Schwartze warnt davor, als Reaktion auf die Tat ganze Bevölkerungsgruppen pauschal an den Pranger zu stellen: »Traurig macht mich hingegen, dass die Tat einmal mehr dazu benutzt wird, ganze Bevölkerungsgruppen pauschal zu verurteilen. Das ist armselig, bringt das Opfer nicht zurück, hilft der Familie nicht und spaltet die Gesellschaft weiter.«[18]

Der stellvertretende Vorsitzende der SPD-Fraktion im Bundestag, Dirk Wiese, forderte für den mutmaßlichen Täter »alle Härte des Gesetzes«. Wenn es stimme, dass es sich bei dem Täter um den festgenommenen, bereits zuvor straffälligen 18-jährigen Syrer handele, »muss er aus meiner Sicht nach Verbüßen seiner Strafe sofort abgeschoben werden«. Daran, dass so etwas künftig auch für Syrer möglich wird, arbeiten wir gerade«, erklärte der SPD-Faktionsvize im Bundestag.[19]

Unions-Fraktionsvize Andrea Lindholz (CSU) fordert die Bundesregierung auf, rasch die Voraussetzungen für solche **Abschiebungen** zu schaffen: »Der Kanzler muss seinen Worten jetzt Taten folgen lassen. Ein konsequentes Vorgehen gegen ausländische Straftäter und Gefährder trägt auch dazu bei, die Hilfsbereitschaft insgesamt in unserem Land zu erhalten und die zu schützen, die sich gut integriert haben.«[20]

Bundesinnenministerin Nancy Faeser (SPD) wies bei der Kommunal-konferenz der SPD-Bundestagsfraktion, Tage nach dem brutalen Tod von Philippos, darauf hin, dass Bad Oeynhausen ein Beispiel für eine **»nicht gelungene soziale Integration«**[21] sei, es gehe bei der Flücht-lingsintegration vor Ort »sozial ganz schön was auseinander.«[22] Auf diese Reaktion der Bundesinnenministerin auf ein brutales Tötungs-delikt in einem öffentlichen Park reagierte der Innenminister von NRW, Herbert Reul (CDU), mit Befremden. »Erst mal ist immer der schuld und persönlich verantwortlich, der die Tat begeht – und nicht irgendjemand anders.«[23] Der junge Mann habe »die Tat begangen und müsse es verantworten«, so Innenminister Reul. **Integrations-hemmnisse** könne man zwar durchaus hinterfragen - wie dies die Bundesinnenministerin tat - erklärte Reul, aber hierbei gehe es viel-mehr um eine grundsätzliche **strukturelle Überforderung Deutsch-lands mit den hohen Flüchtlingszahlen:** »Vielleicht kann Integration gar nicht gelingen, wenn man in solchen Mengen Menschen in un-ser Land kommen lässt? Dann müsse man da ehrlich sein. Deswegen würde ich mir eher wünschen von der Bundesregierung, dass sie mal ein paar klare Taten folgen lässt, wie sie diese Frage des Zugangs gelöst kriegt. Wir diskutieren an der falschen Stelle, glaube ich«, so Reul. Als erste Maßnahme gegen junge Wiederholungstäter würde er erst mal »dafür sorgen, dass nicht noch viel mehr kommen«, so Reul. Zweitens müsse man sich um jugendliche Problemfälle küm-mern. »Das ist eine pädagogische Aufgabe. Einerseits. Aber es ist auch eine Aufgabe, wo die Polizei was tun kann.«[24]

»Heute ist leider ein sehr schlimmer Tag, wo wir über einen Mord an einem Jugendlichen diskutieren müssen, wo der Täter ein Geflüchte-ter ist, der seit acht Jahren in einer Flüchtlingsunterkunft lebt«, soll Bundesinnenministerin Faeser auf einer SPD-Kommunalkonferenz gesagt haben. »Ein Jugendlicher, der gar nichts anderes kennt.«[25] Diese Aussagen wurden von einem Sprecher der Stadt Bad Oeyn-hause als falsch zurückgewiesen. Der Tatverdächtige habe zunächst in Pforzheim gelebt und sei im Jahr 2023 dann nach Bad Oeynhausen gezogen, wo er mit seiner Familie als geduldeter Flüchtling in einer Wohnung lebte. **Massive Kritik** an den Aussagen der Bundesinnenministerin zum tatverdächtigen Syrer äußerte auch **Bundestagsvizepräsident** Wolfgang Kubicki (FDP), Koalitionspartner in der Ampelkoalition: »Es besorgt mich ernsthaft, dass Frau Faeser erklärt, die deutsche Gesellschaft habe eine Bringschuld gegenüber Migranten«. Das Problem sei eher, dass viele Straftaten bei dem mutmaßlichen Täter keine ernsthaften Konsequenzen zur Folge hätten.[26] Heiko Teggatz, Bundespolizist und Vorsitzender der DpolG-Bundespolizeigewerkschaft, zeigte sich entsetzt über die Aussagen der Bundesinnenministerin zum tatverdächtigen Syrer: »Das ist einfach nur unfassbar! Ich bin sprachlos. Das ist an Pietätlosigkeit nicht mehr zu überbieten.«[27]

Auch in Paderborn war Anfang Mai 2024 ein 30-Jähriger von drei Jugendlichen so stark verletzt worden, dass er daran starb. Zwei Verdächtige, ein junger Marokkaner und ein junger Tunesier, stellten sich. Es sei vor allem »eine beängstigende Entwicklung, dass immer mehr Jugendliche Waffen, wie etwa Messer, mit sich führen«, erklärte Rainer Axer, Vorsitzender der Polizeistiftung NRW Ende Juni 2024.[28] Außerdem sei nur das **Hellfeld** der **Taten** bekannt, es gebe aber noch viel mehr unbekannte Fälle im Dunkelfeld, so der Polizeibeamte. Eine Sozialarbeiterin eines Jugendtreffs machte Ende Juni 2024 auch auf die Verrohung durch soziale Medien aufmerksam. Jugendliche seien fasziniert von »›Challenges‹, wo es um Selbstverletzung und Verletzung anderer geht«. Bei solchen Videos gehe es darum, möglichst viele »Likes« zu erhalten.[29]

Dass Respektlosigkeit, Konflikte, **Enthemmung und Gewalt** zunehmen, habe aber auch mit der Situation in vielen Familien zu tun, erklärte Ulla Hoentgesberg, Geschäftsführerin der Arbeiterwohlfahrt (AWO) Paderborn. Der Polizeibeamte Rainer Axer, Gewerkschaft der Polizei, forderte »Trainings für Jugendliche, um auf die Gefährlichkeit von Waffen und Messern aufmerksam zu machen.«[30]

Videos, in denen **Jugendliche anderen Jugendlichen Gewalt** antun, kursieren aktuell in den Sozialen Medien. Jüngste Beispiele sind ein schockierendes Video aus Gera von Ende Juni 2024, in dem mehr als 20 Jugendliche – Tatverdächtige im Alter zwischen 12 und 15 Jahren – auf einen Jungen einprügeln. Die Polizei hat mehr als 20 Tatverdächtige identifiziert. In dem Videoclip ist zu sehen, wie die Angreifer wiederholt heftig auf den Kopf des 14-Jährigen einschlagen. Außerdem sollen sie den Jugendlichen beschimpft und gewürgt haben. Nach Angaben der zuständigen Polizei seien die Tatverdächtigen »afghanischer und syrischer Herkunft, das Opfer habe die deutsche Staatsangehörigkeit.«[31]

Die Polizeiliche Kriminalstatistik 2023 des BKA aus dem Sommer 2024 verzeichnete einen **starken Anstieg von Gewaltkriminalität bei Kindern und Jugendlichen.** So wurden 12.377 tatverdächtige Kinder (plus 17 Prozent im Vergleich zum Vorjahr) und 30.244 tatverdächtige Jugendliche (plus 14 Prozent) ermittelt. Der Anstieg dieser Straftaten war bei ausländischen Kindern und Jugendlichen besonders deutlich ausgeprägt.[32]

Ende Juni 2024, wenige Tage nach dem Gewaltvideo von Gera und dem Tod von Philippos, kursierte erneut ein Gewaltvideo in den Sozialen Medien. Ein wehrloser Junge in einem Fußballtrikot wurde an einer Bushaltestelle in Witten-Annen (NRW) von – nach aktueller Berichterstattung – einer migrantischen Jugendgruppe attackiert, und erhielt Schläge und Tritte auf den Oberkörper, den Kopf und den Hinterkopf. Die polizeilichen Ermittlungen befinden sich noch ganz am Anfang, medial wurde bisher lediglich von regionalen Zeitungen darüber berichtet.[33]

Abschließend bleibt hier auch festzuhalten, dass die öffentlich-rechtlichen Medien **objektiv** und mit der **gleichen Intensität** über Fälle von Gewalt im öffentlichen Raum, Rassismus, Antisemitismus,

Jugendkriminalität, migrantische Kriminalität sowie Extremismus berichten sollten.

1.3 Delikte und Zahlen der Polizeilichen Kriminalstatistik

Mit bundesweit 5,95 Millionen Straftaten wurde im Vergleich zum Vorjahr in der aktuellen Polizeilichen Kriminalstatistik aus dem Frühjahr 2024 – für das Jahr 2023 – ein Anstieg um 5,5 Prozent erfasst. Im Vergleich zum letzten Jahr ohne Corona-bedingte Einschränkungen (2019: 5.436.401 Fälle) ist die Fallzahl 2023 um 9,3 Prozent höher.[34]

Über 214.000 erfasste Straftaten in der **Gewaltkriminalität** bedeuten einen Anstieg von 8,6 Prozent im Vergleich zum Vorjahr.

Im Jahr 2023 wurden insgesamt 3.469.752 Straftaten aufgeklärt, was einer **Aufklärungsquote** von 58,4 Prozent (im Jahr 2022 noch 57,3 Prozent) entspricht. Die Aufklärungsquote nennt den Anteil der aufgeklärten an allen polizeilich registrierten Fällen. Eine Straftat gilt in der Polizeilichen Kriminalstatistik als aufgeklärt, wenn mindestens ein namentlich bekannter Tatverdächtiger ermittelt werden konnte.

Deutliche Anstiege ausgewählter Straftaten waren 2023 im Vergleich zum Jahr 2022 (mindestens +20,0 Prozent) u. a. zu verzeichnen bei Computerbetrug mittels rechtswidrig erlangter Daten von Zahlungskarten (+60,3 Prozent, +8.130 Fälle), Straftaten gegen das Aufenthalts-, das Asyl- und das Freizügigkeitsgesetz/EU, ausländerrechtliche Verstöße (+ 32,4 Prozent, +73.080 Fälle, darunter: Unerlaubte Einreise +40,4 Prozent, +26.822 Fälle, Unerlaubter Aufenthalt, +28,6 Prozent, +41.564 Fälle), Verbreitung, Erwerb, Besitz und Herstellung jugendpornographischer Schriften (+31,2 Prozent,

+2.105 Fälle) sowie illegaler Handel mit der Droge Kokain (+29,1 Prozent, +8.322 Fälle).[35]

Bei »Straftaten insgesamt« wurden im Jahr 2023 insgesamt 2.246.767 Tatverdächtige in der PKS erfasst. Damit ist die Zahl der Tatverdächtigen gegenüber dem Vorjahr um 7,3 Prozent angestiegen. **1.323.498 Tatverdächtige waren deutsche Staatsangehörige, 923.269 der Tatverdächtigen besaßen nicht die deutsche Staatsangehörigkeit.** Die Erklärung des BKA dafür lautet: »Durch die starke Zuwanderung der Jahre 2022 und 2023 steigt nicht nur die Einwohnerzahl und dadurch auch tendenziell das Aufkommen an Straftaten. Viele Zugewanderte weisen zudem multiple Risikofaktoren für verschiedene Deliktsformen auf, bspw. psychische Belastung oder eine unsichere Lebenssituation.«[36]

Gemäß der aktuellen Polizeilichen Kriminalstatistik des Bundesministeriums des Innern und für Heimat wurde im Jahr 2023 in Deutschland in 4.419 Fällen mit einer Schusswaffe gedroht (+8,0 Prozent) und in **4.687 Fällen** mit einer **Schusswaffe** geschossen (+5,5 Prozent). Die Gewaltkriminalität stieg im Jahr 2023 um 8,6 Prozent auf 214.099 Fälle an. Die darin enthaltenen Delikte Mord, Totschlag, Tötung auf Verlangen stiegen im Vergleich zum Vorjahr um 2,1 Prozent auf 2.282 Fälle an, Raubdelikte um 17,4 Prozent auf 44.857 Fälle und die **gefährliche** und **schwere Körperverletzung** um 6,8 Prozent auf 154.541 Fälle.

Im Vergleich zum Jahr 2019 (vor der Coronapandemie und den damit verbundenen Lockdowns) nahm die Gewaltkriminalität im Jahr 2023 um 18,3 Prozent zu. Gewalttaten wie **Vergewaltigung, sexuelle Nötigung** und **sexueller Übergriff im besonders schweren Fall** einschließlich mit **Todesfolge** stiegen um **29,3 Prozent** an! Raubdelikte stiegen um 24,4 Prozent (2019: 36.052 Fälle) und die gefährliche und schwere Körperverletzung um 16,1 Prozent (2019: 133.084 Fälle).

Im Jahr 2023 gab es – im Hellfeld erfasst – mindestens 8.951 Messerangriffe in Deutschland. Dazu gab es die enorm hohe Zahl von 1.114.817 Straftaten der »**Straßenkriminalität**«. Anstiege sind hier vor allem bei den Delikten »sexuelle Belästigung, § 184i StGB« (+10,5 Prozent auf 19.307 Fälle), »sonstige Raubüberfälle auf Straßen, Wegen oder Plätzen« (+18,0 Prozent auf 19.074 Fälle) sowie »**gefährliche und schwere Körperverletzung auf Straßen, Wegen oder Plätzen**« (+12,9 Prozent auf 68.899 Fälle) zu erkennen.[37]

Rund 790.000 registrierte Straftaten meldete die Bundespolizei Ende August 2024 für das Jahr 2023. Dies markiert einen traurigen Höchststand an Straftaten im Aufgabenbereich der Bundespolizei – vor allem Bahnhöfe und Grenzen – seit 2012. Die 790.245 von der Bundespolizei registrierten Straftaten stellen einen Anstieg um 12,5 Prozent gegenüber dem Jahr 2022 dar. Besonders stark angestiegen sind die Straftaten, die sich auf das Aufenthaltsrecht beziehen. Hier lag die Zahl bei 389.331 (+38,3 Prozent im Vergleich zum Vorjahr).[38]

Auch bei Sexualdelikten (+14,9 Prozent), Taschen- und Gepäckdiebstählen (+16,4 Prozent) sowie Gewaltdelikten (+10,6 Prozent) wurden starke Anstiege verzeichnet. Mehr als die Hälfte aller Straftaten im Zuständigkeitsbereich der Bundespolizei – nämlich rund 425.000 – wurden in Zügen, Bahnhöfen oder anderen Anlagen der Bahn begangen. »Wie bereits in den letzten Jahren sind insbesondere die Großstadtbahnhöfe von Gewaltdelikten betroffen«, erklärt der Jahresbericht der Bundespolizei.[39]

Deutlich wurde bei der Vorstellung des aktuellen Berichtes durch den Präsidenten der Bundespolizei, Dr. Romann, sowie Bundesinnenministerin Nancy Faeser auch, dass Kriminalität durch die irreguläre Migration stark zugenommen hat. Den bislang höchsten Wert gibt es bei Messerangriffen (853 Delikte), vor allem an Bahnhöfen und in Zügen. In Relation zur Gesamtbevölkerung hätten statistisch sechs Mal häufiger ausländische Staatsbürger zum Messer gegriffen als Deutsche, erklärte Präsident Dr. Romann.[40] Eine gleiche Tendenz gibt es bei Sexualdelikten im Bahnhofsbereich. Auch diese Straftaten seien sieben Mal häufiger von Migranten als von deutschen Staatsbürgern begangen worden, sagte Romann. Die Bundespolizei zählte im Jahr 2023 1.898 Sexualstraftaten und damit 14,9 Prozent mehr als im Jahr 2022. Neben an Grossstadtbahnhöfen festgestellten Gewaltdelikten werden »zunehmend auch schwerste Delikte in kleinstädtischen oder ländlichen Gebieten sowie in Zügen festgestellt«, so der aktuelle Bericht der Bundespolizei.[41]

Diese Zahlen zeigen klar, dass der öffentliche Raum in den letzten Monaten und Jahren unsicherer geworden und dadurch – an unterschiedlichen Orten, in unterschiedlicher Ausprägung – unsere Öffentliche Sicherheit bedroht ist.

Messerangriffe und Messer bei Raubüberfällen

Bereits diese aktuellen, beispielhaften Fälle verdeutlichen das aktuelle Ausmaß von Messerangriffen in Deutschland:

Nur wenige Tage nach dem **Messerattentat** des afghanischen Islamisten in Mannheim am 31.5.2024 attackierte ein 19-jähriger Afghane eine Ukrainerin am Mainufer in Frankfurt a. M. und verletzte sie dabei schwer. Der Vize-Vorsitzende der CDU/CSU-Fraktion im Bundestag, Jens Spahn, erklärte dazu:»Das **Muster** ist leider immer wieder dasselbe: Jemand, der nie hätte ins Land kommen oder gar hier bleiben sollen, begeht eine schwere Gewalttat. **Irreguläre Migration aus gewaltgeprägten Ländern** hat unser Land gewalttätiger gemacht.«[42]

Am 14.6.2024 griff nach Polizeiangaben ein 27-jähriger Afghane einen 23-jährigen Afghanen in einer Plattenbausiedlung in Wolmirstedt (Sachsen-Anhalt) mit einem **Messer** an. Das Opfer erlag wenig später seinen Verletzungen. Danach soll der Täter mehrere Menschen in einer Kleingarten-Siedlung bedroht haben, bevor er auf einer EM-Gartenparty in einer Einfamilienhaus-Siedlung eine 50-jährige Frau, einen 75-jährigen Mann schwer sowie einen 56-Jährigen leicht verletzt haben soll. Die hinzugerufenen Polizisten wurden von dem 27-jährigen Afghanen angegriffen, woraufhin diese in Notwehr auf ihn schossen. Er verstarb, so der aktuelle Informationsstand.[43]

Beim Public Viewing zur Fußball-EM auf dem Schlossplatz in Stuttgart kam es beim Spiel Tschechien gegen die Türkei am 26.6.2024 zu einem **Messerangriff**, bei dem der mutmaßliche Täter, ein 25 Jahre alter Syrer, drei Männer schwer verletzt haben soll, einen davon lebensgefährlich.[44]

Am 30.6.2024 griff ein iranischer Staatsbürger im Bahnhof in Lauf an der Pegnitz nahe Nürnberg Bundespolizeibeamtinnen und -beamte mit einem Messer an. Daraufhin kam es nach einem Pfeffersprayeinsatz und einem Warnschuss, wodurch der Angreifer nicht aufzuhalten war, zu einem Schusswaffengebrauch. Der Messerangreifer verstarb.[45]

Das Bundeskriminalamt veröffentlichte im März 2024 die Zahl von **8.951 Messerangriffen** für das Jahr 2023 in Deutschland. »Messerangriffe« im Sinne der Erfassung von Straftaten in der PKS sind solche Tathandlungen, bei denen der Angriff mit einem Messer unmittelbar gegen eine Person angedroht oder ausgeführt wird. 8.951 Messerangriffe der BKA-Statistik bedeuten 24,5 Messerangriffe mit gefährlicher oder schwerer Körperverletzung in Deutschland pro Tag. Das stellt ein Allzeithoch dar. Hinzu kommen gemäß der PKS des BKA aber noch Messer bei Raubdelikten in 4.893 Fällen, was einen Anstieg um 11 Prozent gegenüber dem Vorjahr darstellt. Addiert man die 8.951 Messerangriffe mit den 4.893 Fällen von Raubdelikten mit Messern ergibt dies die Zahl 13.844. Dies wären dann **37,9**

Fälle pro Tag in Deutschland, bei denen ein Mensch entweder mit einem Messer bedroht wird – auch im Rahmen von Raubüberfällen – oder mit dem Messer (schwer) verletzt wird.[46]

Wichtig festzustellen ist, dass die Polizeibehörden bei dieser Zahl von Messerkriminalität lediglich Messer erheben, also nicht Macheten, Spitzhacken, angespitzte oder angeschärfte Gegenstände sowie andere Hieb- und Stichwaffen. Das zählen die unterschiedlichen Bundesländer anders oder führen keine konkrete Statistik dazu, ob es sich um ein Messer oder eine Machete oder eine angeschärfte Eisenstange handelt. Daraus folgt, dass die **tatsächliche Zahl** von Angriffen mit Hieb- und Stichwaffen noch erheblich **höher** ist als die durchschnittlich 37,9 Fälle pro Tag.

Nahezu jeden Tag müssen Polizeibehörden Angriffe vermelden, bei denen Menschen durch Messergewalt schwer oder lebensgefährlich verletzt oder sogar getötet werden wie zuletzt der 29-jährige Polizist Rouven L. in Mannheim. Wenige Stunden bis Tage später kam es im Frühsommer 2024 zu Messergewalt in Frankfurt am Main, Saarbrücken, Leverkusen, Berlin, Bremen und Dortmund.

Die Bundespolizei zählte an deutschen Bahnhöfen im ersten Halbjahr 2024 bisher 373 Delikte mit Messern. Im Jahr 2023 waren es insgesamt 639 solcher Taten. Hinzu kamen im ersten Halbjahr 2024 noch 7 Messer-Delikte an sogenannten Haltepunkten, also kleineren Stopps, die in der Statistik nicht als Bahnhöfe geführt werden. 2023 gab es dort 11 Taten. Deutlich häufiger als dort kam es auch zu Vorfällen auf der Strecke, wo die Bundespolizei zwischen Januar und Juni 84 Messer-Delikte zählte, nach 196 Delikten im gesamten Vorjahr. »Die Auswertungen zu dem Tatmittel ›Messer‹ beinhalten, dass ein Messer mitgeführt oder eingesetzt wurde«, so die Bundespolizei. Nachträgliche Änderungen der Zahlen seien noch möglich. Für die Sicherheit an Bahnhöfen der Deutschen Bahn und der S-Bahnen sind die Bahn und die Bundespolizei zuständig. In U-Bahnen und Bussen sind es hingegen die Betreiber und die jeweilige Landespolizei.[47]

Wie **reagieren** Politikerinnen und Politiker, Ministerinnen und Minister auf dieses besorgniserregende Phänomen von massenhafter Messerkriminalität?

Lange Zeit vermittelten Politikerinnen und Politiker, auch Innenministerinnen und Innenminister sowie ein großer Teil der Medien, den Eindruck, als handele es sich bei Messerkriminalität um sogenannte »**Einzelfälle**«. Eine **klare Strategie** zur Eindämmung der Kriminalitätsform bzw. Ansage an die Täterinnen und Täter ließen sie vermissen. Relativ spät setzte beispielsweise eine Diskussion etwa über »Waffenverbotszonen« in Innenstädten und in öffentlichen Verkehrsmitteln ein. Bundesinnenministerin Nancy Faeser (SPD) forderte im April 2023 »Waffenverbotszonen an bestimmten Orten«. Wenige Monate später hielt sie »ein generelles Messerverbot in Zügen und im gesamten öffentlichen Nahverkehr« für dringend geboten. »Ich bin für ein Verbot, damit strikter kontrolliert und schlimme Gewalttaten verhindert werden können.«[48]

Aber wie realistisch sind diese solche Pläne, Menschen das Mitführen von Messern in bestimmten Bereichen zu verbieten? Wie soll dieses durchgesetzt und kontrolliert werden? Der ehemalige Vorsitzende Richter des zweiten Strafsenats des Bundesgerichtshofs, Thomas Fischer hat sich intensiv mit diesen Fragen auseinandergesetzt und sie einer juristischen Betrachtung unterzogen. Zwar sei das Bereithalten »griffbereiter Tötungswerkzeuge im bundesdeutschen Alltagsleben ein unmissverständliches Zeichen permanent latenter Gewalt.«[49] Doch die Durchsetzung **allgemeiner Messerverbote** (»überall«) sei völlig unrealistisch. Weiter betont der Jurist, dass Messer jeglicher Art »ihrem Wesen nach gefährlich« sind, ganz gleich, ob sie unter das aktuell geltende Waffenrecht fallen oder nicht. »Die Messerführungsverbote des Waffengesetzes sollen eine

abstrakte Gefahr reduzieren, die von bestimmten technischen Aus-
führungsarten des Gegenstands ›Messer‹ ausgeht.« Allerdings sei
fraglich, ob durch ein allgemeines Messerverbot das Messerattentat
von Mannheim »oder andere Taten hätten verhindert werden können oder zukünftige Taten unwahrscheinlicher werden«. Er sei sicher, dass man durch ordnungsrechtliche Verbote allenfalls die Zahl
der Spontantaten reduzieren könne: »**Vorplanende Angreifer** lassen
sich durch sie nicht abschrecken.« Und er weist auf einen weiteren
Schwachpunkt hin: Die Kontrolle eines Messerverbots. Effektiv wäre
ein Messerverbot nur, »wenn es **annähernd lückenlos durchgesetzt
werden könnte**«. Das sei »natürlich unmöglich«. Man könne im öffentlichen Raum nicht sämtliche Menschen »permanent daraufhin
überprüfen, ob sie vielleicht ein Messer in der Tasche haben«. Zwar
sei ein allgemeines Verbot des Führens von Messern jeglicher Art im
öffentlichen Bereich »im Grundsatz nützlich«, könnte aber »nicht
wirksam durchgesetzt« werden. Zudem sei eine Ausweitung der
bestehenden Verbotsbereiche »auf alle potenziell gefährlichen Bereiche« unrealistisch. Abschließend erklärte der ehemalige Bundes-
richter in Bezug auf die Pläne der Bundesinnenministerin: »Nur sym-
bolisch wirkende Gesetzesänderungen sollten vermieden werden.«[50]

Sebastian Fiedler, der polizeipolitische Sprecher der SPD im Bundestag, zuvor Kriminalhauptkommissar, forderte im April 2024: »Wir
brauchen mehr Waffenverbotszonen.« In den beiden Städten Düsseldorf und Köln in Nordrhein-Westfalen gibt es bereits seit Ende
2021 solche Zonen. »Das Modell dort ist sehr erfolgreich«, stellt
Fiedler fest. Die Einrichtung von Waffenverbotszonen ist Sache der
Bundesländer und Kommunen. Aber in einem Bereich sollte man
sie bundesweit umsetzen, fordert der SPD-Bundestagsabgeordnete, nämlich in Bahnhöfen und Zügen. »Das würde das Bahnfahren
deutlich sicherer machen«, so Fiedler. »Denn die Erfahrung zeigt:
Wenn jemand schon ein Messer dabei hat, dann ist er auch schnell
bereit, es einzusetzen.«[51]

Jochen Kopelke, Bundesvorsitzender der Gewerkschaft der Polizei (GdP), erklärt zur seit Jahren steigenden Messerkriminalität: »Lösen lässt sich die Zunahme der Gewaltkriminalität einerseits durch **deutlich verbesserte Präventionsmaßnahmen.** Unsere Kolleginnen und Kollegen erleben jedoch täglich, dass sie keine Zeit für präventive Maßnahmen bekommen und **kein Geld** für benötigte Projekte bereitsteht.« So müssten Anti-Gewalt-Kampagnen durchgeführt werden. »Dabei thematisiert werden sollte unbedingt das Führen von Messern. Auf unseren Straßen braucht sich niemand mit dem Messer zu verteidigen«, so der Gewerkschaftschef. Zudem müsse die **Justiz** in die Lage versetzt werden, schnell Verfahren zu eröffnen und **empfindliche Urteile** zu sprechen. »Solange das nicht passiert, wird **Gewalttätern nicht wirksam Einhalt geboten.** Und daraus entwickeln sich dann kriminelle Karrieren«, erklärte der Polizeibeamte Kopelke bereits im April 2024.[52]

Gruppenvergewaltigungen und Vergewaltigungen

Allein in der Stadt Berlin gab es im Jahr 2023 111 Fälle von Vergewaltigungen durch mehr als zwei Täter, **häufig Gruppenvergewaltigungen,** erklärte der Berliner Innenstaatssekretär Christian Hochgrebe (SPD) Mitte Mai 2024 auf eine parlamentarische Anfrage hin. Die Opfer waren von **unter sechs Jahren** (!) bis über sechzig Jahre alt. Besonders häufig betroffen waren **Jugendliche** im Alter von 14 bis 16 Jahren sowie Erwachsene im Alter von 25 bis 30 Jahren. Der Anteil ausländischer Tatverdächtiger lag bei 54 Prozent. Die Opfer waren teilweise unter sechs Jahre alt, der jüngste Täter unter zwölf. 16 Gruppenvergewaltigungen fanden in Berliner Parks statt.[53]

Im Jahr 2023 gab es in Deutschland insgesamt rund 126.000 Straftaten – im Hellfeld – gegen die sexuelle Selbstbestimmung, sogenannte Sexualdelikte, die damit einen historischen Höchststand in Deutschland erreicht haben.[54]

Analyse der aktuellen Polizeilichen Kriminalstatistik durch das BKA sowie Politikerinnen und Politiker

BKA-Präsident Holger Münch erläuterte die aktuelle Polizeiliche Kriminalstatistik wie folgt: »Die Polizeiliche Kriminalstatistik zeigt für das Jahr 2023 in vielen Bereichen einen Anstieg der Fall- und Tatverdächtigenzahlen. Es gibt Delikte, bei denen das Fallzahlniveau aus den Jahren vor der Corona-Pandemie nicht überschritten wird, z. B. beim Wohnungseinbruchsdiebstahl. In anderen Kriminalitätsbereichen, beispielsweise beim Ladendiebstahl und der Gewaltkriminalität, ist der Anstieg nicht nur mit einem Ausgleich der pandemiebedingten Rückgänge während der Corona-Einschränkungen zu erklären, sondern zusätzlich auf weitere kriminogene Faktoren zurückzuführen. Zu nennen sind hier die wirtschaftliche Entwicklung, die gestiegene Migration und eine höhere Mobilität. Insbesondere die Entwicklungen der Gewalt- und Jugendkriminalität werden wir weiter beobachten und analysieren, um gegebenenfalls Bekämpfungs- und Präventionsansätze nachzujustieren.« Deutlich angestiegen ist auch die Zahl der Tatverdächtigen (um 7,3 Prozent auf 2.246.767). Vor allem die Zahl der **nichtdeutschen Tatverdächtigen** hat mit einer Zunahme von 13,5 Prozent (ohne ausländerrechtliche Verstöße) deutlich zugenommen, so das BKA.[55]

In der Pressemitteilung des Bundesministeriums des Innern und für Heimat vom 9.4.2024 erklärte der Vorsitzender der Innenministerkonferenz, Michael Stübgen (CDU), Innenminister des Landes Brandenburg: »Der überproportionale Anteil ausländischer Tatverdächtiger ist beunruhigend, darf aber nicht zu einem Generalverdacht führen. […] Wenn Migration zu sinkender Sicherheit führt, muss die Politik aber reagieren. Ausreisepflichtige Straftäter müssen konsequenter abgeschoben und die Grenzen der Aufnahmekapazitäten anerkannt werden. Integration ist das beste Mittel gegen Kriminalität von Zuwanderern, kann aber nur gelingen, wenn die Zahl der Ankommenden uns nicht überfordert. Im Kampf gegen Kindesmissbrauch und die Verbreitung von Kinderpornografie erwarte ich mehr Engagement von der Regierung. Die Speicherung von IP-Adressen muss nach den Vorgaben des EUGH ermöglicht werden. Es ist nicht zu ertragen, dass wir Kinder schützen könnten, aber die gesetzliche Grundlage blockiert wird.«[56]

Einen Tag nach der Vorstellung der »Polizeilichen Kriminalstatistik 2023« debattierte der Bundestag am 10.4.2024 über Ursachen und Konsequenzen der massiv steigenden Kriminalität in Deutschland. Die Aktuelle Stunde war auf Antrag der CDU/CSU-Fraktion auf die Tagesordnung gesetzt worden. Zu Beginn der Debatte beklagte Andrea Lindholz (CDU/CSU), dass die Zahl der registrierten Straftaten seit zwei Jahren rapide ansteige, nämlich um 11,5 Prozent im Jahr 2022 und 5,5 Prozent im vergangenen Jahr. Dieser Anstieg liege vor allem an mehr **ausländischen Tatverdächtigen**. Während die Zahl deutscher Tatverdächtiger in den vergangenen beiden Jahren um 4,6 Prozent beziehungsweise 1,0 Prozent gestiegen sei, habe die Zahl ausländischer Tatverdächtiger 2022 um 22,6 Prozent und 2023 um 17,8 zugenommen. »Deutschland wird seit zwei Jahren unsicherer, und das liegt vor allem an der stark gestiegenen Ausländerkriminalität«, fügte Lindholz hinzu.[57] Wer zielgerichtet Kriminalität bekämpfen wolle, könne nicht länger ignorieren, dass im Jahr 2023 **41 Prozent aller Tatverdächtigen Ausländer** gewesen seien, wobei der Ausländeranteil an der Gesamtbevölkerung 15 Prozent betrage. Eine zentrale Botschaft der Kriminalstatistik sei daher, dass das Land das Ausmaß illegaler Zuwanderung wie in den vergangenen beiden Jahren nicht mehr verkrafte. Gleichwohl setze die Ampel-Koalition »immer neue Anreize für noch mehr irreguläre Migration nach Deutschland«, so Lindholz.[58]

Peggy Schierenbeck (SPD) hielt im Gegenzug der CDU/CSU vor, **Ängste** bei den **Bürgern** zu schüren. Deutschland sei jedoch nach wie vor eines der sichersten Länder der Welt. Mit Blick auf die Polizeiliche Kriminalstatistik (PKS) konstatierte sie zugleich, dass man eine **gestiegene Gewaltkriminalität**, mehr Jugend- und auch **mehr Ausländerkriminalität** sehe. Dabei sorge der Anstieg der Kriminalität verständlicherweise für **Beunruhigung**. Einer der Hauptfaktor für den Anstieg hänge mit der **Migrationsdynamik** zusammen. Durch die hohe Zuwanderungsrate steige die Bevölkerungszahl und der Anteil der nichtdeutschen Bevölkerung. Der überproportionale Anteil ausländischer Tatverdächtiger dürfe aber nicht zu einem **Generalverdacht** führen.[59]

Konstantin Kuhle (FDP) betonte, ein Ergebnis der PKS sei, dass es deutlich mehr **Gewaltkriminalität** gebe. Dies sollte man **nicht relativieren** und nicht kleinreden, sondern eine **offene Debatte** über Ursachen und **mögliche Maßnahmen** führen. Dabei ließen sich unterschiedliche Gründe für den Kriminalitätsanstieg finden. Eine Rolle spiele auch, dass es »in bestimmten Kreisen gerade junger Männer mit Migrationshintergrund eine **Gewaltgeneigtheit**« gebe. Darüber müsse man offen sprechen und müsse sich Gedanken darüber machen, wie man zusätzlich in **Präventionsmaßnahmen** investieren könne.[60]

Sachsens Innenminister Armin Schuster (CDU) plädierte für ein **Sofortprogramm** für **Mehrfach- und Intensivstraftäter**. »Ein Prozent der sächsischen nichtdeutschen Tatverdächtigen begehen **50 Prozent** der **Straftaten**«, erklärte Schuster und fügte an die Adresse der Bundesregierung hinzu:»Machen Sie Aufnahmezentren an den Großflughäfen und schaffen Sie die diplomatischen Möglichkeiten, dieses eine Prozent rückzuführen«. Eine Rückführungsoffensive **nur für Mehrfach- und Intensivstraftäter** »wäre ein Sofortprogramm, das dramatisch die PKS 2024 entlasten wird«. Dazu müsse man auch bereit sein, Mehrfach- und Intensivstraftäter nach Syrien und Afghanistan abzuschieben, so der Innenminister von Sachsen.[61]

Politikerinnen und Politiker sagen – ebenso wie nahezu alle Medien – regelmäßig, »hundertprozentige Sicherheit« könne es in Deutschland nicht geben. Das stimmt, aber wir alle, die Politikerinnen und Politiker sowie ihre Wählerinnen und Wähler, die Sicherheitsbehörden und die Medien, sollten mehr dafür tun, dass wir bildlich gesprochen näher an die hundertprozentige Sicherheit herankommen. In den letzten Jahren und Monaten geht die Tendenz offensichtlich – siehe die aktuellen PKS-Zahlen und zahlreichen aktuellen Fälle – leider in die falsche Richtung.

Bei der Umfrage der Forschungsgruppe Wahlen, die Ende Juni 2024 erhoben wurde, wurde gefragt: »Was ist Ihrer Meinung nach gegenwärtig das wichtigste Problem in Deutschland?« Zwei Nennungen waren möglich. An Platz 1 (34 Prozent) lag das **Thema »Migration, Asyl, Ausländer, Integration«**, an Platz 2 (20 Prozent) das Thema »**Energieversorgung und Klima**«. Andere Antworten lauteten »die Wirtschaftslage«, »Kosten, Löhne, Preise«, »Renten«, »soziales Gefälle«, »Politikverdruss«, »Ukrainekrieg.«[62]

Der Munich Security Report stellte von Oktober bis November 2023 in einer Erhebung folgende Frage: »Stimmen Sie der Aussage zu, dass Deutschland in zehn Jahren sicherer sein wird?«. 47 Prozent der befragten Deutschen antworteten mit »Nein«, 38 Prozent »weder noch - bleibt wie bisher«. Nur 15 Prozent der befragten Deutschen antworteten mit »Ja«. [63]

Die **deutsche Eisenbahn- und Verkehrsgewerkschaft** (EVG) führte im Frühjahr 2024 eine Umfrage unter ihren Mitgliedern durch. Mitarbeiterinnen und Mitarbeiter in den Bereichen Eisenbahn und Verkehr arbeiten für uns im öffentlichen Raum, helfen dabei, uns zu transportieren. Die Ergebnisse der Umfrage – rund 4.000 Mitglieder beantworteten die Fragen – bezeichnete die Eisenbahn- und Verkehrsgewerkschaft als »erschütternd«. **82 Prozent** hatten bereits **Anfeindungen oder Übergriffe** erlebt, bei **63 Prozent** hat sich das **Sicherheitsempfinden** in den letzten fünf Jahren verschlechtert. »**Gängigste Übergriffs-Erfahrungen**« waren Bespucken (43 Prozent), Bewerfen mit Gegenständen (41 Prozent), Schubsen/Stoßen (40 Prozent) sowie Festhalten (35 Prozent). **Acht von zehn Mitarbeitenden** im Bereich Eisenbahn und Verkehr haben bereits **mindestens einen verbalen oder körperlichen Übergriff** erlebt. Die meisten davon in den vergangenen 12 Monaten. Bei »Art der Bedrohungen« lauteten die Antworten **verbale Beschimpfungen** (81 Prozent), **verbale Bedrohungen** (74 Prozent), **körperliche Bedrohung** (61 Prozent), verbale Beschimpfung mehrfach/Monat (38 Prozent), verbale Bedrohung mehrmals/Monat (15 Prozent), **sexuelle Belästigung,** hauptsächlich gegenüber weiblichen Beschäftigten (29 Prozent).[64]

Eine INSA-Meinungsumfrage aus dem Frühjahr 2024 zeigte, dass Innere Sicherheit, also die Öffentliche Sicherheit, mit etwa 90 Prozent nach wie vor eines der **Top-Themen** für die Menschen in Deutschland ist. Etwa zwei Drittel der Befragten sind der Meinung, die **Polizei** werde **nicht genügend von der Politik unterstützt.** Neun von zehn Befragten (89 Prozent) finden die Arbeit der Polizei in Deutschland wichtig. Weiter glauben 51 Prozent der Befragten, dass die Polizei in Deutschland aktuell in der Lage ist, die öffentliche Sicherheit zu gewährleisten. Alarmierende 43 Prozent glauben das jedoch nicht. Weitgehend einig sind sich die Befragten bei der Frage, ob die Politik die Polizei ausreichend unterstützt. 28 Prozent finden die Unterstützung ausreichend, 62 Prozent unzureichend. Gerade weil die Arbeit der Polizei für die öffentliche Sicherheit so wichtig ist, sollte die Politik sich dieses Themas annehmen, so die klare Mehrheit der Befragten.[65]

Die Wochenzeitschrift »Der Spiegel« berichtete Ende Juni 2024 von den Ergebnissen einer Forsa-Umfrage (im Auftrag des Deutschen Beamtenbundes) aus dem Mai 2024 in Deutschland und titelte »Neuer Tiefpunkt in puncto-Vertrauen: **Mehr als zwei Drittel der deutschen Bürger halten den Staat für außerstande, wichtige Themen wie die Flüchtlings- oder Bildungspolitik lösen zu können«.** Die Zuversicht der Deutschen in die Fähigkeiten der Bundesregierung hat gemäß der Forsa-Umfrage einen »neuen Tiefpunkt« erreicht, auch Bundes-kanzler Scholz räumte »eine **Vertrauenskrise«** ein: 70 Prozent der Befragten halten den »deutschen Staat für überfordert«. Nur noch 25 Prozent glauben demnach daran, dass der deutsche Staat noch **seine Aufgaben erfüllen kann.** Für überfordert halten die Befragten den deutschen Staat demnach vor allem in der **Asyl- und Flücht-lingspolitik,** der **Bildungspolitik** sowie bei der **öffentlichen Sicher-heit.** Für den Vorsitzenden des Deutschen Beamtenbundes Ulrich Sil-berbach ist die Entwicklung der vergangenen Jahre bedenklich und er gehe nicht davon aus, dass die politisch Verantwortlichen aus die-sen Misstrauenswerten bislang die richtigen Schlüsse zögen: »Wir brauchen wirksame Investitions- und Modernisierungsprogramme bei den Themen Bildung und innere Sicherheit, und wir brauchen einen konsequenten **Neuansatz** in der **Migrationspolitik«,** forderte Silberbach. Die Stichworte bei der Migrationspolitik seien eine »**bes-sere Steuerung und intensivere Förderung«.** Was in der aktuellen Situation hingegen **nicht weiterhelfe,** seien »**Symbolpolitik«** sowie neue Sonderbeauftragte, Arbeitsgruppen und Staatssekretärspos-ten, so Silberbach.[66]

Tötungen im öffentlichen Raum, die den Charakter von **Hinrichtun-gen** (Exekutionen) haben, sind ein weiteres Indiz für die Unsicher-heit des öffentlichen Raumes. So wurde beispielsweise am 22.8.2024 am frühen Abend ein Mann am Bahnsteig des Gleises neun am Frankfurter Hauptbahnhof drei Mal von hinten in den Kopf ge-schossen. Die Bundespolizei konnte den mutmaßlichen Täter an der Flucht hindern und ihn festnehmen. Nach dem aktuellen Stand der Ermittlungen und veröffentlichten Informationen soll es sich um den Hintergrund »Blutrache und türkische Großfamilien« handeln.[67]

1.4 Zwischenfazit

Ist die Öffentliche Sicherheit Deutschlands in Gefahr?

Wenn zur Beantwortung dieser Frage sowohl die aktuellen Zahlen der Polizeilichen Kriminalstatistik als auch das Sicherheitsempfinden der Menschen in Deutschland – siehe den aktuellen Viktimisierungssurvey des BKA sowie verschiedene repräsentative Umfragen zum Sicherheitsempfinden oben – zugrunde gelegt werden, sprechen diese oben beleuchtete Zahlen und Faktoren dafür, dass die Öffentliche Sicherheit in Deutschland in Gefahr ist.

Aus der Perspektive der Denkschule des **sicherheitspolitischen Realismus** heraus bedeuten die teilweise massiv angestiegenen Deliktszahlen der Polizeilichen Kriminalstatistik, darunter eine enorm hohe Anzahl von Messerangriffen, Gewalt im öffentlichen Raum, Gruppenvergewaltigungen und andere Straftaten, dass die Öffentliche Sicherheit Deutschlands **gefährdet** ist.

Aber, die Polizeiliche Kriminalistik bildet **nicht** die politisch motivierte Kriminalität, also den Extremismus ab. Der Extremismus wird ausführlich in den folgenden Kapiteln daraufhin untersucht, welche **Gefahren** von den **einzelnen Akteuren des Extremismus** in Deutschland zudem für unsere Öffentliche Sicherheit ausgehen, beispielsweise von **Rechtsextremisten, Islamisten und Linksextremisten.** Diese Gefahren müssen zu den oben dargestellten Straftaten der Polizeilichen Kriminalstatistik also noch **addiert** werden.

Die Kapitel zwei bis zehn untersuchen Gefahren, die vom Rechtsextremismus und Rechtsterrorismus, Islamismus und islamistischem Terrorismus, von »Reichsbürgern« und »Selbstverwaltern«, von »Delegitimierern«, von Linksextremisten, auslandsbezogenen Extremisten (u. a. PKK und »Graue Wölfe), von der Organisierten Kriminalität (inklusive der Clankriminalität), von Cyberattacken und Desinformationskampagnen sowie von Spionage und Sabotage ausgehen.

1.5 Gefahren durch politisch motivierte Gewalt, Extremisten und Terroristen

Extremisten lehnen unsere Demokratie, unsere Bundesrepublik Deutschland, ihre verfassungsmäßige Ordnung und Prinzipien, darunter Freiheit und Rechtsstaatlichkeit, ab. Rechtsextremisten tun dies ebenso wie Islamisten und Linksextremisten, aber mit anderen ideologischen Hintergründen. Die **Ideologieelemente**, die **Narrative** und die **politischen Forderungen** der Rechtsextremisten, Islamisten, Linksextremisten und anderer Extremisten finden Sie in den Kapiteln zwei bis sieben kompakt analysiert.

Die Auswertung der Verfassungsschutzberichte der letzten Jahre zeigt, dass die Zahl der Extremisten in Deutschland insgesamt seit Jahren steigt. Aktuell gehen die deutschen Sicherheitsbehörden von mindestens 40.600 Rechtsextremisten, 25.000 »Reichsbürgern« und »Selbstverwaltern«, 1.600 »Delegitimierern«, 37.000 Linksextremisten, 27.200 Islamisten sowie von 30.650 Extremisten des Bereiches »Auslandsbezogener Extremismus« (beispielsweise PKK und »Graue Wölfe«) aus. Das macht addiert aktuell 162.050 Extremisten, die bei den deutschen Verfassungsschutzbehörden »auf dem Schirm« sind. Relativ wahrscheinlich ist die Zahl der Extremisten in Deutschland deutlich höher.

Was ist ein Extremist?

Was sind Extremisten? Wo ist der Unterschied von einem Extremisten zu einem Radikalen oder zu einem Populisten?

Die Verfassungsschutzbehörden betonen, dass sie zwischen Extremismus und Radikalismus, zwischen Extremisten und Radikalen **unterscheiden.** Dabei stellen sie fest, dass es sich beim »Radikalismus« zwar um eine überspitzte, zum Extremen neigende Denk- und Handlungsweise handelt, die gesellschaftliche Probleme und Konflikte bereits »von der Wurzel (lat. Radix) her« anpacken will. Im Unterschied zum »Extremismus« sollen beim **Radikalismus** jedoch weder der **demokratische Verfassungsstaat** noch die damit verbundenen **Grundprinzipien** unserer Verfassungsordnung (freiheitliche demokratische Grundordnung) beseitigt werden.[68] Als Beispiel hierfür führen die Verfassungsschutzbehörden Kapitalismuskritiker an, die »grundsätzliche Zweifel an der Struktur unserer Wirtschafts- und Gesellschaftsordnung äußern und sie von Grund auf verändern wollen«. Diese seien noch keine Extremisten, da **radikale politische Auffassungen** in unserer pluralistischen Gesellschaftsordnung ihren legitimen Platz hätten. Auch wer seine radikalen Zielvorstellungen realisieren wolle, müsse nicht befürchten, dass er vom Verfassungsschutz beobachtet werde, solange er die Grundprinzipien unserer Verfassungsordnung anerkenne. Als **extremistisch** wiederum beschreibt der Verfassungsschutz die Aktivitäten, die darauf abzielen, die Grundwerte der freiheitlich demokratischen Grundordnung (fdGO) Deutschlands zu beseitigen.[69]

Es ist naheliegend, die Elemente der **freiheitlichen demokratischen Grundordnung** kurz erklären, weil es interessant zu sehen ist, dass Rechtsextremisten genauso wie Islamisten und Linksextremisten ähnliche **Feindbilder** haben und ähnliche **extremistische Ziele.** Mit der freiheitlich demokratischen Grundordnung (**fdGO**) sind die unabänderlichen obersten Wertprinzipien als Kernbestand unserer Demokratie gemeint. Diese fundamentalen Wertprinzipien bestimmen die Gesetzgebung des Bundes und der Länder, so auch die Verfassungsschutzgesetze.

- Hierzu gehören u. a. das Recht des Volkes, die **Staatsgewalt** in Wahlen und Abstimmungen und durch Organe der Gesetzgebung und der Rechtsprechung auszuüben und die Volksvertretung in allgemeiner, unmittelbarer, freier, gleicher und geheimer Wahl zu **wählen.**
- Weiter die **Bindung der Gesetzgebung** an die verfassungsmäßige Ordnung und die Bindung der **vollziehenden** Gewalt und der Rechtsprechung an **Gesetz und Recht.**[70]
- **Islamisten** beispielsweise wollen in einer »gottgewollten Ordnung« leben und lehnen unsere **freiheitliche demokratische Grundordnung ab.** Islamisten wollen sich nicht von gewählten Parlamentarierinnen mit von »Menschen gemachten Gesetzen« vorschreiben lassen, wie sie zu leben haben.
- Weiter gehört zur fdGO beispielsweise der Ausschluss jeder Gewalt- und Willkürherrschaft sowie die im Grundgesetz konkretisierten Menschenrechte. Der **Antisemitismus** und die **Muslimfeindlichkeit,** die seit Jahren von **Rechtsextremisten** propagiert werden, verstoßen natürlich gegen die **Menschenrechte.** Die Anti-Israel-Demonstrationen des Herbstes 2023 und Frühjahres 2024 zeigen aber genauso wie die öffentlichen »**Scharia-Forderungen**« bei Demonstrationen in u. a. Essen, Düsseldorf, Hamburg und Berlin, dass es zahlreiche Menschen in Deutschland gibt, die aus einer extremistischen Gesinnung heraus die **Menschenrechte** von Jüdinnen und Juden verletzen.

Die **Ideologieelemente,** die Sprache, die Posts von **Extremisten** in Sozialen Medien weisen **Ähnlichkeiten** auf. Sie sehen ähnliche Gegner, ähnliche »Feinde«. Es sind oft Jüdinnen und Juden. **Antisemitismus** ist bei allen Extremisten in Deutschland vertreten. Besonders bei **Rechtsextremisten, Islamisten und »Grauen Wölfen«** (der Verfassungsschutz spricht von türkischen Rechtsextremisten), aber auch bei »**Reichsbürgern**« und »**Selbstverwaltern«,** bei manchen »**Delegitimierern**« (selbsternannte »Querdenker«) und auch bei manchen **Linksextremisten.** Weitere Gegner bzw. »Feinde« von Extremisten ist der »politische Gegner«, aus Sicht von Linksextremisten alles was – oftmals diffus schwammig –»rechts« ist. Bei der aggressiven Agitation von Linksextremisten und potenziellen Zielen von linksextremistischer Gewalt kommen nach »den Rechten« Polizeibeamtinnen und - beamte und andere Vertreterinnen und Vertreter des Staates.

Wie wird man Extremist?

Bei Extremisten gibt es **keine Standardradikalisierungsverläufe**. Jeder Radikalisierungsverlauf ist individuell. Aber es gibt Ähnlichkeiten und drei Hauptfaktoren für extremistische Radikalisierungsverläufe, bzw. drei Hauptorte von Radikalisierung.

Erstens: Das **extremistische Milieu,** Gruppen, die Peer Group, Freunde, Verwandte, Vereinigungen, Organisationen. Das können salafistische Moscheen sein, rechtsextremistische Kampfsportclubs und Kampfsportturniere, rechtsextremistische Konzerte, linksextremistische Szeneeinrichtungen, u. a. besetzte Häuser sowie zahlreiche andere Orte mehr. Diese werden in den Kapiteln zwei bis sieben besprochen.

Zweitens: **Extremistische Ideologieelemente.** Extremistische Ideologieelemente sind beispielsweise Antisemitismus, Rassismus, Muslimfeindlichkeit, linksextremistische Gewaltverherrlichung gegenüber der Polizei (»All Cops are Targets«) sowie zahlreiche andere extremistischen Themen und auch Verschwörungserzählungen. Diese werden in den Kapiteln zwei bis sieben ausführlich thematisiert.

Drittens: **Virtuelle Orte,** wie Soziale Medien, Messengerdienste usw. Auch diese Orte von möglicher virtueller Radikalisierung werden gründlich in den Kapiteln zwei bis sieben besprochen. An solchen virtuellen Orten wird *hate speech* verbreitet. Beispielsweise werden Galgensymbole gepostet und es fallen tausendfach pro Tag Aussagen wie,»endlich trifft es die Schuldigen«,»die haben es verdient«,

»die verdienen ihre Abrechnung« usw. Schneebälle können zu La-
winen werden. Antisemitismus, aber auch Muslimfeindlichkeit und
Queerfeindlichkeit verbreiten sich dort rasend schnell. Hunderttausende bis Millionen Menschen in Deutschland haben im Internet Orte aufgesucht, an denen verkürzte, vereinfachte, radikale bis
extremistische »Erklärungsmuster« verbreitet werden und treffen
dort auf Gleichgesinnte. Dort müssen sie sich nicht (mehr) mit An-
dersdenkenden auseinandersetzen. Dort bekommen sie **eindeutige
Antworten** auf ihre Fragen. Und durch **Algorithmen** kommen sie
auf immer mehr **ähnliche Inhalte (Echokammern** und **Filterblasen).**
In solchen Echokammern werden auch bestehende Vorurteile, Fake
News und Verschwörungserzählungen verbreitet. Meistens bleiben
diese unwidersprochen, man bleibt unter Gleichgesinnten.

Radikalisierungsverläufe bei Menschen finden potenziell in unterschiedlicher Ausprägung an allen drei Orten oder auch nur an einem
Ort statt (z. B. **Selbstradikalisierung** online **ohne** Kontakte zu Extremisten).

Hinzu kommen potenzielle Radikalisierungsfaktoren wie der **sozio-
ökonomische Hintergrund** (Bildung, Beruf, Arbeitslosigkeit, finanzielle Krisen) und **psycho-soziale Faktoren** (psychische Anfälligkeiten,
Lebenskrisen, psychische Krankheiten).

Die Radikalisierungsforschung nutzt das **Bild** eines **Treppenhauses:**
Hätten Radikalisierungsverläufe bildlich gesprochen zehn Stockwerke, wäre die politische, demokratischen Mitte das Erdgeschoss, in
den **unteren Stockwerken** wären Phänomene wie Radikalismus verortet, in der Mitte Extremismus, extremistische Sprache, Schriften,
Posts und Narrative. In den **oberen, letzten Stockwerken** extremistische Gewalt, bis zum **zehnten Stockwerk**, einem extremistischen
Anschlag bzw. Attentat, also Terrorismus.

Die **gute Nachricht** zuerst: Die **allermeisten Radikalisierungsverläufe** von Menschen enden bildlich gesprochen nicht in den oberen Stockwerken, münden **nicht** in **extremistische, also politisch motivierte Gewalt**, sondern enden vorher.

Nun zu den **schlechten Nachrichten**.

(1) In den letzten Monaten und Jahren haben extremistische Straftaten, **Körperverletzungsdelikte, versuchte** und **vollendete Tötungsdelikte** Jahr für Jahr einen neuen Peak erreicht.

(2) Im Bild der **Stockwerke** bleibend: Diejenigen Extremisten, die sich nicht dazu entscheiden, die letzten Stockwerke zu betreten, selbst also **keine** politisch motivierte **Gewalt verüben**, aber virtuell oder realweltlich **extremistische Ideologieelemente** (beispielsweise Antisemitismus und Muslimfeindlichkeit) und **Aufrufe zu Gewalt verbreiten, animieren potenziell andere Menschen**, radikalisieren potenziell andere Menschen dazu, **Gewalt** zu **verüben**.

(3) Die **Zahl der Extremisten** wächst seit Jahren und wird, nach aktuellem Stand, perspektivisch weiter anwachsen. Dies hat verschiedene Gründe, die im Laufe des Buches besprochen werden.

(4) Die **Sicherheitsbehörden** scheinen an ihren **Grenzen** angekommen zu sein, zu viele Bedrohungen für die Öffentliche Sicherheit, teilweise auch in neuer Qualität, müssen zur gleichen Zeit abgewehrt werden. Hinzu kommen **haushalterisch-finanzielle Probleme** der Sicherheitsbehörden, genügend neue Mitarbeiterinnen und Mitarbeiter einzustellen zu können und die Technik und Ausrüstung endlich angemessen zu verbessern.

Eine Verschlechterung der **wirtschaftlichen Situation** in Deutschland und Europa in den nächsten Monaten und Jahren wird sehr wahrscheinlich zu Zahlen von **neu radikalisierten Extremisten** führen, die in der Geschichte der Bundesrepublik Deutschland noch nie erreicht wurden.

In Bezug auf das Erkennen von Radikalisierungsanzeichen hat unsere **Schullandschaft** riesige blinde Flecken. In den allermeisten Schulen gibt es kaum Wissen darüber, wie Radikalisierungsverläufe ablaufen, wie sie zu erkennen sind und es gibt große Hemmungen, diese Themen anzusprechen. Viele Lehrerinnen und Lehrer fühlen sich allein gelassen und hilflos gegenüber Antisemitismus, Queerfeindlichkeit, Muslimfeindlichkeit und anderen extremistischen Einstellungen.

Telegram und **TikTok** (hier kann auch von der TikTokisierung des Islamismus gesprochen werden) sind (potenziell) **aktuelle Beschleuniger** von **Radikalisierungsverläufen**. Auf Telegram finden sich seit 2021 klare Indizien für eine massive Radikalisierung von vielen Tausenden Menschen in Deutschland. Aus *hate speech* im Jahr 2020 (»man muss was tun gegen die Politiker da oben«, »man muss was tun gegen die Corona-Diktatur«, »diese Volksverräter haben eine Strafe verdient«) entwickelten sich ab Herbst 2021 zahlreiche konkrete Tötungsaufrufe gegen Politikerinnen und Politiker, Polizeibeamtinnen und -beamte, Journalistinnen und Journalisten, Wissenschaftlerinnen und Wissenschaftler.

In den Sozialen Medien werden – von Populisten, Radikalen und Extremisten – **Pauschalisierungen, Gut-Böse-Muster, Freund-Feind-Denken** und **Verschwörungserzählungen** verbreitet. Es kommt zu Radikalisierungsverläufen bei Tausenden von Menschen. Die allermeisten dieser Verläufe enden nicht in extremistischen Gewalttaten. Aber die Zahl der Radikalisierten wächst seit Jahren rasant.

Was auch thematisiert werden muss: Die **politischen Entscheidungsträger**, die Bundesregierung, die Landesregierungen, aber auch die Führungsgremien der Parteien sollten sich mehr der **realistischen Sicherheitsforschung** öffnen. Eine realistische Analyse muss sich fragen: Woher kommen die Sorgen und Nöte, die sich in all den aktuellen Meinungsumfragen ebenso wie in den Wahlergebnissen der Europawahl im Juni 2024 niedergeschlagen haben? Was ist den Menschen in Deutschland wichtig, gerade auch den Menschen, die man nicht aus der eigenen Partei oder dem eigenen beruflichen oder privaten Umfeld kennt?

Wer **Populismus, Radikalismus und Extremismus** stoppen will, den Übergang von Tausenden bis Hunderttausenden Menschen aus der politischen Mitte hin zu den Rändern, hin zu Radikalen und Extremisten, muss sich natürlich mit den **politischen** (u. a. der oben in Kapitel 1.2 von verschiedenen Ministern und Politikern aufgezeigte Themenbereich Migration und Öffentliche Sicherheit) und **wirtschaftlichen Ängsten** auseinandersetzen, die diese Menschen haben (Inflation, Energiesicherheit, sehr hohe **Steuern** in Deutschland, Insolvenzen zahlreicher deutscher Unternehmen, Abwandern zahlreicher junger Akademikerinnen und Akademiker ins Ausland).

In Zeiten von großen Krisen – wir leben seit 2020 in großen Krisen: der Corona-Pandemie mit einschneidenden Pandemie-Maßnahmen, dem Ukrainekrieg mit massiven Folgen in Gestalt von Inflation und Energieverteuerung – kommt es bei mehr Menschen zu **Verunsicherung**, die über Populismus und Radikalismus hin zum Extremismus führen kann. Für die Politik heißt das: Die (selbst empfundenen) »Verlierer« dieser Krisen müssen politisch adressiert und »mitgenommen« werden. Wenn die Politik das nicht schafft, und dafür gibt es aktuell einige **Hinweise**, wächst der **Nährboden** für Populismus, Radikalismus und Extremismus.

Zwischenfazit und Analysebrille

Zur für manche »unangenehmen« sicherheitspolitischen Analyse im Themenfeld Öffentliche Sicherheit gehört auch, dass eine **idealistisch-utopische Analyse** und **Politik** auch gefährlich für die Öffentliche Sicherheit sein kann bzw. ist, weil sie **Bedrohungen** für die Öffentliche Sicherheit nicht erkennt bzw. nicht die richtigen Mittel anwendet. Das anfangs zitierte **Sicherheitsempfinden** zahlreicher Menschen in Deutschland gehört dazu: Angst davor, dass man selbst oder Kinder, Familie, Freunde im öffentlichen Raum mit verbaler und körperlicher Aggression und Gewalt konfrontiert und Opfer davon werden könnten. Diese Angst müssen wir ernst nehmen und diese Themen diskutieren. Hier kommt sowohl der Politik als auch den Medien eine entscheidende Rolle zu.

Eine **sicherheitspolitisch-realistische Analyse** der Öffentlichen Sicherheit bringt naturgemäß mit sich, dass sie schlechte, »unangenehme« Nachrichten und Informationen präsentiert. Aber ein realistischer Blick, aktuellste Fakten und Zahlen sowie eine realistische Analyse der Probleme und Herausforderungen sind der **erste Schritt** auf dem Weg zu mehr Schutz für unsere Öffentliche Sicherheit. Es geht also auch darum, **faktenbasiert utopische Illusionen** – von Teilen der Politik, der Medien, und der Bevölkerung – zu thematisieren.

Ein **Sicherheitsforscher** muss wie ein Arzt seine **subjektive Betroffenheit** – die Analyse von terroristischer Gewalt zeigt die Opfer und teilweise auch ihre Familien aus nächster Nähe – **ausblenden**, um seinen Beruf professionell auszuüben. Für eine professionelle Analyse der Lage ist also eine **kritische Distanz** notwendig, so dass dieses Buch **weniger** als andere Bücher, die Medien sowie Politikerinnen und Politiker mit **Adjektiven** arbeitet. Politisch motivierte Gewalt, terroristische Anschläge und Attentate sind immer menschenverachtend, aber sie werden von der realistischen Sicherheitsforschung nicht als »unvorstellbar«, »schockierend« oder »irre« bewertet, sondern analytisch untersucht, wer, mit welchem Hintergrund, wie und warum eine Straftat verübt hat bzw. eine verüben wollte.

1.6   Zur Struktur dieses Buches

Der **rote Faden** dieses Buches ist die Frage nach dem **Zustand** unserer Öffentlichen Sicherheit. Die Öffentliche Sicherheit unseres Landes ist auch die Sicherheit des öffentlichen Raumes. In diesem Kapitel wurden bereits einige **Parameter**, beispielsweise **Delikte** der Polizeilichen Kriminalstatistik, aber auch das **Sicherheitsempfinden** der Menschen in Deutschland aufgezeigt.

Unsere Öffentliche Sicherheit wird von **verschiedenen Phänomenen**, von **verschiedenen Akteuren** bedroht. Wie oben bereits skizziert u. a. durch Gewaltkriminalität im öffentlichen Raum, durch Messerangriffe, Gruppenvergewaltigungen und zahlreiche andere Phänomene. Hinzu kommen in den Kapiteln zwei bis sieben die **Extremismusbereiche**. Beginnend mit dem Rechtsextremismus (Kapitel 2) werden alle Extremismusbereiche auf ihre Akteure, ihre **Ideologieelemente** und ihre **Gewaltorientierung** hin untersucht. Dabei wird sowohl der **Rechtsterrorismus** als auch der islamistische Terrorismus untersucht.

Die realweltliche und digitale Agitation von **Rechtsextremisten** ist besonders geprägt von Nationalismus, Rassismus, Antisemitismus und Geschichtsrevisionismus sowie Demokratie, Fremden-, Migrations- und Muslimfeindlichkeit. Rechtsextremisten propagieren, online und realweltlich, dass die Zugehörigkeit zu einer Ethnie oder Nation über den Wert eines Menschen entscheide. Dieses Werteverständnis steht in einem fundamentalen Widerspruch zu unserem Grundgesetz und unserer freiheitlichen demokratischen Grundordnung.

Das Personenpotenzial des Rechtsextremismus in Deutschland wächst seit Jahren an und hat aktuell mit 40.600 Personen einen Peak erreicht. Damit einher geht auch, dass Rechtsextremisten im Vergleich zu den anderen Extremismusbereichen in Deutschland die meisten Straftaten und die meisten **Gewalttaten** – pro Jahr etwa 900 bis 1.200 – verüben. Sowohl diese jährlich von Rechtsextremisten verübten Straf- und Gewalttaten als auch die in den letzten Jahren von Rechtsterroristen verübten **Anschläge** bzw. **Attentate** sowie die von **Sicherheitsbehörden verhinderten rechtsterroristischen Anschläge** verdeutlichen das Bedrohungsmaß, das aktuell und zukünftig von gewaltorientierten Rechtsextremisten und (potenziellen) Rechtsterroristen ausgeht, gerade vor dem Hintergrund der Schwierigkeit, Radikalisierungsverläufe von Menschen im Internet zu erkennen, die sich dort ohne Kontakte zu anderen Menschen selbst radikalisieren.

Der **Islamismus** (Kapitel 3) war in der politischen und medialen Betrachtung bis zum Herbst 2023 ein eher nachgeordnetes Thema. Seit den »Pro-Palästina«/Anti-Israel-Demonstrationen samt zahlreicher öffentlicher Forderungen nach einem islamistischen **Kalifat** rückt der Islamismus aktuell wieder mehr in den öffentlichen Fokus der Politik und Medien. Dabei hatten die zahlreichen verübten sowie geplanten, aber von den **Sicherheitsbehörden verhinderten islamistischen Anschläge** innerhalb der letzten Monate und Jahre in Deutschland und anderen europäischen Staaten die Qualität und die Quantität der Gefahren verdeutlicht, die aktuell und zukünftig von Islamisten, Salafisten und islamistischen Terroristen für unsere Öffentliche Sicherheit bestehen.

Die von Islamisten verübten politisch motivierten Straftaten sind im Jahr 2023 massiv angestiegen, darunter stark auch die Gewaltdelikte, hierbei auch versuchte und vollendete Tötungsdelikte. Spätestens die öffentlichen Kalifats-Forderungen, von denen seit Herbst 2023 wiederholt berichtet wird, sollten vergegenwärtigen, welches Bedrohungspotenzial der Islamismus in Deutschland darstellt. Hinzu kommen **regelmäßige Anschlagspläne** von islamistischen Terroristen in Deutschland. In den letzten Jahren konnten die deutschen Sicherheitsbehörden über 25 Anschläge – häufig kamen die nachrichtendienstlichen Informationen von ausländischen Geheimdiensten, vor allem aus den USA – verhindern.

Eine realistische sicherheitspolitische Analyse beleuchtet auch die Drastik der terroristischen Gewalt, beispielsweise wenn es um kalkulierte Opfer geht. Wie planen Terroristen Anschläge, was sind ihre Ziele? Die Motivation dahinter und Radikalisierungsmuster werden in den Kapiteln 2 und 3 beleuchtet. Die reine Zahl der von Rechtsterroristen und islamistischen Terroristen in den letzten Jahren in Deutschland und Europa verübten Attentate und Anschläge sowie die von den Sicherheitsbehörden verhinderten Anschläge verdeutlicht das **Bedrohungsmaß**, das aktuell und auch zukünftig von diesen beiden gewaltorientierten Extremismusbereichen für unsere Öffentliche Sicherheit ausgeht.

Der mutmaßlich islamistische Messeranschlag – nach aktuellem Stand der Ermittlungen und veröffentlichter Informationen – auf das Festival der Vielfalt in Solingen am 23.8.2024 zeigte auf dramatische Weise – der islamistische Attentäter tötete drei Menschen und verletzte acht (teilweise schwer) –, wie groß das Bedrohungspotenzial ist, das im Augenblick und zukünftig von Islamisten und Salafisten in Deutschland herrührt.

Das Kapitel 4 untersucht den seit Jahren personell wachsenden Extremismusbereich **»Reichsbürger« und »Selbstverwalter«** und zeigt ebenso wie das Kapitel 5 aktuelle Trends auf. Die Akteure, ihre Ideologieelemente und ihre Gewaltorientierung werden untersucht. Die Szene der »Reichsbürger« und »Selbstverwalter« ist organisatorisch und ideologisch sehr heterogen. Was die aktuell etwa 25.000 Akteure der Szene verbindet, ist die **fundamentale Ablehnung** der **Bundesrepublik Deutschland** und ihrer Rechtsordnung. Seit vielen Jahren propagieren Mitglieder dieses Extremismusbereichs nach Angaben der Verfassungsschutzbehörden »völlig abstruse Thesen«. Häufig wird damit ein **aggressives Auftreten** gegenüber Vertreterinnen und Vertretern der Bundesrepublik Deutschland verbunden. Aggressive Äußerungen münden oft in **Drohungen**, hinzu kommen **Körperverletzungen** sowie immer wieder auch versuchte und vollendete **Tötungsdelikte**. Radikalisierungsverläufe in der Szene finden häufig zu Beginn online statt, vor allem in den Sozialen Medien. Dort kursieren in der Szene verschiedene **Thesen, Narrative, Ideologieelemente** und **Verschwörungserzählungen**, die unsere Demokratie ablehnen. »Reichsbürger« und »Selbstverwalter« beginnen dort, sich in ein teilweise geschlossenes verschwörungsideologisches Weltbild zu verstricken. Aus Staatsverdrossenheit kann Staatshass werden. Dieser Staatshass führte in der Vergangenheit zu zahlreichen Fällen von Bedrohungen von Beamten und anderen Vertreterinnen und Vertretern unseres Staates.

In Kapitel 6 wird der **Linksextremismus** untersucht, ein Thema, das über die Jahre politisch und medial kaum einen Schwerpunkt bildete (mit Ausnahme der linksextremistischen Gewaltexzesse beim G20-Gipfel in Hamburg 2017 sowie in Lützerath 2023). Die linksextremistischen **Ideologieelemente** zu besprechen ist ebenso wichtig wie ihre **Gewaltorientierung**. Linksextremisten wollen nach Angaben der deutschen Sicherheitsbehörden »die bestehende Staats- und Gesellschaftsordnung und damit die freiheitliche demokratische Grundordnung beseitigen. Um dieses Ziel zu erreichen, versuchen sie, Einfluss auf Gesellschaft und Politik zu nehmen. Zudem begehen sie nahezu täglich und bundesweit eine Vielzahl teils schwerer Straf- und Gewalttaten.«[71] Diese Analyse ist sehr eindeutig und daher ist es für manche Bürgerinnen und Bürger erstaunlich, dass einerseits medial so wenig über Linksextremisten, ihre Ziele, ihre Gewalt- und Tötungsbereitschaft berichtet wird und andererseits der Linksextremismus im Bereich der deutschen Sicherheitspolitik von Politikerinnen und Politikern äußerst selten debattiert wird.

Der **Auslandsbezogene Extremismus** wird in Kapitel 7 untersucht. Die PKK ist durch öffentliche Berichterstattung seit Jahren immer wieder mal ein Thema, die **Ülkücü-Bewegung (»Graue Wölfe«)**, die von den Verfassungsschutzbehörden als **»türkische Rechtsextremisten«** bezeichnet werden, ist medial eher ein Orchideenthema. Die Akteure des auslandsbezogenen Extremismus in Deutschland sind sehr heterogen und untereinander stark verfeindet. Von den »Grauen Wölfen« als »türkischen Rechtsextremisten« und palästinensischen Akteuren wird seit Jahren ein **starker Antisemitismus** verbreitet und es werden auch antisemitische Gewalttaten verübt. Daher verstärkte im Spätsommer 2023 eine **parteiübergreifende Mehrheit** im Bundestag die Forderung nach einem Verbot der »Grauen Wölfe« und ihrer Organisationen in der »Ülkücü«-Bewegung in Deutschland. Trotz dieser parteiübergreifenden Mehrheit im Bundestag hat das Bundesinnenministerium die Ülkücü-Bewegung und ihre Vereinigungen **bisher nicht verboten.** Der französische Innenminister dagegen hat die »Grauen Wölfe« bereits im November 2020 in Frankreich verboten.

Die in Kapitel 8 analysierte **Organisierte Kriminalität** (inklusive der **Clankriminalität)** wird vom Bundeskriminalamt seit Jahren als eine **erhebliche Bedrohung** für unsere Gesellschaft, Wirtschaft und unseren Staat, für unsere Öffentliche Sicherheit, bewertet. Organisierte Kriminalität gefährdet unsere **Wirtschaft,** kostet unseren Staat entgangene Steuereinnahmen in enormer Höhe und bedroht die **Sicherheit** des **öffentlichen Raumes.** Zahlreiche Akteure der Organisierten Kriminalität treten im öffentlichen Raum mit Waffen auf und begehen dort **Körperverletzungs- und Tötungsdelikte,** die teilweise den Charakter einer **»Hinrichtung«** haben. Organisierte Kriminalität gefährdet unsere Öffentliche Sicherheit also auf verschiedenen Ebenen.

Das Kapitel 9 beleuchtet Gefahren durch **Cybercrime, Cyberattacken und Desinformationskampagnen.** Die **Bedrohung** im Cyberraum ist in Deutschland aktuell so hoch wie nie zuvor. Diese dramatische Lage beschreiben das Bundesamt für Sicherheit in der Informationstechnik (BSI) sowie das Bundeskriminalamt bereits schon seit Monaten mit klaren Worten. Nach Angaben des BKA brachten allein im Jahr 2023 über **800 deutsche Unternehmen** und Institutionen in Deutschland Ransomware-Angriffe zur Anzeige. Im Jahr 2023 stiegen die weltweiten Ransomware-Zahlungen auf über eine Milliarde US-Dollar.

Durch den **Diebstahl von Daten** und durch **Industriespionage** sowie Sabotage entstanden der deutschen Wirtschaft im Jahr 2023 205,9 Milliarden Euro Schaden. 72 Prozent davon direkt durch Cyberangriffe. Das Bild der **Spitze des Eisberges** trifft vor allem auf Cybercrime in Deutschland zu. Seit Jahren räumt das BKA zu Beginn des jeweiligen Bundeslagebildes Cybercrime ein, dass das Dunkelfeld im Bereich Cybercrime in Deutschland »weit überdurchschnittlich ausgeprägt«, also sehr hoch ist. Hinzu kommt, dass die Aufklärungsquote von Cybercrime in Deutschland im Jahr 2023 nach Angaben des BKA nur bei 32 Prozent lag.

Vor allem russische, aber auch andere Geheimdienste, führen **Desinformationskampagnen** gegen Deutschland sowie andere EU- und NATO-Mitgliedsstaaten durch. Solche Desinformationskampagnen sollen gemäß dem Bundesamt für Verfassungsschutz (BfV) **politische und gesellschaftliche Spannungen verstärken** und das Vertrauen der Bevölkerung in staatliche Stellen unterminieren. Russische Desinformationskampagnen gegen Deutschland und andere europäische Staaten sind kein neues Phänomen, haben allerdings seit dem Beginn des russischen Angriffskrieges gegen die Ukraine eine neue Qualität und Quantität angenommen.

Im Bereich der Gefahren unserer Öffentlichen Sicherheit durch Spionage und Sabotage gegen Deutschland (Kapitel 10) befinden wir uns in einem **Ost-West-Konflikt/Kalter Krieg 2.0** bzw. haben das Niveau des Kalten Krieges von 1945 bis 1989 erreicht. So schätzt der Präsident des Bundesamtes für Verfassungsschutz, Thomas Haldenwang, die aktuelle Lage ein. Das Kapitel 10 zeigt zahlreiche aktuelle Fälle von Spionage und Sabotage auf und fordert einen **Bewusstseinswandel** sowohl bei den zuständigen Behörden als auch bei potenziell von Spionage und Sabotage betroffenen Bereichen (Wirtschaft, Ministerien, Politik, Militär) als auch bei den verantwortlichen Politikerinnen und Politikern. Das Mindset mancher Behörden, das Mindset vieler Politikerinnen und Politiker ist noch immer auf dem Stand vor dem Beginn des Ukrainekrieges 2022.

Wir, die Bevölkerung, gerade auch die Wahlberechtigten, müssen schnellstens begreifen, dass es Staaten mit **mächtigen Geheimdiensten** gibt, die uns **schaden** wollen: Schaden, indem sie unsere Geheimnisse im Bereich von Wirtschaft, Forschung, Politik und Militär stehlen wollen, was unsere Volkswirtschaft schwächen, uns alle in Nachteile geraten lässt, uns ärmer machen kann. Schaden, indem sie Einfluss auf unsere politischen Prozesse nehmen, mit Desinformationskampagnen gerade auch auf Wahlen. Schaden aber auch, indem sie (potenziell) durch **Sabotage** unsere **Kritischen Infrastrukturen** angreifen: Server von Krankenhäusern fallen aus, Stromausfälle über Stunden hätten katastrophale Folgen für den öffentlichen Verkehr und unsere Sicherheit.

Dieses Buch muss nicht zwingend chronologisch gelesen werden, da die einzelnen Kapitel für sich abgeschlossene Analysen zu den jeweiligen Extremismusbereichen und Phänomenen bereithalten.

Herzlich danken möchte ich meinen Kolleginnen und Kollegen zahlreicher Sicherheitsbehörden, die im Bereich der Öffentlichen Sicherheit tätig sind, für die gute Zusammenarbeit sowie ihre Fragen und Anregungen zu Themen der Öffentlichen Sicherheit!

2
Gefahren durch Rechtsextremisten und Rechtsterroristen

» Wir beobachten eine neue Dynamik im Bereich des Rechtsextremismus. Sicherheitsbehörden sehen sich dabei neben den alten Strukturen auch mit ganz neuen Formen wie rechten Netzwerken im Internet oder sich selbst radikalisierenden Einzeltätern konfrontiert«, Thomas Haldenwang, Präsident des Bundesamtes für Verfassungsschutz im Jahr 2024.[72]

Welche Gefahren gehen von den aktuell 40.600 Rechtsextremistinnen und Rechtsextremisten in Deutschland aus? Nach Angaben der deutschen Verfassungsschutzbehörden sind von diesen aktuell etwa 14.500 als **gewaltorientiert** einzustufen.[73]

Was wollen diese Rechtsextremisten, was sind ihre politischen Ziele und wie gehen sie vor? Die 40.600 deutschen Rechtsextremisten sind heterogen. Antisemitische, rassistische und muslimfeindliche Ideologieelemente und Sprache treten bei ihnen in unterschiedlicher Ausprägung auf. Die gewaltorientierten Rechtsextremisten äußern und verbreiten solche Ideologieelemente ganz offen und wollen damit Gewalt auslösen. Die nicht gewaltorientierten Rechtsextremisten äußern solche Ideologieelemente nicht offen, sondern verborgen oder indirekt.

Welche konkreten Gefahren gehen von Rechtsextremisten aus? Diese Frage wird politisch und medial zu selten gestellt und wenn sie gestellt wird, dann zu wenig konkret beantwortet. Daher hier konkret: Die gewaltorientierten 14.500 Rechtsextremisten verüben seit vielen Jahren pro Jahr zwischen 20.000 und 24.000 Straftaten.[74] Darunter fallen seit Jahren etwa 900 bis 1.200 Gewalttaten. Zu den Gewalttaten gehören sowohl (schwere) Körperverletzung als auch versuchte und verübte Tötungsdelikte gemäß der Fachsprache der Sicherheitsbehörden. Beispiele für die verübten Tötungsdelikte sind bekannt aus der medialen Berichterstattung über die rechtsterroristische Gruppe »Nationalsozialistischer Untergrund«, das Attentat auf die damalige Kölner Oberbürgermeisterkandidatin Henriette Reker, den Anschlag auf das Olympia-Einkaufszentrum in München, den Mord an dem CDU-Politiker Walter Lübcke, den geplanten Anschlag auf die Synagoge in Halle und zwei im Umfeld ermordete Menschen sowie den Anschlag in Hanau, der auf Menschen abzielte, die Migrationshintergrund haben.

Im Jahr 2023 erfassten die deutschen Sicherheitsbehörden 25.660 Straftaten mit rechtsextremistischem Hintergrund (im Jahr 2022 waren es noch 20.967), darunter waren 1.148 Gewalttaten (2022 waren es noch 1.016). Dazu zählten auch vier versuchte Tötungsdelikte. Als weitere Teilmenge der rechtsextremistischen Straftaten registrierten die deutschen Polizeibehörden zudem 15.081 rechtsextremistisch motivierte Propagandadelikte nach §§ 86, 86a StGB (2022 noch 13.026). Hinzu kamen 8.118 »andere Straftaten« wie beispielsweise Volksverhetzung und Beleidigung (im Jahr 2022 waren es noch 5.907).[75]

Die Zahl rechtsextremistischer **fremdenfeindlicher Straftaten** nahm im Jahr 2023 um 39 Prozent zu (10.402 Delikte, 2022 noch 7.484). Bei den rechtsextremistischen fremdenfeindlichen Straftaten stieg die Zahl der Gewalttaten um 17 Prozent an (933 Delikte, 2022: 796). Die Zahl der rechtsextremistisch motivierten Straftaten mit antisemitischem Hintergrund stieg 2023 um 36,5 Prozent auf insgesamt 2.762 Taten (2022: 2.023); die Zahl der Gewaltdelikte mit antisemitischem

Hintergrund sank hingegen (-18,9 Prozent) auf insgesamt 43 Delikte (2022: 53).

Die Anzahl der rechtsextremistisch motivierten Körperverletzungen mit fremdenfeindlichem Hintergrund erhöhte sich im Jahr 2023 um 16,4 Prozent. Von den insgesamt vier versuchten Tötungsdelikten mit rechtsextremistischem Hintergrund wurden drei mit einer fremdenfeindlichen Motivation begangen. Die Zahl der rechtsextremistisch motivierten Straftaten gegen Asylunterkünfte hat sich im Jahr 2023 mehr als verdoppelt (2023: 148, 2022 noch 71). Ebenfalls hat sich die Zahl der Gewalttaten gegen Asylunterkünfte mehr als verdoppelt (2023: 15, 2022: 6); hierzu gehörten 2023 auch neun Brandanschläge (2022 waren es 4).[76]

Ein Teil der 40.600 Rechtsextremisten hat einen **politischen Gestaltungswillen**, will auf parlamentarischem und außerparlamentarischem Weg (zum Beispiel durch Organisationen, Vereine und Institute) die deutsche Politik beeinflussen. Hierzu gehören also sowohl die Parteien, die von den Verfassungsschutzbehörden als rechtsextremistisch eingestuft sind als auch Akteure und Netzwerke, die beispielsweise enge Kontakte zu AfD-Parlamentariern haben. In der juristischen Sprache der Verfassungsschutzbehörden bedeutet »**gesichert rechtsextremistisch**« die dritte und höchste Stufe der Skala.

»**Verdachtsfall Rechtsextremismus**« ist die zweite von drei Stufen. Gesichert rechtsextremistisch sind nach der aktuellen Festlegung der deutschen Verfassungsschutzbehörden bundesweit die Parteien »Die Heimat« (früher NPD), »Die Rechte« und »Der III. Weg«. In den Bundesländern Sachsen-Anhalt, Thüringen und Sachsen wird die Partei »Alternative für Deutschland« (AfD) bereits von den Landesämtern für Verfassungsschutz als gesichert rechtsextremistisch eingestuft. Bundesweit wird die AfD vom Bundesamt für Verfassungsschutz im Augenblick noch als »Verdachtsfall Rechtsextremismus« eingestuft. Ende Februar 2024 berichtete die Süddeutsche Zeitung, dass sie Kenntnis über interne, dienstliche E-Mails des Bundesamtes für Verfassungsschutz habe, dass dieses an einem Gutachten arbeite, mit dem die AfD dann bundesweit als gesichert rechtsextremistisch eingestuft würde.[77]

Bei den gewaltorientierten 14.500 Rechtsextremisten ist festzustellen, dass diesen nicht daran gelegen ist, im parlamentarischen Raum politische Ämter zu übernehmen, sondern daran, mit Gewalt Menschen anzugreifen und einzuschüchtern, die sie als »Angriffsziele«, als politische Gegner und »Feinde« ansehen. Dies sind vor allem Ausländerinnen und Ausländer, Menschen mit Migrationshintergrund, Politikerinnen und Politiker.

Wer wird wie zu einem Rechtsextremisten, zu einer Rechtsextremistin?

Was wollen Rechtsextremisten ideologisch-politisch erreichen, was sagen und schreiben sie und wie verlaufen Radikalisierungsverläufe in den Rechtsextremismus bzw. hin zu rechtsextremistischer Gewalt?

Wie bei anderen Extremisten auch, ist festzustellen, dass es keine Standardradikalisierungsverläufe gibt. Jeder Radikalisierungsverlauf ist individuell. Aber es gibt **drei Hauptfaktoren** für (rechts-) extremistische Radikalisierungsverläufe bzw. drei Hauptorte von Radikalisierung: Das rechtsextremistische Milieu (Gruppen, Vereinigungen, Organisationen), rechtsextremistische Ideologieelemente und virtuelle Orte. Radikalisierungsverläufe finden an allen drei Orten statt. Hinzu kommen Faktoren wie der sozio-ökonomische Hintergrund (Bildung, Beruf, mögliche Arbeitslosigkeit) und psycho-soziale Faktoren (psychische Anfälligkeiten, Krankheiten, Lebenskrisen).

Rechtsextremistische Inhalte im virtuellen Raum, in Sozialen Netzwerke, Messengerdiensten, Imageboards und Internetplattformen wie Telegram spielen seit Jahren eine bedeutende Rolle bei rechtsextremistischen Radikalisierungsverläufen. Eine besondere Herausforderung für die Sicherheitsbehörden stellen dabei **selbst-radikalisierte Täter** dar, die ohne erkennbare Anbindung an bereits bekannte rechtsextremistische Szenestrukturen agieren. Hierbei bewerten die Sicherheitsbehörden die Zunahme sowohl auffällig junger als auch besonders gewaltaffiner Akteure der »Attentäter-Fanszene« (beispielsweise zu den Attentätern Anders Breivik und Stephan Balliet) als »besonders besorgniserregend«. Chatgruppen in Messengerdiensten und Foren, innerhalb derer Gewalt- und Anschlagsfantasien offen geteilt, befürwortet und potenziell ge-fördert werden, spielen bei solchen Radikalisierungsverläufen eine entscheidende Rolle.[78]

Die Anzahl der von den Verfassungsschutzbehörden registrierten rechtsextremistischen Kundgebungen (Demonstrationen) stieg im Jahr 2023 mit 367 gegenüber dem Vorjahr (145) nunmehr deut-lich an und erreichte somit sogar ein noch höheres Niveau von vor beziehungsweise zu Beginn der Coronapandemie. Das Agitations-feld »Anti-Asyl und Migration« war im Jahr 2023 das zentrale Mot-to rechtsextremistischer Demonstrationen. Besonders hervor stach hierbei die rechtsextremistische Kleinstpartei die »Freien Sachsen«, die das rechtsextremistische Demonstrationsgeschehen im Jahr 2023 maßgeblich gestaltete und die größte Kundgebung des Jahres unter dem Slogan »Nein zum Heim – Ja zur Heimat!« mit 3.000 Teilneh-mern organisierte. Andere rechtsextremistische Veranstalter wie die Partei »Die Heimat« (ehemals NPD) und deren Jugendorganisation »Junge Nationalisten« (JN) oder »Der III. Weg« büßten dagegen teil-weise deutlich an Mobilisierungspotenzial ein, erläuterten die Ver-fassungsschutzbehörden im Sommer 2024.[79]

2.1 Die Akteure

Neonazis

Als Neonazis werden die Anhänger einer ideologischen Ausrichtung des Rechtsextremismus bezeichnet, die sich am historischen Nationalsozialismus orientieren. Dieser ist die Grundlage der Ideologie der Neonazis, die von den Ideologieelementen Rassismus, Antisemitismus, Nationalismus und Antipluralismus geprägt ist. Nach Angaben der Verfassungsschutzbehörden streben Neonazis einen autoritären Staat nach dem Führerprinzip an. Historische Tatsachen wie zum Beispiel der Holocaust werden von manchen Neonazis in revisionistischer Art und Weise umgedeutet oder gar geleugnet. Nachdem in den vergangenen Jahren vom Bundesinnenministerium mehrere neonazistische »Kameradschaften« vereinsrechtlich verboten wurden, haben deren Mitglieder nun die Nähe zu rechtsextremistischen Parteien gesucht. Die rechtsextremistischen Parteien »Die Rechte« und »Der III. Weg« gelten als »Sammelbecken für Neonazis«.[80]

Von den 14.500 Rechtsextremistinnen und Rechtsextremisten, die von den Verfassungsschutzbehörden aktuell als gewaltorientiert eingeschätzt werden, werden seit Jahren jährlich zwischen etwa 900 bis 1.200 Gewaltdelikte verübt. Daher sollte medial deutlich mehr über diesen Teil der deutschen Rechtsextremisten berichtet werden. Denn diese gewaltorientierte rechtsextremistische Szene vernetzt sich im 21. Jahrhundert nicht mehr nur regional, sondern ist durch die Möglichkeiten der Sozialen Netzwerke überregional, deutschlandweit vernetzt. Zunächst über Internetinhalte, Foren, Chats, danach potenziell bei Treffen mit anderen Neonazis und häufig auch über die Neonazi-Kampfsportszene.

Das entscheidende **Ideologieelement** der Neonazis ist die von ihnen angestrebte ethnisch homogene »Volksgemeinschaft«, in der sich das Individuum dem »Wohl und Willen der Allgemeinheit« unterzuordnen habe. Personen, die nach Einschätzung von Neonazis nicht zur »Volksgemeinschaft« gehören, werden grundsätzlich als »minderwertig« betrachtet, denn ethnische Vielfalt und eine pluralistische Gesellschaft bedrohen aus ihrer Sicht die Existenz des deutschen Volkes. Hier sprechen Neonazis auch vom angeblich drohenden »Volkstod«. Diese neonazistische Weltanschauung steht in klarem Gegensatz zur freiheitlichen demokratischen Grundordnung, weil die im Grundgesetz konkretisierten Menschenrechte durch das Konzept einer ethnisch homogenen »Volksgemeinschaft« einem Teil der Gesamtbevölkerung schlichtweg abgesprochen werden, erläutern die Verfassungsschutzbehörden aktuell.[81]

Nach zahlreichen Vereinsverboten in der Neonazi-Szene Anfang der 1990er Jahre setzte ein Strukturwandel innerhalb dieser Szene ein. Die Führungsspitze der Szene erkannte, dass die zuvor hierarchisch organisierten Vereine eine viel zu große Angriffsfläche für staatliche Abwehrmaßnahmen und Verbote bildeten. Als Folge entwickelte sich das »Kameradschaftsmodell«, das lokale Gruppierungen ohne formelle Funktionsträgerschaften vorsah. Weitere Vereinsverbote gegen neonazistische Gruppierungen seit dem Jahr 2012 führten erneut zu einem Strukturwandel innerhalb der Szene; denn auch das »Kameradschaftsmodell« erwies sich als untauglich, um staatlichen Gegenmaßnahmen auf Dauer zu entgehen. Als Folge lösten sich vorhandene Strukturen weiter auf und es entstanden daraus lose, netzwerkartige Personenzusammenschlüsse, die über soziale Netzwerke und Messengerdienste überregional verbunden sind, so das Bundesamt für Verfassungsschutz im Sommer 2024.[82]

Politiker in Führungspositionen der rechtsextremistischen Kleinstparteien »Die Heimat« (früher NPD), »Der III. Weg« und »Die Rechte« stammen teilweise aus der neonazistischen Szene und haben ihre neonazistische Ideologie mit dem Eintritt in eine rechtsextremistische Partei keineswegs abgelegt. Öffentlichkeitswirksam treten diese rechtsextremistischen Kleinstparteien vor allem durch Demonstrationen und Propagandaaktivitäten auf. Unter dem Schutz des Parteienprivilegs verbreiten sie eine zutiefst **rassistische Weltanschauung.**[83]

Weil die neonazistische Szene rassistische Positionen vertritt und sich primär am historischen Nationalsozialismus orientiert, gehen die Verfassungsschutzbehörden von einer grundsätzlichen Gewaltorientierung aus. Ein Großteil der Neonazis hat eine klare Affinität zu Waffen, die im Rahmen von polizeilichen Durchsuchungen regelmäßig aufgefunden werden. Zusätzlich gelten rechtsextremistische Kampfsportformate (z. B. »Kampf der Nibelungen«, »Knockout 51«, »National Fight Night«, »International Fight Night«, »TIWAZ – Kampf der freien Männer«) innerhalb der Szene als beliebtes Mittel zur körperlichen Ertüchtigung und zur Vorbereitung für die Auseinandersetzung mit dem politischen Gegner.[84]

Kampfsport wird mittlerweile fast in allen rechtsextremistischen Spektren (»subkulturell geprägter Rechtsextremismus«, Neonazis, Parteien, Neue Rechte, Mischszenen) trainiert. Kampfsport ist vor allem für jüngere sportaffine Männer attraktiv. Über entsprechende Trainingsangebote versuchen Rechtsextremisten, politisch noch nicht gefestigte oder mit rechtsextremistischem Gedankengut sympathisierende junge Männer für rechtsextremistische Strukturen zu rekrutieren. Viele rechtsextremistische Gruppen verfügen mittlerweile über eigene Kampfsporttrainingsmöglichkeiten und erfahrene Trainer, erläutern die Verfassungsschutzbehörden aktuell.

»Subkulturell geprägte und sonstige gewaltbereite Rechtsextremisten«

Als »subkulturell geprägte Rechtsextremisten« bezeichnen die Verfassungsschutzbehörden den Teil der deutschen Rechtsextremisten, der bis zum Beginn der 2000er Jahre mit rechtsextremistischen »Skinheads« (nicht alle »Skinheads« waren Rechtsextremisten) verbunden wurde. Springerstiefel (mit weißen Schnürsenkeln) und Bomberjacken prägten in den 1980er und 1990er Jahre den Bekleidungsstil dieses rechtsextremistischen Milieus. »Subkulturell geprägte Rechtsextremisten« sind nicht deutschlandweit hierarchisch strukturiert und verfügen nicht über ein geschlossenes rechtsextremistisches Weltbild. **Ideologieelemente**, die aber von den allermeisten von ihnen angenommen werden, sind Rassismus, die Befürwortung von Gewalt gegen Ausländerinnen und Ausländer sowie Menschen mit Migrationshintergrund, Antisemitismus und das Ablehnen der Demokratie.

»Subkulturell geprägte und sonstige gewaltbereite Rechtsextremisten« beschäftigen sich mehr mit Aktivitäten wie Kampfsport- und Musikveranstaltungen als mit politisch zielgerichteten Aktivitäten. Dieser Teil der deutschen Rechtsextremisten ist aktuell stärker online vernetzt als realweltlich. In Bezug auf ihr Alter sind sie im Durchschnitt jünger als beispielsweise Mitglieder der »Neuen Rechten« und von rechtsextremistischen Parteien. Die wenigen realweltlichen Gruppierungen der »subkulturell geprägten Rechtsextremisten« haben eher einen regionalen Bezug. Bis zu deren Verbot im Jahr 2020 waren die deutschen Ableger der Organisationen »Blood & Honour« sowie »Combat 18« (C18 – sinngemäß »Kampftruppe Adolf Hitler«) öffentlich die bekanntesten.

Da Organisationen mit festen Organisationsstrukturen wie beispielsweise »Blood & Honour« und »Combat 18« von den Verfassungsschutzbehörden leichter beobachtet und dann vom Bundesinnenministerium verboten werden können, reagieren diese Rechtsextremisten darauf und nutzen in den letzten Jahren vermehrt virtuelle Räume. Dies geschieht auch, um einer gesellschaftlichen Ausgrenzung zu entgehen. Wer öffentlich mit entsprechender Kleidung und Slogans auftritt, wird sowohl von den Sicherheitsbehörden als auch von den Medien und der regionalen Öffentlichkeit (also auch vom Bekanntenkreis und dem beruflichen Umfeld) als

Rechtsextremist erkannt. Virtuell treten solche Rechtsextremisten anonym auf und können sich (lange Zeit) unerkannt mit anderen Rechtsextremisten austauschen und sich potenziell hin zu Gewalttaten radikalisieren. Die Nutzer virtueller rechtsextremistischer Plattformen und Inhalte agieren sowohl auf konventionellen als auch auf unkonventionellen Internetplattformen. Die Zusammenschlüsse dienen dabei hauptsächlich der Vernetzung gleichgesinnter Personen, dem ideologischen Austausch sowie dem Austausch rechtsextremistischer und gewaltverherrlichender Medien (unter anderem Bilder, Videos und Memes). An solchen Orten stellen die Sicherheitsbehörden seit Jahren eine **zunehmende (verbale) Gewaltbereitschaft** fest.[85]

Die »Neue Rechte«

Unter der Bezeichnung die »Neue Rechte« fassen die Verfassungsschutzbehörden ein informelles Netzwerk von Gruppierungen, Einzelpersonen und Organisationen zusammen, in dem »nationalkonservative bis rechtsextremistische Kräfte kooperieren, um anhand unterschiedlicher Strategien teilweise antiliberale und antidemokratische Positionen in Gesellschaft und Politik durchzusetzen«. Hierfür nutzen Akteure der »Neuen Rechten« parlamentarische und außerparlamentarische Bewegungen, Veröffentlichungen sowie Medien wie das »Compact«-Magazin (Zeitschrift samt Website). Das Ziel der »Neuen Rechten« besteht in einer »Kulturrevolution von rechts«. Rechtsextremistische Bezüge ergeben sich aus Verstößen gegen die Menschenwürde, das Rechtsstaats- und/oder das Demokratieprinzip in unterschiedlicher Ausformung, erklären die Verfassungsschutzbehörden.[86] Die wesentlichen und öffentlich bekannten Akteure der »Neuen Rechten« sind die »Identitäre Bewegung Deutschland« (IBD), die »Compact-Magazin GmbH« (Mitte Juli 2024 von Bundesinnenministerin Nancy Faeser verboten), der Verein »Ein Prozent e. V.« sowie das im Mai 2024 offiziell aufgelöste »Institut für Staatspolitik« (IfS). Besonders wichtig festzustellen ist, dass Akteure der

»Neuen Rechten« auch enge Kontakte zur Partei AfD haben, sowohl auf der Bundesebene als auch in verschiedenen Bundesländern. Hinzu kommen Verbindungen zur rechtsextremistischen Partei »Freie Sachsen.«[87]

Die »Neue Rechte« würde gerne Anschluss an die breitere Mitte der Gesellschaft finden, um mehr Anhänger und Unterstützer zu gewinnen. Daher versucht sie, sich als »moderne« und »intellektuelle Rechte« darzustellen und sich von Neonazis, »subkulturell geprägten Rechtsextremisten« und gewaltbereiten Rechtsextremisten abzugrenzen. Die öffentlichen (mittlerweile) bekanntesten Schlagwörter der »Neuen Rechten« sind »der große Austausch«, »Reconquista« (»Europa von den Muslimen zurückerobern«), »Remigration« (Rückführung, Abschiebung, Ausweisung) und die Verschwörungserzählung »The Great Reset«.[88]

Die 2012 gegründete »**Identitäre Bewegung Deutschland**« (IBD) betrachtet sich selbst als »außerparlamentarische patriotische Jugendbewegung«, ist mit regionalen Untergruppen deutschlandweit aktiv und hat etwa 500 Mitglieder. Ideologisch propagiert sie das Konzept des »**Ethnopluralismus**«, welches in der Analyse der Verfassungsschutzbehörden auf der Vorstellung einer staatlichen und gesellschaftlichen Ordnung in einem »ethnisch und kulturell homogenen Staat basiert«. Diese ethnokulturelle Identität sieht die »IBD« durch den sogenannten »Multikulturalismus« bedroht, der durch eine behauptete »unkontrollierte Massenzuwanderung« zu einer Heterogenisierung der Gesellschaft führe. Diese Ideologie verstößt nach Angaben der deutschen Verfassungsschutzbehörden gegen die grundgesetzlich verankerte Menschenwürde sowie das Demokratieprinzip und ist daher mit der freiheitlichen demokratischen Grundordnung (fdGO) unvereinbar. Die »IBD« hat im Vergleich zu eher jüngere Mitglieder (manche Medien sprechen von »rechten Hipstern«), zielt eher auf die Altersgruppe von jungen Erwachsenen ab und nutzt die sozialen Netzwerke intensiv, um Berichte, Videos und Bilder zu verbreiten.[89]

Das »**Institut für Staatspolitik**« (IfS) sieht sich – bzw. sah sich – als Strategen und Impulsgeber der »Neuen Rechten«, richtete »Akademien« und Veranstaltungen aus, die u. a. auch von AfD-Politikerinnen und Politikern, Mitarbeiterinnen und Mitarbeitern, Mitgliedern der »Identitären Bewegung« sowie Mitgliedern der »Deutschen Burschenschaft« besucht wurden.
Offiziell soll sich das »Institut für Staatspolitik« im Mai 2024 aufgelöst haben, womöglich hatte dies taktische Gründe, um einem möglichen Vereinsverbot durch das Innenministerium zu entgehen. Götz Kubitschek, der Begründer des »Instituts für Staatspolitik«, soll nach der Auflösung des »IfS« ein Unternehmen namens »Menschenpark« gegründet haben, das ähnliche Aufgaben wie das »IfS« haben könnte.[90]

Das »IfS« propagierte das Konzept des »Ethnopluralismus« und orientiert sich damit an einem »ethnisch-abstammungsmäßig definierten Volksbegriff«, erklären die Verfassungsschutzbehörden aktuell. Dies sei nicht mit der in Art. 1 GG schrankenlos garantierten Menschenwürde vereinbar, so das Bundesamt für Verfassungsschutz.[91] Im »IfS« bzw. im personellen Umfeld des »IfS« gab es spätestens seit 2012 personelle Vernetzungen zwischen Götz Kubitschek und dem Chef der rechtsextremistischen »Identitären Bewegung Österreich« (IBÖ) Martin Sellner. Ähnliche lang bestehende Vernetzungen existieren zwischen Götz Kubitschek, Björn Höcke, Alice Weidel sowie Alexander Gauland, die entscheidenden Einfluss auf die AfD haben.

Die im Juli 2024 vom Bundesministerium verbotene »**COMPACT-Magazin GmbH**« war ein multimedial ausgerichtetes Unternehmen. Das Compact-Magazin wurde seit 2010 monatlich veröffentlicht, hinzu kamen über die Website umfangreiche Online-Angebote, ein Internet-Videokanal und Inhalte in den Sozialen Medien. Thematisch-

ideologisch verbreitete »Compact« in der Analyse der Verfassungsschutzbehörden seit Jahren, vor allem seit der Flüchtlingskrise 2015,
»regelmäßig antisemitische, minderheitenfeindliche, geschichtsrevi-
sionistische und verschwörungsideologische Inhalte«. Dabei agitier-
te »Compact« gegen die Bundesregierung und instrumentalisierte
Verschwörungserzählungen, um sowohl staatliche Akteure als auch
die liberale, moderne, pluralistische Gesellschaft zu diskreditieren.[92]

Das Bundesverwaltungsgericht hat Mitte August 2024 das von der
Bundesinnenministerin Faeser ausgesprochene Verbot des Com-
pact-Magazins in einem Eilverfahren teilweise vorläufig ausgesetzt.
Dabei äußerte das Gericht insbesondere Zweifel an der Verhält-
nismäßigkeit des Verbots. Eine endgültige Entscheidung wird im
Hauptsacheverfahren fallen. Damit darf das Magazin vorerst wieder
veröffentlicht werden.

Der Weblog »PI-NEWS« (»Politically Incorrect«) ist ein reichwei-
tenstarkes deutsches rechtsextremistisches Onlinemedium. Dort
verbreiten auch Mitglieder der »Neuen Rechten« ihre Inhalte. »PI-
NEWS« verzichtet zur Verschleierung der Verantwortlichkeit auf die
Angabe eines Impressums; etwa die Hälfte der Autoren verwendet
ein Pseudonym. Zudem verfügt der Weblog über einen Kommen-
tarbereich, in dem vielfach extremistische Inhalte veröffentlicht
werden. »PI-News« kennzeichnet neben einem ethnisch-homo-
genen Volks- und Gesellschaftsverständnis vor allem eine starke
Islam- und Muslimfeindlichkeit sowie Migrationsfeindlichkeit mit
einer Herabwürdigung verschiedener Bevölkerungsgruppen.[93] Dort
und auf ähnlichen Plattformen fanden sich verächtlichmachende
Formulierungen wie »Kopftuchpolizistinnen«, »Muselpolizisten«,
»Musel-Integrations-Gedöns-Polizei«, »Flutlinge«, »Rapefugees«,
»Lügenpresslinge«, »Volksverräter«, »Volkszertreter«, »Umvol-
kungsregierung«, »Bundestagsverbrecherbande«, »Wahl-Gedöns«,
»Wahlurnenkult«, »Gutmenschen-Justiz«, »Bärchenwerfjustiz«,

»Mulitkulti-Kuschel-den-Neubürger-Justiz«,   »Altparteienrichter«,
»Migrantenbonus-Richter« und »Antifa-Richter«.[94]

AfD – »Verdachtsfall Rechtsextremismus« des Bundesamtes für Verfassungsschutz, »gesichert rechtsextremistisch« in drei Bundesländern

Die Partei »Alternative für Deutschland« (AfD) wird – Stand Juli 2024 – vom Bundesamt für Verfassungsschutz als »**Verdachtsfall Rechtsextremismus**« geführt. Die Verfassungsschutzbehörden dreier Bundesländer haben den jeweiligen Landesverband der AfD in ihrem Bundesland bereits als »gesichert rechtsextremistisch« eingestuft: Thüringen, Sachsen-Anhalt und Sachsen.

Das Stufenmodell der Verfassungsschutzbehörden sieht für extremistische Vereinigungen bzw. Organisationen und Parteien drei Stufen vor. Die erste Stufe ist der »Prüffall Extremismus«, die zweite Stufe der »Verdachtsfall Extremismus«, die dritte und letzte Stufe ist dann »gesichert extremistisch«.

Die AfD wurde im Jahr 2013 ursprünglich als europakritische Partei gegründet, konzentrierte sich im Zuge der sogenannten Flüchtlingskrise ab 2015 dann mehr und mehr auf die Themen Migration und Asyl. Die Anhänger der damals vom Bundesamt für Verfassungsschutz (BfV) als »Verdachtsfall Rechtsextremismus« eingestuften innerparteilichen Sammlungsbewegung »Der Flügel« gewannen nach Angaben des BfV in der Folgezeit an Einfluss und »förderten die Etablierung völkisch-nationalistischer Deutungsmuster und Begrifflichkeiten innerhalb der AfD«. Trotz der formalen Auflösung des »Flügels« zum 30.4.2020 stellte das BfV in den letzten Jahren »eine kontinuierliche Stärkung parteiinterner extremistischer Strömungen« fest.[95]

In offiziellen Verlautbarungen der AfD und ihrer Repräsentantinnen und Repräsentanten komme nach Angaben des BfV »regelmäßig ein Volksverständnis zum Ausdruck, welches im Widerspruch zum offenen Staatsvolkverständnis des Grundgesetzes steht. Bereits im Grundsatzprogramm der AfD finden sich Anhaltspunkte, die für ein solches ethnisch-biologistisches Volksverständnis sprechen.«[96] Weiterhin vertrete die AfD islam- und muslimfeindliche Positionen, die insgesamt betrachtet »eine systematische Verächtlichmachung von Zugewanderten« belegen. Zuletzt enthalten zahlreiche Verlautbarungen der AfD »Verunglimpfungen des Staates und seiner Vertreterinnen und Vertreter, die nicht eine Auseinandersetzung in der Sache, sondern eine generelle Herabwürdigung und Verächtlichmachung des politischen Systems der Bundesrepublik Deutschland zum Ziel haben«, so das BfV aktuell. [97]

Mit Relevanz für die Frage der Einstufung der AfD als »Verdachtsfall Rechtsextremismus« oder »gesichert rechtsextremistisch« konstatiert das BfV, dass »auf allen Ebenen der Partei gefestigte Verbindungen zu rechtsextremistischen Akteuren und Organisationen der Neuen Rechten feststellbar« seien. Diese »gehen über rein zufällige Überschneidungen hinaus und sind als strukturelle Verbindungen innerhalb eines strategisch agierenden Netzwerkes zu betrachten«, erläutert das BfV.[98]

Nach einer ausführlichen Vorprüfung stufte das Bundesamt für Verfassungsschutz die AfD im Februar 2021 als »Verdachtsfall Rechtsextremismus« ein. Dagegen klagte die AfD vor dem Verwaltungsgericht Köln. Ein von der AfD angestrengtes Eilverfahren untersagte dem BfV in einer Zwischenverfügung am 5.3.2021, die AfD als »Verdachtsfall Rechtsextremismus« »einzuordnen, zu beobachten, zu behandeln, zu prüfen und/oder zu führen« sowie dies »öffentlich oder nicht öffentlich bekannt zu geben.«[99]

Das Verwaltungsgericht Köln bestätigte am 8.3.2022 dann aber mit seinem Urteil, am 10.3.2022 mit seinem Beschluss, dass das BfV die AfD »aufgrund des Vorliegens ausreichender tatsächlicher Anhaltspunkte für **verfassungsfeindliche Bestrebungen**« als »Verdachtsfall Rechtsextremismus« führen darf.[100] Gegen jenes Urteil legte die AfD Berufung beim Oberverwaltungsgericht (OVG) des Bundeslandes Nordrhein-Westfalen ein. Das OVG Nordrhein-Westfalen ist zuständig, da sich die Zentrale des BfV in Köln-Chorweiler befindet.[101]

Das Bundesamt für Verfassungsschutz stellt aktuell fest, dass in Verlautbarungen der AfD und ihrer Repräsentantinnen und Repräsentanten häufig ein »ethnisch-kulturell geprägtes Volksverständnis zum Ausdruck« komme, das »im Widerspruch zur Offenheit des Volksbegriffs des Grundgesetzes« stehe. Dies zeige sich unter anderem darin, dass AfD-Repräsentanten wiederholt zwischen »Staatsbürgern deutscher und nicht deutscher Abstammung unterschieden« hätten. Beispielsweise habe ein Mitglied des AfD-Bundesvorstands in Bezug auf die deutsche Fußball-Nationalmannschaft von einer »Passdeutschen Fußballnationalmannschaft« gesprochen.[102] Bereits im Grundsatzprogramm der AfD finden sich nach Angaben des Bundesamt für Verfassungsschutz Anhaltspunkte, die für ein ethnisch-biologisches Volksverständnis sprechen, wie z. B. »Dass die Geburtenrate unter Migranten mit mehr als 1,8 Kindern deutlich höher liegt als unter deutschstämmigen Frauen, verstärkt den ethnisch-kulturellen Wandel der Bevölkerungsstruktur.«[103] Relevante Thesen und **Ideologieelemente** von Repräsentantinnen und Repräsentanten der AfD sind nach Angaben der Verfassungsschutzbehörden u. a. »Der Große Austausch« sowie »Muslim/-Islamfeindlichkeit«.

> » Was man früher durch Krieg erreichte, erreicht man so sukzessive über drei bis vier Generationen durch Einwanderung und Geburtenüberschuss«, Facebook-Eintrag eines AfD-Kreisverbands, 23.2.2022.[104]

Das Bundesamt für Verfassungsschutz stellt aktuell fest, dass sich Mitglieder der AfD regelmäßig rechtsextremistischer und verschwörungsideologischer Narrative bedienen, indem sie beispielsweise vor einer geplanten »Umvolkung« oder einem politisch gesteuerten »Großen Austausch« warnen.[105]

Das Narrativ »Großer Austausch« («The Great Replacement«, «Le Grand Remplacement«) deutet Migration als gezielt eingesetztes Werkzeug zur strukturellen Substitution der – nach Ansicht von Rechtsextremisten – autochthonen (einheimischen) Bevölkerung Europas durch Zuwandernde aus afrikanischen und arabischen Staaten.

Das Bundesamt für Verfassungsschutz erläutert aktuell, dass Anhänger des Narrativs »Großer Austausch« die »ethnokulturelle« Identität der europäischen Völker »durch eine Masseneinwanderung kulturfremder Einwanderer bedroht« sehen. Durch »politische, kulturelle und wirtschaftliche Eliten« solle gemäß dieser Verschwörungserzählung dieser Zustrom von Menschen gesteuert werden. Ziel sei es, »die angestammten Völker und Kulturen Europas weitgehend durch eine steuerbare Masse an Konsumenten zu ersetzen.«[106] Björn Höcke, der AfD-Fraktionsvorsitzende der AfD in Thüringen, sprach 2018 in seinem Buch »Nie zweimal in denselben Fluss« von einem »großangelegten Remigrationsprojekt« »kulturfremder« Menschen, das mit der »erhofften Wendephase«, also der Machtübernahme der AfD, kommen müsse und wohl auch mit Opfern aus den eigenen Reihen, also dem, was Höcke als deutsches Volk betrachtet, verbunden sein werde. Dabei würden »ein paar Volksteile«, schreibt Höcke, verloren, »die zu schwach oder nicht willens sind, sich der fortschreitenden Afrikanisierung, Orientalisierung und Islamisierung zu widersetzen.«[107]

>> Jeder Einzelne bringt seine eigene Kultur und Lebensweise, die ihn von Kindesbeinen an geprägt hat, mit hierher und wird sie bei uns weiter ausleben. Das bedeutet weitere Moscheen und Minarette,

Kinder- und Vielehen, Unterdrückung der Frauen, Genitalverstümmelungen, kriminelle Familienclans und Friedensrichter, um nur einige Beispiele zu nennen«, Facebook-Eintrag einer AfD-Funktionärin, 10.2.2022.[108]

Das Bundesamt für Verfassungsschutz stellt aktuell fest, dass sich zahlreiche ausländer- und speziell muslimfeindliche Positionen in Verlautbarungen der AfD finden. So würden vor allem »Asylsuchenden und Migranten aus islamisch geprägten Herkunftsländern oftmals pauschal eine kulturelle Inkompatibilität und ein ausgeprägter Hang zur Kriminalität unterstellt«, so das BfV.[109] Ein anderer AfD-Kreisverband warnte am 18.2.2022 auf Facebook vor einer drohenden »Islamisierung unserer Heimat« und unterstellte der Religion Islam »Eroberungstendenzen.«[110]

Das Amt für Verfassungsschutz Thüringen stuft die AfD in Thüringen seit 2021 als »gesichert rechtsextremistisch«, als »eine erwiesen rechtsextremistische Bestrebung gegen die freiheitliche demokratische Grundordnung«, ein.[111] Im November 2023 stufte auch der Verfassungsschutz Sachsen-Anhalt den Landesverband der AfD in Sachsen-Anhalt als »gesichert rechtsextremistisch« ein. Seit Beginn der Beobachtung des AfD-Landesverbands Sachsen-Anhalt hätten sich die »tatsächlichen Anhaltspunkte für das Vorliegen einer Bestrebung gegen die freiheitliche demokratische Grundordnung sowohl in qualitativer als auch in quantitativer Hinsicht weiter verdichtet«. Die erfolgte Einstufung als »gesichert rechtsextremistische Bestrebung« sei die rechtliche Konsequenz.[112] Im Dezember 2023 stufte auch das Landesamt für Verfassungsschutz den sächsischen Landesverband der AfD als »gesichert rechtsextremistisch« ein. Eine mehrjährige juristische Prüfung habe »unzweifelhaft« ergeben, dass der sächsische AfD-Landesverband »verfassungsfeindliche Ziele« verfolge, erklärte der Präsident des sächsischen Landesamtes für Verfassungsschutz, Dirk-Martin Christian: »An der rechtsextremistischen Ausrichtung der AfD Sachsen bestehen keine Zweifel mehr.«[113]

Am 13.5.2024 sprach das Oberverwaltungsgericht Nordrhein-Westfalen sein Urteil und wies die Berufung der AfD zurück: Die Einstufung der AfD durch das Bundesamt für Verfassungsschutz als
»Verdachtsfall Rechtsextremismus« war und ist rechtens. Nach Angaben des Oberverwaltungsgerichts Münster gebe es »hinreichende
tatsächliche Anhaltspunkte, dass die Partei Bestrebungen verfolgt,
die gegen die Menschenwürde bestimmter Personengruppen sowie
gegen das Demokratieprinzip gerichtet« seien.[114] Damit meint das
OVG vor allem Menschen mit Migrationsgeschichte, Ausländerinnen
und Ausländer, die in Deutschland leben, und bestimmte deutsche
Staatsbürger. Es bestehe der begründete Verdacht, »dass es den politischen Zielsetzungen jedenfalls eines maßgeblichen Teils der AfD
entspreche, diesen nur einen rechtlich abgewerteten Status zuzu-
erkennen«, so das OVG Münster.[115] Genau dies aber deckt sich nicht
mit dem Grundgesetz. Denn dieses kennt keine Staatsbürger erster
und zweiter Klasse. Außerdem deuteten Äußerungen der AfD auf
eine Missachtung der Menschenwürde von Flüchtlingen und Muslimen hin. Mehrere tausend Beweise präsentierte das BfV dem OVG
Münster. Sie reichten dem Senat aus, um eine Einstufung als Verdachtsfall zu begründen.[116]

Im Frühjahr 2024 wurde Berichterstattung der Süddeutschen Zeitung darüber verbreitet, dass das BfV seit dem Frühjahr 2023 an einem Gutachten arbeitet, das zu einer Neu-Einstufung der AfD durch
das BfV führen könnte. Diese Neu-Einstufung könnte sich als »Hoch-
Stufung« darstellen: Vom »Verdachtsfall Rechtsextremismus« zur
höchsten Stufe, »gesichert rechtsextremistisch.«[117] Nach aktuellem
Stand ist davon auszugehen, dass bald neue Informationen hierzu
vorliegen werden.

2.2 Ideologie, Sprache und Verschwörungserzählungen

Als aktuellen Trend im deutschen Rechtsextremismus stellten die deutschen Verfassungsschutzbehörden im Sommer 2024 fest, dass »weite Teile der rechtsextremistischen Szene versuchen, komplexe Krisengeschehen und die damit einhergehende Unzufriedenheit in Teilen der Bevölkerung zu ihren Gunsten zu nutzen, um ihre ideologischen Narrative in der bürgerlichen Mitte zu verbreiten, wie in den vergangenen Jahren etwa im Zusammenhang mit der Coronapandemie.«[118] So erklärt das Bundesamt für Verfassungsschutz, dass die in Folge des Ukrainekrieges in Deutschland »entstandenen wirtschaftlichen Verwerfungen, die zu steigenden Energie- und Lebenshaltungskosten führten, in politischen Kampagnen und Mobilisierungsaufrufen« von Rechtsextremisten aufgegriffen worden seien.[119] Das zweite Agitationsthema der deutschen Rechtsextremisten sei die »Migrationspolitik der Bundesregierung und der EU«, so das BfV.[120]

Antisemitismus ist im deutschen Rechtsextremismus nach Angaben der deutschen Verfassungsschutzbehörden ein szeneübergreifend verbindender Faktor, der – in verschiedener Ausprägung und in verschiedenen Radikalisierungsverläufen – auf der Einstellungsebene vom Ressentiment bis hin zu Mord auf der Handlungsebene reicht. [121] Vor allem neonazistische und gewaltorientierte Rechtsextremistinnen und Rechtsextremisten beziehen sich öffentlich auf antisemitische Verschwörungserzählungen, die hinter globalen Eliten Jüdinnen und Juden als verbrecherische »Drahtzieher« mit Weltherrschaftsanspruch vermuten. Solche antisemitischen Verschwörungserzählungen können, wie die beiden Morde des Rechtsterroristen Balliet in Halle am 9.10.2019 zeigten, ein tatauslösendes Anschlags- und Mordmotiv darstellen.

Für rechtsextremistische Parteien in Deutschland bietet der Antisemitismus seit vielen Jahren – in unterschiedlicher Ausprägung – ein eher indirektes Identifikationsmerkmal und Agitationsfeld. Klassische Themengebiete rechtsextremistischer Parteien wie die »Anti-Migration-Agitation« oder eine angebliche »Islamisierung« Deutschlands bleiben zwar dominierend, werden aber immer wieder auch mit antisemitischen Verschwörungserzählungen kombiniert. Eine besondere Anschlussfähigkeit für die Verbreitung antisemitischer Narrative und Verschwörungserzählungen rechtsextremistischer Parteien boten in jüngster Zeit die Corona-Pandemie und die damit einhergehende Kritik an staatlichen Maßnahmen sowie der Nahost-Konflikt, erklärt das Bundesamt für Verfassungsschutz aktuell.[122] Aus strategischen Gründen nutzen rechtsextremistische Parteien beziehungsweise ihre Mitglieder häufig den Weg des codierten Antisemitismus. In Bezug auf den Nahost-Konflikt wird der antizionistische Antisemitismus jedoch auch relativ offen von Mitgliedern und Politikern rechtsextremistischer Parteien transportiert. Innerhalb der rechtsextremistischen Gruppierung »Neue Rechte« spielt die Verbreitung der antisemitischen Verschwörungstheorie des «Great Reset« – vor allem im Zusammenhang mit der Corona-Pandemie – eine vitale Rolle. Die Gefahr, dass Rechtsextremisten die Anschlussfähigkeit antisemitischer Positionen für ihre Zwecke nutzen, zeigte sich vor allem im Zusammenhang mit der Corona-Pandemie.[123]

Am Beispiel des russischen Angriffskriegs gegen die Ukraine lässt sich die Dynamik des Antisemitismus im Rechtsextremismus und besonders von antisemitischen Verschwörungserzählungen verdeutlichen. So wurde der Ukrainekrieg direkt nach dem Beginn des Angriffskrieges von rechtsextremistischen Akteuren antisemitisch umgedeutet, so das Bundesamt für Verfassungsschutz aktuell. Erzählungen, nach denen beispielsweise der Ukrainekrieg Teil einer vermeintlichen »jüdischen Strategie zur Erlangung der Weltherrschaft« sei, werden u. a. in den Sozialen Medien verbreitet. Verwiesen wird dabei auf eine angebliche »jüdische« Kontrolle entweder der Ukraine oder Russlands oder beider Staaten.[124]

Muslim- bzw. Islamfeindlichkeit ist seit der Flüchtlingskrise 2015 ein neues, sehr prägendes Ideologieelement von deutschen und anderen europäischen Rechtsextremisten. Rechtsextremistische Gruppierungen und Einzelpersonen setzen pauschalisiert »den Islam« als Weltreligion gleich mit Islamismus und islamistischem Terrorismus und stellen die Religion des Islam als »faschistische Ideologie« dar, von der eine erhebliche Gefahr für unsere Gesellschaft ausgehe. In der Konsequenz wollen diverse rechtsextremistische Gruppen, Politikerinnen und Politiker sowie Einzelpersonen den Muslimen die im deutschen Grundgesetz verankerte Religionsfreiheit nicht zugestehen, erklären deutsche Verfassungsschutzbehörden.[125] So argumentierende Rechtsextremisten verstoßen also gegen die im Grundgesetz konkretisierten Menschenrechte, beispielsweise die Menschenwürde (Art. 1 GG), das Diskriminierungsverbot (Art. 3 GG) und die Religionsfreiheit (Art. 4 GG).

Seit etwa 2021 agitieren Teile der rechtsextremistischen Szene in Deutschland vermehrt gegen die LGBTQ+-Community. Seither stellen die deutschen Verfassungsschutzbehörden in der rechtsextremistischen Szene eine **Queerfeindlichkeit** fest. So lehnen Rechtsextremistinnen und Rechtsextremisten Diversität in Bezug auf sexuelle Orientierung sowie Partnerschafts- und Familienmodelle größtenteils ab. Sie sehen Heterosexualität und die damit verbundene traditionelle Kernfamilie als alternativlos und biologisch »natürlich« an. Für sich genommen ist dies zunächst keine spezifisch rechtsextremistische Position, jedoch versuchen Rechtsextremisten das Thema ideologisch zu besetzen, erklären die deutschen Verfassungsschutzbehörden.[126]

In der »Neuen Rechten« wird unter dem Schlagwort »**Globo-Homo**« vor einer vermeintlich weltweit voranschreitenden Homogenisierung der Gesellschaft gewarnt. Bei dem Begriff handelt es sich um eine Wortneuschöpfung aus den Adjektiven »globalistisch« und – offenbar variabel je nach Verwendungskontext – »homogen« oder »homosexuell«. In einem weiteren Sinne knüpft der Begriff an das »Ethnopluralismus«-Konzept der »Neuen Rechten« an. Ethnopluralisten sehen in einer Völkervielfalt, welche sich in jeweils ethnisch weitgehend homogenen Staaten niederschlägt, einen Idealzustand. Durch die Globalisierung und Liberalisierung der Gesellschaft verliere der Mensch seine kulturelle und ethnische Identität, was verhindert werden müsse, so die Position.[127] Der Begriff »Globo-Homo« werde oftmals aber auch explizit auf die Gender-Thematik bezogen, erläutern die Verfassungsschutzbehörden. In diesem Kontext drücke der Begriff eine Ablehnung der Gleichberechtigung unterschiedlicher sexueller Orientierungen und eine Warnung vor einem vermeintlichen »Verlust sexueller Identität« aus. Dass die Bevölkerung durch eine gezielte »Gender-Propaganda« manipuliert oder gar sexuell umerzogen werden solle, sei ein gängiges Narrativ in der rechtsextremistischen Szene. Diese »Gender-Propaganda« werde sowohl durch den öffentlich-rechtlichen Rundfunk als auch durch Konzerne, Politik sowie an Schulen betrieben.[128]

Die aktuellen **Verschwörungserzählungen** »QAnon«, »Verschwörung der Eliten«, »Deep State«, »New World Order«, »The Great Reset«, der »Große Austausch«, »The Siege« sowie die »S.H.A.E.F.«-Ideologie verbreiten sich auch im Extremismusbereich des Rechtsextremismus an verschiedenen Orten online sowie auch realweltlich.

Der 2017 in den USA entstandenen »**QAnon**«-Verschwörungserzählung zufolge kämpfe der damalige US-Präsident Donald Trump einen Kampf gegen den »Deep State«, also »verborgene Eliten in hohen und höchsten Regierungsämtern und gesellschaftlichen Positionen«. Diese »Elite« mit engem Zusammenhang zu Hillary Clinton und der US-Democratic Party würde Kinder entführen, in unterirdischen Lagern foltern und ermorden, um ein Lebenselixier aus ihnen zu gewinnen, das sogenannte »Adrenochrom.«[129] Bei den Veröffentlichungen von »Q« handelt es sich in der Regel um kryptische Meldungen mit nicht allgemein gebräuchlichen Abkürzungen, die breiten Auslegungsspielraum lassen. Diese Verschwörungserzählung findet, so die Bundesregierung 2020 in einer Antwort auf eine Kleine Anfrage im Bundestag, auch im deutschsprachigen Raum Verbreitung, vor allem durch eine Vielzahl an Homepages, Blogs und YouTube-Kanälen, deren Reichweite aber kaum zu quantifizieren sei. Die Adrenochrom-Kinderblut-Verschwörungserzählung übernimmt mit ihrer Kindermordbehauptung Elemente des mittelalterlichen Antisemitismus (»Christenblut« als Heilmittel).[130]

Die Verschwörungserzählungen »QAnon«, »Verschwörung der Eliten«, »Deep State«, »New World Order«, »The Great Reset« knüpfen eng an den politischen Antisemitismus und somit an alte, wirkmächtige und dauerhafte Narrative an: Die als mächtig imaginierte Minderheit »der Juden« verschwöre sich gegen »die Mehrheit«, um sie zu schädigen und zu beherrschen. Hierfür steht das Bild von »den Juden« als Draht- und Strippenzieher, die unter dieser Maßgabe Wirtschaftskrisen, Revolutionen oder Kriege anzettelten.

Auffallend ähnlich klingt die Verschwörungserzählung eines »**Deep State**«, eines »tiefen Staats im Verborgenen«, einer »geheimen Elite hinter der Regierung«, die sich in den USA im Kontext der oben beschriebenen QAnon-Erzählung entwickelte. So solle sich dieser »Deep State« aus verborgenen Eliten in hohen Regierungsämtern und gesellschaftlichen Positionen zusammensetzen. Mit einem angeblichen »Deep State« verbinden Verschwörungsgläubige eine Schwächung der (deutschen) Wirtschaft, offene bzw. unkontrollierte Grenzen, das Verbot privater Schusswaffen sowie die Einführung einer sog. »globalistischen Agenda«. Eine Befürchtung der Anhängerinnen und Anhänger dieser Verschwörungserzählung liegt darin, dass der »Deep State« zukünftig zu einem »offenkundigen, sichtbaren« totalitären Staat werde, wenn die bisher noch im Geheimen agierenden Akteure (»Deep State«) ihre Pläne in die Tat umsetzen.[131] Auch in Deutschland findet die Erzählung Anhänger. Zur Verbreitung trug bis zu ihrem Verbot durch das BMI besonders die vom Bundesamt für Verfassungsschutz als »gesichert rechtsextremistisch« eingestufte Zeitschrift »COMPACT« bei.[132] Im Jahr 2019 veröffentlichte dieses Magazin eine Sonderausgabe über den angeblichen »tiefen Staat«. In einem YouTube-Video erklärte der Chefredakteur Jürgen Elsässer, was es damit auf sich habe: »Darunter versteht man ein Geflecht aus Geheimdiensten, Wirtschaftsbossen, Börsengurus, linken Medien.«[133] Die Verschwörungserzählung »Deep State« wird auch in rechtspopulistischen und rechtsextremistischen Foren verbreitet.

Der Begriff »**Neue Weltordnung**« (NWO) wurde nach dem Zusammenbruch des Kommunismus in den frühen 1990er Jahren in den USA geprägt («New World Order«), wo er zunächst für ein globales System der kollektiven Sicherheit stand. Später wurde der Begriff durch Rechtsextremisten umgedeutet. Heute bezeichnet er meist eine Verschwörungserzählung, in der eine globale, meist jüdische Elite den geheimen Plan verfolgt, »autochthone« Völker und nationalstaatliche Grenzen abzuschaffen und eine autoritäre Weltregierung zu installieren.

In den meisten Varianten dieser Verschwörungserzählung werden jüdische Akteure, wie der US-Investor George Soros oder das Bankhaus Rothschild, und vermeintliche Geheimgesellschaften, wie beispielsweise die Illuminaten oder die Freimaurer sowie internationale Organisationen als Hauptverantwortliche oder Helfer der geheimen Eliten angesehen. Oftmals werden die Begriffe »Ostküste« oder »Hochfinanz« als antisemitisch konnotierte Synonyme für »die jüdische Elite« genutzt.[134]

Die »**Siege**«-Ideologie (Englisch für Belagerung) geht zurück auf den gleichnamigen Titel einer Textsammlung des US-amerikanischen Rechtsextremisten James Nolan Mason aus den 1980er Jahren.

Sie beinhaltet neben Masons ideologischen Grundlagen, wie Rassismus, Antisemitismus oder der Theorie der vermeintlichen Überlegenheit der »weißen Rasse« (»White Supremacy«), auch detaillierte Beschreibungen möglicher Anschlagsziele sowie Ausführungen zu operativen Vorbereitungen.[135]

Obwohl die »Siege«-Ideologie ihren Schwerpunkt in den USA hat, gewinnt sie zunehmend auch in Deutschland zumeist junge radikalisierte Anhänger, die von Gruppierungen wie der Atomwaffendivision (AWD) rekrutiert werden können. So werden nach Angaben des deutschen Bundesamtes für Verfassungsschutz auch in Deutschland immer wieder Einzelpersonen und Gruppierungen festgestellt, welche die Siege-Ideologie verbreiten. Zu nennen sind hier beispielsweise Ableger internationaler Gruppierungen wie die »AWD Deutschland« (AWDD) und die »Feuerkrieg Division Deutschland« (FKDD).[136] Dabei sorgt die zunächst verbale Radikalisierung im Internet durchaus auch für reales Gefährdungspotenzial. In Deutschland haben bereits mehrere Anhänger der FKDD konkrete Vorbereitungshandlungen für einen Anschlag getroffen. Die Verbreitung der Siege-Ideologie über Landesgrenzen und Sprachräume hinaus ist beispielhaft für die dynamische Internationalisierung rechtsterroristischer Inhalte und betont die Notwendigkeit einer internationalen Kooperation der Sicherheitsbehörden.[137]

Bei **S.H.A.E.F.** handelt es sich nach Angaben des deutschen Bundesamtes für Verfassungsschutz um eine Verschwörungserzählung, die von einigen Rechtsextremisten sowie »Reichsbürgern« und »Selbstverwaltern« vertreten wird. Die Anhänger und Sympathisanten dieser Verschwörungserzählung beziehen sich auf das Supreme Headquarters Allied Expeditionary Force (S.H.A.E.F.), welches während des Zweiten Weltkriegs das Oberkommando über die alliierten Streitkräfte in Europa ausübte und nach Kriegsende aufgelöst wurde. Sie gehen davon aus, dass das S.H.A.E.F. weiterhin aktiv sei und die entsprechenden »S.H.A.E.F.-Gesetze« noch immer Gültigkeit hätten. Im Kern wird behauptet, dass es sich bei der Bundesrepublik Deutschland nach wie vor um einen besetzten Staat handelt. Dementsprechend wird auch die gültige Rechtsordnung nicht anerkannt. Staatsbedienstete sowie Politikerinnen und Politiker verstehen die Anhänger dieser Ideologie als Erfüllungsgehilfen einer unrechtmäßigen Regierung. Sich selbst sehen sie als offizielle Vertretung der Alliierten mit der Befugnis, Befehle und Weisungen an die deutsche Bevölkerung erteilen zu können.[138]

Nach dem Stufenmodell von Moghadam führen die meisten Radikalisierungsverläufe nicht zu extremistischer bzw. gar terroristischer Gewalt, der überwiegende Anteil der Radikalisierten bleibe auf Stufen unterhalb von Gewalt und Terrorismus stehen.[139] Dennoch ist die Gefahr sichtbar vorhanden, wie z. B. die rechtsterroristischen Morde von Halle an der Saale und Hanau zeigen.

2.3 Gewaltorientierte Rechtsextremisten und Rechtsterroristen

Die Übergänge von gewaltorientiertem Rechtsextremismus zum Rechtsterrorismus sind in Deutschland in den letzten Jahren fließend(er) geworden. Terroristische Einzeltäter stellen für die deutschen Sicherheitsbehörden ein großes Problem dar, weil sie vor ihrem Anschlag – da sie nicht mit anderen Rechtsextremisten kommunizieren und diese Kommunikation dann von den Verfassungsschutzbehörden mit nachrichtendienstlichen Mitteln überwacht werden kann – kaum ermittelt werden können. Aktuell gehen die deutschen Verfassungsschutzbehörden bei den etwa 40.600 deutschen Rechtsextremisten davon aus, dass etwa 14.500 von ihnen als gewaltorientiert einzustufen sind.

Zahlreiche **rechtsterroristische Anschläge** wurden in den letzten Jahren in Deutschland verübt oder geplant, aber von den Polizei- und Verfassungsschutzbehörden verhindert. Dazu gehören in jüngerer Vergangenheit die terroristischen Morde der rechtsterroristischen Zelle (drei Mitglieder)»Nationalsozialistischer Untergrund« (NSU), der vom rechtsterroristischen Einzeltäter Frank S. verübte Anschlag auf die damalige Kölner Oberbürgermeisterkandidatin Henriette Reker, die den Messerangriff 2015 schwer verletzt überlebte (Kontext»Anti-Asyl«), der Anschlag des Rechtsterroristen David S. im Olympia-Einkaufszentrum in München 2016 (Copycat, am fünften Jahrestag des rechtsterroristischen Anschlags von Anders Breivik in Norwegen), der Anschlag auf den CDU-Politiker Dr. Walter Lübcke 2019 (Copycat, Kontext»Anti-Asyl«), der rechtsterroristische Mordversuch am eritreischen Flüchtling Bilal M. 2019 in Hessen, der geplante Anschlag von Stephan Balliet auf die Synagoge in Halle 2019 und zwei im Zusammenhang damit verübte Morde sowie der rechtsterroristische Anschlag von Tobias Rathjen in Hanau 2020 mit neun Ermordeten.

Neben diesen rechtsterroristischen motivierten Anschlägen, Attentaten und Morden sind zahlreiche weitere aktuelle Beispiele für einen fließenden Übergang von gewaltbereitem Rechtsextremismus zu Rechtsterrorismus zu nennen, hier in Form von rechtsextremistisch-rechtsterroristischen Organisationen bzw. Gruppen: »Weisse Wölfe Terrorcrew« (WWT), »Oldschool Society« (OSS), »Nordadler«, »Kameradschaft Aryans«, »Gruppe Freital«, »Revolution Chemnitz«, »Combat 18«, Gruppe »Nordkreuz«, »Gruppe S«, »Atomwaffendivision« sowie das »Sonderkommando 1418«.

Die Anwendung von Gewalt ist in der rechtsextremistischen Ideologie und im Phänomenbereich des Rechtsextremismus nach aktuellen Angaben des Bundesamtes für Verfassungsschutz eine Konstante und ein übergreifendes Handlungsmuster. Die deutschen Sicherheitsbehörden unterscheiden hier in »spontane Gewalttaten«, beispielsweise körperliche Angriffe auf politische Gegner und typische Feindbilder wie Ausländerinnen und Ausländer und Menschen mit Migrationshintergrund einerseits sowie in »terroristische Anschläge« andererseits. Terroristische Gewalt und Anschläge sind im Gegensatz zu spontaner Gewalt geplant, oftmals über einen längeren Zeitraum.[140]

Die deutschen Verfassungsschutzbehörden analysieren aktuell, dass rechtsextremistisch motivierte gruppenbezogene Menschenfeindlichkeit und eine in den letzten Jahren verstärkt im Internet stattfindende Radikalisierung die Grundlage für rechtsextremistischen Terrorismus bilden (können). Dabei spiele vor allem eine fremdenfeindliche Motivation eine herausragende Rolle für rechtsextremistische Gewalttaten. Mit den seit 2021 wieder stark »ansteigenden Zahlen irregulärer Migration nach Deutschland besitzt dieses Thema ein hohes, weiter wachsendes Mobilisierungspotenzial in der rechtsextremistischen Szene«, erklärte das Bundesamt für Verfassungsschutz im Juni 2024. Diese Entwicklung könne in letzter Konsequenz rechtsterroristische Taten nach sich ziehen. Und einige Rechtsextremisten drohten »sogar explizit damit, bei ausbleibenden Veränderungen in der Migrationspolitik selbst gegen die von ihnen behauptete ›Überfremdung‹ vorzugehen«, konstatiert das BfV aktuell.[141]

Rechtsterrorismus wird von einer spezifischen **Kommunikationsstrategie** begleitet, die über das spezifisch-taktische Ziel (Opfer) hinaus eine terroristische Botschaft an Gruppen, Religionen, Ethnien sendet: »Ihr könnt die nächsten Ziele/Opfer sein«. Diese adressierten potenziellen Opfer zukünftiger Anschläge sollen eingeschüchtert werden. Die Übergänge von Rechtsextremismus zu Rechtsterrorismus können fließend sein. Ziele/Opfer von Rechtsterroristen können u. a. Ausländerinnen und Ausländer, Asylbewerberinnen und Asylbewerber, Menschen mit Migrationshintergrund, Muslime, Jüdinnen und Juden, Politikerinnen und Politiker, Polizeibeamtinnen und -beamte, andere Beamtinnen und Beamte sowie Repräsentanten

des Staates sein, aber auch Mitglieder von Parteien, die von Rechtsterroristen als Gegner/Feinde festgelegt werden.

Die deutschen und internationalen Sicherheitsbehörden beobachten in den letzten Jahren eine dynamische **Internationalisierung des
Rechtsextremismus**. Diese wird durch die Möglichkeiten des Internets begünstigt und befördert. Ein aktuelles Beispiel dafür ist die in
den USA entstandene »Siege«-Ideologie. Diese propagiert Anschläge gegen Infrastruktur und politisch Verantwortliche, um unterstellte Spannungen zwischen der »weißen« Mehrheitsgesellschaft und
ethnischen Minderheiten in den westlichen Ländern zu verschärfen.
Vor allem über Internet-Chatgruppen finden Jugendliche und junge
Erwachsene Zugang zur internationalen, rechtsextremistischen »Siege«-Ideologie und deren gewalttätigem Radikalisierungspotenzial.
Solche virtuellen Orte können sich zu rechtsextremistischen »Echokammern« entwickeln und damit Radikalisierungsverläufe von
Menschen, potenziell auch hin zu rechtsextremistischer Gewalt bzw.
zum Rechtsterrorismus, initiieren oder verstärken.[142]

2.4   Rechtsterroristische Inhalte im Internet

Als aktuellen Trend beobachten die deutschen Sicherheitsbehörden
in den letzten Monaten und Jahren vermehrt, dass sich minderjährige Akteure, teilweise noch nicht strafmündig, verbal extremistisch
und gewaltbereit äußern. Bei den durch rechtsextremistische Internetinhalte geförderten individuellen Radikalisierungsverläufen gibt
es unterschiedliche Faktoren, beispielsweise Onlinesubkulturen wie
die »Siege«-Szene mit **eigenen Chiffren und eigener Ästhetik**

Weiterhin gibt es alternative Internetplattformen für den Austausch
mit Gleichgesinnten, hier vor allem nicht regulierte Imageboards,
in denen Gewaltdarstellungen und rechtsterroristische Manifeste

kursieren. Dort werde, so die Verfassungsschutzbehörden, ein regelrechter Kult um rechtsterroristische Einzeltäter wie beispielsweise Anders Breivik und den Attentäter von Christchurch betrieben, der im Jahr 2019 in zwei Moscheen in Neuseeland 51 Menschen ermordete. Hierfür gibt es den Begriff »Attentäter-Fanszene«. Anonyme Internetnutzer verbreiten online und international anstachelnde Memes und Texte, sogar bis hin zu Anleitungen zur Durchführung schwerster Gewalttaten. Unter den unzähligen Adressaten könnten sich nach dem Prinzip des »stochastischen Terrorismus« bzw. von »stochastischer Gewalt« manche Menschen radikalisieren, potenziell hin zu rechtsterroristischer Gewalt.[143]

Terroristische Einzeltäter stellen erhebliche Probleme für Sicherheitsbehörden dar. Rechtsterroristische Einzeltäter – wie andere Attentäter mit anderer politischer Motivation auch – planen die Tat alleine und agieren alleine, aber die rechtsextremistische Ideologie, realweltlich und virtuell verbreitet im rechtsextremistischen Milieu ist ein wichtiger Radikalisierungsfaktor. Rechtsterroristische Einzeltäter sind vor dem Anschlag häufig polizeilich nicht bekannt, oftmals sozial isoliert, gehören keiner Organisation oder Partei an und verbringen sehr viel Zeit in virtuellen Räumen. Die Fälle rechtsterroristischer Einzeltäter häufen sich in den letzten Jahren: International mit den Anschlägen von Oslo/Utøya, Christchurch (Neuseeland) und El Paso (Texas, USA) und in Deutschland mit den Attentätern Ernst, Balliet und Rathjen.

Während vor dem Zeitalter des Internets die konspirative Gruppe für einen Extremisten und späteren Terroristen von hoher Relevanz war, wird die persönliche Einbindung des (späteren) Einzeltäters in Gruppen im 21. Jahrhundert zunehmend durch eine kommunikative Vernetzung im Internet ersetzt. Das Internet ermöglicht aufgrund der besonderen Kommunikationsmöglichkeiten, dass sich Einzelne ohne persönliche Kontakte, auch anonym, politisieren und extremistisch radikalisieren können, auch in Richtung eines terroristischen Anschlags. Hierbei können sie sowohl in einem kommunikativen Austausch mit anderen Extremisten im Internet stehen (Chat), als auch lediglich deren Clips, Memes, Posts, Texte konsumieren.

Der Präsident des Bundeskriminalamtes (BKA), Holger Münch, spricht von rechtsterroristischen Einzeltätern als Individuen »ohne jedwede polizeiliche Vorerkenntnisse – von uns noch unbekannten Personen also, die sich offenbar von den Sicherheitsbehörden unbemerkt im Hintergrund radikalisiert haben, um dann scheinbar aus dem Nichts zum ersten Mal zuzuschlagen.«[144]

Rechtsterroristische Einzeltäter agieren unabhängig von einem Netzwerk oder einer Gruppe, ohne Teil einer Hierarchie zu sein. Wenn rechtsterroristische Einzeltäter vor einem Anschlag nicht kommunizieren – weder virtuell noch realweltlich –, ist es für die Sicherheitsbehörden sehr schwer, Anschläge von Einzeltätern zu verhindern. Deswegen müssen die Verfassungsschutzbehörden ebenso virtuelle Netzwerke von Rechtsextremisten und Rechtsterroristen als auch realweltliche Zusammenschlüsse beobachten, was die Sicherheitsbehörden vor erhebliche Probleme stellt. Rechtsextremistischer Einzeltäter-Terrorismus ist verbunden mit der neonazistischen Idee eines »führerlosen Widerstandes« (leaderless resistance) des US-amerikanischen **Ku-Klux-Klans,** namentlich seines Anführers Louis Beam. Der texanische Ku-Klux-Klan-Führer Louis Beam warb für eine Taktik von Kleinstzellen und Einzeltätern ohne organisatorisch-hierarchische Struktur. Die Erfahrungen rechtsterroristischer Organisationen in den USA hatte ihn gelehrt, dass, je größer und zentraler geführt gewaltbereite Neonazigruppen waren, desto schneller und leichter diese von US-Sicherheitsbehörden detektiert und bekämpft werden konnten.[145]

Für die deutschen Sicherheitsbehörden stellen rechtsterroristische Einzeltäter als allein agierende Täter ein großes Problem dar, so auch Holger Münch: »Wir sehen keine direkte Einwirkung von Strukturen bei diesen Tätern. Das ist ja das Schwierige. Das ist bei

anderen anders, die sich gemeinschaftlich verabreden, bestimmte
Taten zu begehen oder eben auch interagieren in solchen Vorbereitungen. Und insofern ist unsere Aufgabe, hier zu schauen: Wie kann
man diesen Typus besser detektieren? Was enorm schwierig ist, weil
sie sehr wenig interagieren. Und das wird ein Thema sein, das wir in
den nächsten Jahren sehr stark intensivieren müssen.«[146]

2.5   Fazit

Die realweltliche und digitale Agitation von Rechtsextremisten ist vor
allem geprägt von Nationalismus, Rassismus, Antisemitismus und Geschichtsrevisionismus sowie Demokratie-, Fremden-, Migrations- und
Muslimfeindlichkeit. Rechtsextremisten propagieren, online und realweltlich, dass die Zugehörigkeit zu einer Ethnie oder Nation über den
Wert eines Menschen entscheide. Dieses Werteverständnis steht in
einem fundamentalen Widerspruch zu unserem Grundgesetz.

Das Personenpotenzial des Rechtsextremismus in Deutschland
wächst seit Jahren an und hat aktuell mit 40.600 einen Peak erreicht. Damit einher geht auch, dass Rechtsextremisten im Vergleich
zu den anderen Extremismusbereichen in Deutschland die meisten
Straftaten und die meisten Gewalttaten – pro Jahr etwa 900 bis
1.200 – verüben.

Sowohl diese jährlich von Rechtsextremisten verübten Straf- und
Gewalttaten als auch die in den letzten Jahren von Rechtsterroristen
begangenen Anschläge und Attentate sowie die von Sicherheitsbehörden verhinderten rechtsterroristischen Anschläge verdeutlichen
das Bedrohungsmaß, das aktuell und zukünftig von gewaltorientierten Rechtsextremisten und (potenziellen) Rechtsterroristen ausgeht, gerade vor dem Hintergrund der Schwierigkeit, Radikalisierungsverläufe von Menschen im Internet zu erkennen.

3
Gefahren durch Islamisten und islamistische Terroristen

» Die Bedrohungslage durch den Islamismus ist unverändert hoch. Wir müssen jeden Tag auch in Deutschland mit einem islamistischen Anschlag rechnen. Die Sicherheitsbehörden in Deutschland sind daher wachsam und werfen einen sehr scharfen Blick auf die uns bekannten Gefährder«, Thomas Haldenwang, Präsident des Bundesamtes für Verfassungsschutz im Jahr 2024.[147]

Die zahlreichen verübten sowie geplanten, aber von den Sicherheitsbehörden verhinderten islamistischen Anschläge innerhalb der letzten Monate und Jahre in Deutschland und anderen europäischen Staaten – zuletzt am 31.5.2024 das Messerattentat eines afghanischen Islamisten in Mannheim, bei dem sechs Menschen verletzt wurden, u. a. der medial als »Islamkritiker« bzw. »islamfeindlich« bezeichnete Michael Stürzenberger«, sowie der 29-jährige Polizeibeamte Rouven L. getötet wurde – haben die Qualität und die Quantität der Gefahren verdeutlicht, die aktuell und zukünftig von Islamisten, Salafisten und islamistischen Terroristen für unsere Öffentliche Sicherheit ausgehen.

Der mutmaßlich islamistische Messeranschlag des syrischen Einzeltäters Issa Al-H. – nach aktuellem Stand der Ermittlungen und Informationen aus Sicherheitskreisen – auf das Festival der Vielfalt in Solingen am 23.8.2024 zeigte auf dramatische Weise die **Unsicherheit des öffentlichen Raumes**. Der islamistische Attentäter Issa Al-H., syrischer Staatsbürger, tötete auf dem Solinger Festival der Vielfalt drei Menschen und verletzte acht (teilweise schwer).

Was wollen Islamisten, was sind ihre politischen Ziele und wie gehen sie vor?

Die aktuell etwa 27.200 Islamisten in Deutschland sind von ihrer Gewaltorientierung her unterschiedlich. **Islamismus** ist eine Form des Extremismus. Die deutschen Verfassungsschutzbehörden erklären, dass Islamisten die teilweise oder vollständige Abschaffung der freiheitlichen demokratischen Grundordnung Deutschlands anstreben und sich dabei auf ihre Interpretation (eine extremistische) des Islam berufen.[148] So basiere der Islamismus auf der Ideologie, dass der Islam als Religion nicht nur eine persönliche, private Angelegenheit sei, sondern auch das gesellschaftlich-politische Leben bestimmen oder zumindest teilweise regeln sollte. Daher sprechen Islamisten von einer »wahren« und »absoluten« Ordnung, die über den von Menschen gemachten Regeln stehe. Damit lehnen Islamisten die Demokratie und all ihre Prinzipien ab. Diese **Ideologie** steht vor allem im Widerspruch zu den in unserem Grundgesetz verankerten Grundsätzen der Volkssouveränität (wir wählen Politikerinnen und Politiker, die Gesetze erlassen, die für uns alle verbindlich sind), der Trennung von Staat und Religion, der freien Meinungsäußerung und der allgemeinen Gleichberechtigung. Ein weiteres bestimmendes Ideologieelement des Islamismus ist zudem der Antisemitismus.

In Bezug auf die politisch-strategischen Ziele der Islamisten in Deutschland differenzieren die deutschen Sicherheitsbehörden in verschiedene Kategorien.

(1) Unter die erste Kategorie fallen: **Islamisten, die Einfluss auf die Politik nehmen wollen.** Bekannte Beispiele hierfür sind die »Milli Görüş«-Bewegung, die »Muslimbruderschaft« und das »Islamische Zentrum Hamburg«. Dieser Einfluss soll strategisch, langfris-

tig dazu führen, dass ihre Interpretation einer »islamkonformen Ordnung« im politischen System Deutschlands umgesetzt wird.

(2) Unter der zweiten Kategorie werden »**sich abgrenzende islamistische Gruppierungen**« zusammengefasst, die sich von der deutschen, nicht-muslimischen Gesellschaft abgrenzen und eine starke Außenwirkung mit dem Ziel der Polarisierung der muslimischen Bevölkerung entfalten wollen. Beispiele hierfür sind »Hizb ut-Tahrir« (HuT) und ihr nahestehende Gruppierungen wie »Generation Islam.«[149]

(3) Die dritte Kategorie sind **islamistisch-terroristische Gruppierungen** wie die HAMAS (»Harakat al-Muqawama al-Islamiya«) und die »Hizbullah«, deren Ziel die Vernichtung des jüdischen Staates Israel ist. Diese sind auf den Mittleren Osten fokussiert, wenden dort schwerpunktmäßig terroristische Gewalt an und nutzen europäische Staaten wie Deutschland vor allem dafür, ihre Ideologie zu verbreiten und für finanzielle Aktivitäten.

(4) Der **Salafismus** als vierte Kategorie ist ein besonderer Teil des Islamismus, und wird auch als radikalste Strömung im Islamismus beschrieben. Salafisten orientieren sich wortgetreu am Koran und an der Sunna (zur Nachahmung empfohlene Handlungsweisen und Aussagen des islamischen Propheten Muhammad). Damit lehnen sie in der Analyse der deutschen Sicherheitsbehörden nicht nur die freiheitliche demokratische Grundordnung in Gänze ab, sondern negieren darüber hinaus auch weitestgehend die Geschichte des Islam und seiner Entwicklung seit dem sechsten bzw. siebten Jahrhundert. Salafisten betrachten sich als die einzig »wahren« Muslime und vertreten insofern einen Exklusivitätsanspruch, sowohl gegenüber anderen Muslimen als auch gegenüber allen anderen Religionen und auch dem Atheismus.[150]

(5) Der letzte Bereich von Islamismus ist der terroristische, der islamistische Terrorismus, auch **Jihadismus** genannt. Die internationalen jihadistischen Organisationen »Islamischer Staat« (IS) und »Al Qaida« haben auch in Deutschland und anderen europäischen Staaten Mitglieder und Sympathisanten. Aktuell gehen

die deutschen Sicherheitsbehörden mit Bezug auf Deutschland von etwa 485 islamistischen Gefährdern, also potenziellen islamistischen Terroristen, sowie 500 »relevanten Personen« (eine Stufe niedriger als die Gefährder) aus.

Wo und wie radikalisieren sich Menschen zu Islamisten oder gar zu islamistischen Terroristen?

Bei aktuell etwa 27.200 Islamisten in Deutschland nennen die Verfassungsschutzbehörden, anders als bei anderen Extremismusbereichen, keine Zahlen derjenigen, die sie als gewaltorientiert einstufen. Da das Bundeskriminalamt aktuell von etwa 485 islamistischen Gefährdern und 500 »relevanten Personen« ausgeht, kommen wir auf 985 Menschen im Bereich (potenzieller) islamistischer Terrorismus. Hinzu kommen weitere Islamisten, die gewaltorientiert sind, aber aktuell von den Sicherheitsbehörden nicht als (potenzielle) Terroristen eingeschätzt werden. Im Bild des eingangs genannten Treppenhauses bleibend: Diese 985 Personen sind in den Stockwerken acht bis neun, potenziell in Stockwerk zehn.

Nach Angaben des Bundeskriminalamtes – vom Ende Mai 2024 – haben Islamisten im Jahr 2023 1.458 politisch motivierte Straftaten begangen, das sind über 203 Prozent mehr als im Vorjahr (481). Hier ist also ein massiver Anstieg bei islamistischen Straftaten festzustellen. Gewalttaten verübten Islamisten im Jahr 2023 nach Angaben des BKA 90, dies war ein Anstieg um 76 Prozent.[151]

Gemäß dem aktuellen Verfassungsschutzbericht 2023 aus dem Juni 2024 rechneten die deutschen Sicherheitsbehörden Islamisten im Jahr 878 Straftaten zu, zu denen unter anderem drei versuchte sowie zwei vollendete Tötungsdelikte und 42 Körperverletzungen gerechnet werden. 46 extremistische Straftaten im Bereich Islamismus wurden als Vorbereitung oder Unterstützung einer schweren staatsgefährdenden Gewalttat eingestuft, 40 Fälle als Mitgliedschaft beziehungsweise Unterstützung einer ausländischen terroristischen Vereinigung. Im Jahr 2023 stellten die Sicherheitsbehörden 492 von Islamisten verübte antisemitische Straftaten fest, zu denen 22 Gewalttaten und 167 Volksverhetzungsdelikte zählten, was einen massiven Anstieg gegenüber dem Vorjahr darstellt (22 zu 2 Gewalttaten und 167 zu 17 Volksverhetzungsdelikte).[152]

Wo und wie radikalisieren sich die 27.200 Islamisten?

Es gibt zahlreiche Radikalisierungsfaktoren und jeder Radikalisierungsverlauf ist individuell. Die Hauptfaktoren bzw. die wesentlichen Orte, an denen Radikalisierungsverläufe stattfinden, sind

(1) das islamistische Milieu (islamistische Gruppen, Vereinigungen, Organisationen),

(2) islamistische Ideologieelemente (»gottgewollte Ordnung statt menschengemachte Gesetze«, Antisemitismus, Homophobie/ Queerfeindlichkeit) und

(3) virtuelle Orte.

Hinzu kommen in unterschiedlicher Ausprägung Faktoren wie der sozio-ökonomische Hintergrund (Bildung, Beruf, mögliche Arbeitslosigkeit) und psycho-soziale Faktoren (psychische Erkrankungen, Lebenskrisen, persönliche Gewalterfahrung oder Gewalterfahrung im Umfeld).

Der größte Teil der aktuellen, internationalen psychologischen und sozialwissenschaftlichen Forschung stellt allerdings fest, dass islamistische Terroristen in den allermeisten Fällen nicht an **psychischen Krankheiten** leiden.[153] Die umfassende empirische Untersuchung von internationalen Jihadisten, durchgeführt von Venhaus, zeigte, dass »keinerlei Zeichen von klinischen Psychosen« vorlagen, allerdings auffälliges, unsoziales, aggressives Verhalten durchaus überdurchschnittlich beobachtet werden konnte.[154]

Seit dem islamistischen Anschlag in Madrid im Frühjahr 2004 wurden allein in Europa über 95 (!) islamistische Anschläge verübt bzw. von Sicherheitsbehörden verhindert. In diesem Zusammenhang wurden seit 2004 in Europa über 800 Menschen getötet und über 3.800 verletzt – darunter zahlreiche schwer, Amputationen waren die Folge.

Neben den drei islamistischen Anschlägen bei Würzburg (in einer Regionalbahn am 18.7.2016), in Ansbach (Weinfest, 24.7.2016) und in Berlin (Weihnachtsmarkt am Breitscheidplatz am 19.12.2016) verdeutlichen sowohl der Anschlag der beiden 16-jährigen Jugendlichen Yussuf T. und Mohammed B. auf den Essener Sikh-Tempel (16.4.2016), der lebensgefährliche Angriff der 15-jährigen Schülerin Safia S. auf einen Bundespolizisten im Hauptbahnhof Hannover (26.2.2016) als auch die islamistischen Anschläge in Hamburg (28.7.2017), in Waldkraiburg/Bayern (27.4.2020), in Dresden (4.10.2020), sowie in einem Zug zwischen Regensburg und Nürnberg (6.11.2021) sowie zahlreiche von den Sicherheitsbehörden verhinderte islamistische Anschläge das Problem der islamistisch-salafistischen Radikalisierung von Attentätern in Deutschland.

Ein islamistischer Terrorist tötete im April 2023 in Duisburg eine Person mit einem Messer und verletzte vier weitere Menschen lebensgefährlich. Er reklamierte für sich, im Auftrag des IS gehandelt zu haben.[155]

Bundeskanzler Olaf Scholz (SPD) schrieb nach der Ermordung des Polizeibeamten Rouven L. durch einen Islamisten am 31.5.2024 in Mannheim auf der Social Media Plattform X: »Sein Einsatz für die Sicherheit von uns allen verdient allerhöchste Anerkennung. Der getötete Polizist habe das Recht aller verteidigt, die eigene Meinung sagen zu können. Wenn Extremisten diese Rechte gewaltsam einschränken wollen, müssen sie wissen: Wir sind ihre härtesten Gegner. Wir werden mit allen Mitteln unseres Rechtsstaates vorgehen«, kündigte der Bundeskanzler an.[156] Bundesinnenministerin Nancy

Faeser (SPD) erklärte, der Täter müsse »mit maximaler Härte des Gesetzes« bestraft werden. »Wenn sich ein islamistisches Motiv bestätigt, dann zeigt das, wie stark wir weiter islamistischem Terror entgegentreten müssen«, sagte die Bundesinnenministerin.[157] Zeitgleich bestätigte die Bundesanwaltschaft, dass sie die Ermittlungen übernommen hat. Der Grund dafür sei die besondere Bedeutung des Falls. Zudem hätten die Ermittler der Bundesanwaltschaft den Eindruck, dass der mutmaßliche Täter den Angriff aus »religiösen Gründen« begangen habe.[158] Der 25-jährige Angreifer wurde in Afghanistan geboren und kam 2014 als Jugendlicher nach Deutschland. Sein Asylantrag war abgelehnt worden. Der Innenminister von Baden-Württemberg, Thomas Strobl, forderte die Bundesregierung auf, »endlich auch Straftäter nach Syrien oder Afghanistan abzuschieben. Allerdings müssen endlich den Worten auch Taten folgen«, sagte Strobl weiter. Es dürfe nicht allein bei der Empörung der Politikerinnen und Politiker bleiben: »Wenn der Tod des Polizisten irgendeinen Sinn haben soll, dann kann es eigentlich nur der sein, dass jetzt endlich das getan wird, was absolut notwendig ist.« Strobl sei dafür, dass nicht nur bei schwersten Verbrechen abgeschoben wird, sondern auch bei Sexualstraftaten und bei tätlichen Angriffen gegen Polizeiangehörige oder Mitarbeitende der Rettungsdienste.[159]

Zum Ende der Bundesinnenministerkonferenz in Potsdam am 21.6.2024 herrschte bei den Innenministerinnen und Innenministern der Bundesländer und der Bundesinnenministerin Einigkeit darüber, dass Straftäter und islamistische »Gefährder« aus Afghanistan und Syrien in ihre Heimatländer abgeschoben werden sollen. Bundesinnenministerin Nancy Faeser erklärte, sie sei dazu bereits mit mehreren Staaten im Gespräch. Das Sicherheitsinteresse Deutschlands stehe bei diesen Fragen »klar an erster Stelle«, so Faeser. Die Bundesinnenministerin erklärte, für Syrien sei neben der Klärung der praktischen Fragen auch eine Neubewertung der Lage im Land notwendig. Für Abschiebungen nach Afghanistan dagegen brauche es keine veränderte Sicherheitseinschätzung. Sie wolle außerdem bald einen Entwurf für eine gesetzliche Regelung vorlegen, um Menschen, die wegen Volksverhetzung verurteilt wurden, ausweisen zu können Die Innenminister der Bundesländer sprachen sich in Potsdam auch dafür aus, die Möglichkeit von **Asylverfahren in Drittstaaten** weiter zu prüfen. Die Ministerpräsidentenkonferenz hatte am Tag zuvor mit Bundeskanzler Olaf Scholz (SPD) vereinbart, dass die Bundesregierung »konkrete Modelle zur Durchführung von Asylverfahren in Transit- und Drittstaaten« entwickeln solle. Bundesinnenministerin Faeser sagte, man werde dies als »weiteres, zusätzliches Instrumentarium« prüfen.[160]

Was haben die oben genannten islamistischen Attentäterinnen und Attentäter gemeinsam? Was wiederum unterscheidet sie, und andere Attentäter, voneinander? Was sind internationale Jihadisten, was sind *Foreign Fighters*? Das wird im Unterkapitel 3.3 beleuchtet.

3.1   Die Akteure

Die »Millî Görüş«-Bewegung

Mit aktuell etwa 10.000 Anhängern gehört die »Millî Görüş«-Bewegung in Deutschland zu den größten islamistischen und auch zu den größten extremistischen Organisationen überhaupt. Die »Millî Görüş«-Bewegung wurde Ende der 1960er Jahre in der Türkei begründet, im Wesentlichen vom türkischen Politiker Necmettin Erbakan. »Millî Görüş« heißt übersetzt »Nationale Sicht«. Der zweite ideoligische Kernbegriff dieser extremistischen Organisation ist »Adil Düzen« und bedeutet »Gerechte Ordnung«. Nach Angaben der deutschen Sicherheitsbehörden versteht die »Millî Görüş«-Bewegung unter »gerecht« eine Ordnung, die sich auf »göttliche Offenbarung« gründet.[161] »Nichtig« ist nach dieser Ideologie eine Ordnung, die von Menschen entworfen wurde, also beispielsweise unsere parlamentarische Demokratie. Politisch-strategisch fordert

»Millî Görüş«, dass die westliche Demokratie durch eine »gerechte Ordnung« ersetzt werden solle, »die sich ausschließlich an islamischen Grundsätzen orientiert«.[162] Konkrete politische Ziele der »Millî Görüş« sind nach Vorstellung ihres Begründers Necmettin Erbakan die Schaffung einer »neuen großen Türkei« in Anlehnung an das Osmanische Reich, die Überwindung des Laizismus (Trennung von Staat und Religion, was Kernprinzip unserer westlichen Demokratie ist) sowie die Errichtung einer »islamischen Gesellschaftsordnung« – letztlich mit globalem Anspruch.[163]

Die »Millî Görüş«-Bewegung besteht in Deutschland seit etwa 1969. Die Umsetzung des »Adil Düzen«-Konzepts als Ziel der politischen Bewegung ist nach Angaben der deutschen Verfassungsschutzbehörden mit den Grundprinzipien der **freiheitlichen demokratischen Grundordnung nicht vereinbar**, da eben diese überwunden werden soll. Darüber hinaus treten antisemitische Einstellungen sowohl in der Schrift »Adil Düzen« als auch bei Äußerungen Necmettin Erbakans und einiger »Millî Görüş«-Funktionäre deutlich zu Tage.[164] Die »Islamische Gemeinschaft Millî Görüş« e. V.« (IGMG) in Deutschland ist im »European Council for Fatwa and Research« (ECFR) vertreten, ihre Studentenorganisation gehört dem »Forum of European Muslim Youth and Student Organizations« (FEMYSO) an. Dies zeigt eine Affinität zur »Muslimbruderschaft«. Daneben bestehen Kontakte zur türkisch-rechtsextremistischen »Ülkücü-Bewegung« (Graue Wölfe).

Die Muslimbruderschaft

» Der Islam wird Europa erobern, ohne Schwert und ohne Kampf.[165]

Sehr deutlich erklärte der einflussreichste zeitgenössische Denker und Agitator der weltweit agierenden Muslimbruderschaft Yusuf Al Qaradawi im katarischen Fernsehen, was das Ziel seiner Bewegung für Europa ist. Diese Form der Eroberung durch Missionierung (»Dawa«) und gezielte Einflussnahme werde von Erfolg gekrönt sein. Europa, so der Scheich, sei in einem »miserablen Zustand aus Unmoral, Materialismus und Promiskuität und müsse vom Islam aus diesem Elend befreit werden. Europa wird keinen Lebensretter, kein Rettungsboot außer dem Islam finden.«[166] Die Muslimbruderschaft folgt der Scharia, der »Ordnung Gottes«, und ist nach Angaben der Islamwissenschaftlerin Rita Breuer vom Bundesamt für Verfassungsschutz »zutiefst undemokratisch und Vertreterin eines politischen Islam«, der mit den demokratischen Verfassungen der europäischen Staaten und den »Menschenrechten nicht vereinbar« ist.[167] Das Motto der Muslimbruderschaft lautet: »Gott ist unser Ziel, der Prophet ist unser Führer. Der Koran ist unsere Verfassung. Der Jihad ist unser Weg. Der Tod für Gott ist unser Wunsch.«[168]

Die »Muslimbruderschaft«, gegründet 1928 von Hassan Al Banna in Ägypten, ist ideologisch-politisch die Mutterorganisation zahlreicher islamistischer Organisationen in etwa 70 Staaten weltweit, mittlerweile auch in Deutschland. Durch Missionierung will die »Muslimbruderschaft« eine islamistische Staats- und Gesellschaftsordnung auf Grundlage der Scharia errichten. Sie lehnt eine Trennung von Staat und Religion ab, daher ist ihre Ideologie im Kern **verfassungsfeindlich**, analysieren die deutschen Verfassungsschutzbehörden.[169]

Die Furkan-Gemeinschaft und die Tablighi Jama`at

Die islamistische Furkan-Gemeinschaft sowie die Vereinigung Tablighi Jama`at haben in Deutschland addiert etwa 1.050 Mitglieder. Auch sie streben für Deutschland eine »Islamische Zivilisation« an, was nach Angaben der Sicherheitsbehörden eine prinzipielle Ablehnung der demokratischen Volkssouveränität bedeutet und somit eine islamistische Bestrebung gegen die freiheitliche demokratische Grundordnung darstellt.

Die »Hizb Allah«

Die schiitische »Hizb Allah« (»Partei Gottes«) wurde 1982 vor dem Hintergrund des Krieges im Libanon auf iranische Initiative und mit Unterstützung Syriens gegründet. Inspiriert vom ideologischen und religiösen Vorbild des Iran propagierte die Organisation dabei zugleich die »Islamische Revolution« und die weltweite Verbreitung des Islam. Die »Hizb Allah« konnte sich dank der Unterstützung des Iran und Syriens im Libanon etablieren und ihren Einfluss weiter ausbauen. Seit 1992 ist die »Hizb Allah« sogar als Partei im libanesischen Parlament vertreten und war bislang in mehreren Kabinetten an der libanesischen Regierung beteiligt. Die »Hizb Allah« unterhält den bewaffneten Arm »Islamischer Widerstand« (»Al-Muqawama al-Islamiya«), der zusammen mit dem Sicherheitsdienst der Organisation für militärische Auseinandersetzungen mit Israel sowie für die Durchführung von Anschlägen, insbesondere gegen israelische und jüdische Ziele, verantwortlich gemacht wird. Der militärische Arm der »Hizb Allah« wurde am 26.7.2013 in die EU-Terrorliste aufgenommen. Im Jahr 2020 erließ das Bundesministerium des Innern ein Betätigungsverbot gegen die schiitische Organisation »Hizb Allah«. Trotz dieses Betätigungsverbots zählen die deutschen Verfassungsschutzbehörden aktuell weiterhin etwa 1.650 Mitglieder der »Hizb Allah« in Deutschland.

Salafisten

Die aktuell etwa 10.500 Salafisten in Deutschland sind die am meisten radikalisierten Islamisten. Der Salafismus ist eine besonders fundamentalistische islamistische Ausprägung, die einen stilisierten und idealisierten Ur-Islam des siebten und achten Jahrhunderts als Vorbild für eine Umgestaltung von Staat und Gesellschaft auf der Grundlage salafistischer Interpretationen islamischer Werte und Normen anstrebt. Dabei hat der Salafismus Züge einer extremistischen Gegenkultur zur Moderne, die diese Abgrenzung von der

Mehrheitsgesellschaft als elitäres Alleinstellungsmerkmal zur Stärkung der eigenen Identität nutzt. Viele politische Salafisten lehnen Gewalt als Mittel zur Erreichung ihrer politischen Ziele nicht grundsätzlich ab. **Jihadistische Salafisten** dagegen befürworten eine offene, unmittelbare und sofortige Gewaltanwendung gegen jeden, der vom »wahren Islam« abgefallen ist. Das besonders prägende Merkmal der jihadistischen Salafisten in Europa ist ihre ideologische, organisatorische und strategisch-taktische Nähe zu internationalen jihadistischen Bewegungen wie dem »Islamischen Staat« und der »Al Qaida«.

3.2 Ideologie, Sprache und Verschwörungserzählungen

Islamisten sehen die Religion des Islam nicht nur als private Glaubensangelegenheit, sondern mit gesellschaftlich-politischen Zielen verbunden, die mit der freiheitlichen demokratischen Grundordnung nicht vereinbar sind. Islamisten wollen eine »gottgewollte Ordnung«, bei der die Scharia, aus dem Koran abgeleitete islamische Gesetze und Regeln, alle Fragen des täglichen Lebens regelt. Dies widerspricht Demokratien, damit auch unserer Verfassung. Konkret verstoßen die Ideologieelemente und religiös-politischen Ziele der Islamisten beispielsweise gegen die Volkssouveränität, Gewaltenteilung und die Trennung von Staat und Religion. Individualismus, Pluralismus, Meinungsfreiheit und die Gleichberechtigung von Mann und Frau werden von Islamisten ebenso abgelehnt.

Die **salafistische Islaminterpretation** strebt die »Reinigung des Islam« und die Wiederherstellung des Islam in seiner als »ursprünglich« deklarierten Form an. Salafisten wollen die Gesellschaft, in der sie leben, durch ein salafistisches Islamverständnis grundlegend verändern. Salafismus ist wie Islamismus als extremistische Ideologie zu beurteilen, die außerhalb der freiheitlich demokratischen Grundordnung steht. Die religiös-ideologische Grundlage der unterschiedlichen salafistischen Strömungen ist im Wesentlichen gleich, was höchst problematische sicherheitspolitische Konsequenzen hat.

Die salafistische Ideologie wird von den deutschen Verfassungsschutzbehörden als extremistische Gegenkultur und besonders strenge und radikale Strömung innerhalb des Islamismus analysiert. So sehen sich Salafisten als Verfechter eines ursprünglichen, unverfälschten Islam und geben vor, ihre religiöse Praxis und Lebensführung ausschließlich an den Prinzipien des Korans, dem Vorbild des Propheten Mohammed und der ersten drei muslimischen Generationen, den sogenannten »rechtschaffenen Altvorderen« (Arabisch »al-Salaf al-Salih«), auszurichten. In dieser Konsequenz versuchen Salafisten, einen »Gottesstaat« nach ihrer Auslegung der Regeln der Scharia und der muslimischen Gesellschaftsordnung des siebten Jahrhunderts zu errichten, in dem die Prinzipien der freiheitlich demokratischen Grundordnung keine Geltung besitzen.

Die Ablehnung von sexueller und geschlechtlicher Vielfalt moderner demokratischer Gesellschaften, vor allem von Homosexualität und Transidentität, ist nach Angaben der deutschen Verfassungsschutzbehörden »fester Bestandteil aller islamistischer Ideologien, die auf verbreitete Vorbehalte in vielen nahöstlichen und afrikanischen Gesellschaften aufsattelt.«[170] Auch in den Rechtsschulen der klassisch-islamischen Theologie bestehe ein Verbot des Auslebens von Homosexualität, im Gegensatz zur bis ins 19. Jahrhundert gelebten Praxis in islamisch geprägten Kulturen. Doch es waren islamistische Vordenker, vor allem der salafistischen Strömungen, die sich ausdrücklich gegen die als »Unzuchtsverbrechen« gebrandmarkte ausgelebte Homosexualität positioniert haben, stellen die deutschen Verfassungsschutzbehörden aktuell fest.[171]

Zum **Antisemitismus** im Islamismus, Salafismus und islamistischen Terrorismus:»Die Juden« bilden als Feindbild, als Gegner, als Ziel von verbaler und körperlicher Gewalt einen wesentlichen gemeinsamen Nenner in der Ideologie aller islamistischen Gruppierungen und Strömungen. Dabei orientieren sich Islamisten und Salafisten nach Angaben des Bundesamtes für Verfassungsschutz einerseits an »antijüdischen Traditionen des Islam«, andererseits lasse sich »das antisemitische Narrativ im Islamismus aber auch auf europäische Quellen und nicht zuletzt auf den Nationalsozialismus zurückführen.«[172] So habe beispielsweise die Ritualmordlegende, wonach im »Judentum Kinderblut für die Herstellung von Mazzen für das Pessachfest benötigt« werde, ihren Ursprung zwar im christlichen Mittelalter, sie wird aber bis heute in islamistischen Kreisen aufgegriffen und nach Europa reimportiert«, führt das Bundesamt für Verfassungsschutz aktuell aus.[173] Antisemitismus bei Islamisten, Salafisten und islamistischen Terrorismus zeigt sich in unterschiedlicher Ausprägung. Mit Bezug auf religiöse Quellen wie den Koran beispielsweise gelten »Jüdinnen und Juden im Islamismus vielfach als Mörder ihrer eigenen Propheten und somit als Rebellen wider Gott, deren Bekämpfung gleichsam als göttlicher Auftrag zu verstehen« sei, analysieren die Verfassungsschutzbehörden.[174] Daneben werden Jüdinnen und Juden häufig auf der Ebene des sozialen Antisemitismus als vitale Akteure der internationalen Finanzwelt betrachtet. Besonders wirkmächtig ist hier die **Verschwörungserzählung**, nach der sich »internationale jüdische Verschwörungen insbesondere gegen die islamische Welt richten«. Die Verschwörungserzählung eines »Vernichtungskrieges« des israelischen Staates gegen die palästinensische Bevölkerung gelte dabei »in großen Teilen der arabisch-islamischen Gesellschaften als Konsens« und gehe dabei weit über den Bereich von Islamismus hinaus. Dieser antisemitische Hass könne in einzelnen Fällen durchaus exterminatorische Züge annehmen, stellt das Bundesamt für Verfassungsschutz aktuell fest.[175] Solche antisemitischen Verschwörungserzählungen und damit verbundenen Narrative, die nach Angaben der deutschen Verfassungsschutzbehörden in der Bevölkerung der nah- und mittelöstlichen Staaten präsent seien, finden über eine Vielzahl von modernen Kommunikationskanälen ihren Weg auch nach Deutschland und andere europäische Staaten. Hier verweist das Bundesamt für Verfassungsschutz auch auf TV-Sender, die eine direkte Anbindung an eine extremistische Organisation haben, wie beispielsweise »al-Manar« an die »Hizb Allah«, aber auch Inhalte von Predigern wie Yusuf al-Qaradawi. Das Bundesamt für Verfassungsschutz erklärte bereits im April 2022, dass dieses oben beschriebene Phänomen »vor allem vor dem Hintergrund des in den letzten Jahren erfolgten verstärkten Zuzugs von Musliminnen und Muslimen nach Deutschland an weiterer Bedeutung« gewinne, da sehr viele dieser Menschen aus Ländern stammen würden, »in denen antisemitische Einstellungen seit vielen Jahrzehnten alltäglich« seien und »selbst von deren Regierungen propagiert« würden.[176]

Am Wochenende des 4.11.2023 kam es im Rahmen von Pro-Palästina/Anti-Israel- Demonstrationen in Deutschland, u. a. in Essen, Düsseldorf und Berlin, zu verstörenden Bildern und Videos. Sprechchöre von der Demo in Essen, in denen ein »Kalifat« gefordert wird, IS-Fahnen, dazu der Aufruf, »die Ungläubigen zu besiegen«. Plakate, auf denen der Holocaust relativiert wird und Israel das Existenzrecht abgesprochen wird. In Berlin wurden Starbucks-Kunden von Demonstrationsteilnehmern angepöbelt und Filialen bespuckt, weil die Kette angeblich Israel unterstütze. Demonstranten erklommen in Berlin den Neptunbrunnen, unweit des Roten Rathauses und Alexanderplatzes, schwangen dort Palästina-Fahnen und skandierten antisemitische Parolen.

Da wurden »Grenzen überschritten«, erklärte der Ministerpräsident von NRW, Hendrik Wüst (CDU):

>> Es ist völlig inakzeptabel, dass islamistische Extremisten auf den Straßen unseres Landes für ihre Ziele werben und ein Kalifat fordern. Das werden wir nicht hinnehmen.«[177]

Die deutschen Polizeien sprachen von mehreren Tausend Menschen als Demonstrationsteilnehmer in mehreren Städten. In Essen erschallten Rufe zur Errichtung eines islamistischen Kalifats in Deutschland. Dazu rief die islamistische Vereinigung Hizb ut-Tahrir auf, für die seit 2003 ein Betätigungsverbot gilt. Bei der Kundgebung in Essen habe sich herausgestellt, dass das Pro-Palästina-Thema vorgeschoben gewesen sei, erklärte ein Polizeisprecher.

Bei der Demonstration in Berlin am 4.11.2023, an der über 8500 Menschen teilnahmen, leitete die Berliner Polizei 30 Ermittlungsverfahren ein, 16 wegen Verdachts der Volksverhetzung. Zu der Demo hatten mehrere propalästinensische Gruppierungen aufgerufen. Mobilisiert hätten zudem »viele aus dem **linkspolitischen Spektrum**, die auch in diesem Jahr bereits zur ›revolutionären 1. Mai-Demo‹ aufgerufen haben«, so die Berliner Polizei.[178] In Berlin-Neukölln drangen drei Männer in ein Café ein, schubsten den Gastwirt beiseite und rissen ein Plakat von der Wand, das eine 90-Jährige zeigte, die von der Terrororganisation Hamas am 7.10.2023 beim Überfall auf Israel getötet worden war. Vor dem Lokal warteten weitere Personen, die gemäß Zeugenangaben diese Aktion lautstark mit antiisraelischen Rufen feierten.

Die zahlreichen Pro-Palästina/Anti-Israel-Demonstrationen im Herbst 2023 wurden nicht nur von den im Hellfeld circa 27.000 Islamisten in Deutschland, den circa 12.100 Mitgliedern des türkischen Rechtsextremismus (»Ülkücü«-Bewegung, »Graue Wölfe«) sowie von Extremisten aus dem Bereich auslandesbezogener Extremismus besucht, sondern auch von Linksextremisten, aber auch von zahlreichen Menschen, die von den Verfassungsschutzbehörden nicht als Extremisten eingestuft sind. Dort wurde offensiv antisemitisch agitiert, dazu bei manchen Demonstrationen und von manchen Teilnehmerinnen und Teilnehmern auch offen die Bundesrepublik Deutschland und ihre freiheitlich demokratische Grundordnung abgelehnt und ein islamistisches Kalifat gefordert.

3.3 Gewaltorientierte Islamisten und islamistische Terroristen

(Potenzielle) Angriffsziele, »Gegner« von gewaltbereiten Islamisten und islamistischen Terroristen sind allgemein »die Ungläubigen«, der westlich-liberale Lebensentwurf, vor allem Menschen westlicher Länder sowie israelische Staatsbürger und Juden weltweit. Hinzu kommen die LGBTQ+ Community, Sängerinnen und Sänger (als Verkörperung eines westlich-liberalen, freizügigen Lebensstils), »Islamkritiker« bzw. tatsächliche und vermeintliche »Feinde des Islam«.

In Bezug auf aktuelle Tötungsdelikte der jüngsten Vergangenheit führte das Bundesamt für Verfassungsschutz im Jahr 2022 aus, dass bei einigen Angriffen in Deutschland unklar sei, ob die Täter aus einer islamistischen Motivation heraus oder aufgrund einer **psychischen Erkrankung** gehandelt haben. Bei einer von gerichtlichen Gutachtern festgestellten psychischen Erkrankung seien die Täter dann schuldunfähig.[179]

Hierzu gibt es folgende, ausgewählte, aktuelle Beispiele:

Am 25.6.2021 stach der Somalier Abdirahman Jibril A. zunächst in einem Kaufhaus, danach auf einer Straße mit einem Messer auf mehrere Menschen ein. Dabei tötete er drei Frauen und verletzte fünf weitere Personen schwer. Im Kaufhaus tötete er eine Mutter, die versuchte, ihre Tochter zu beschützen. Außerdem verletzte er ihre Tochter mit dem Messer lebensgefährlich. Der in Mogadischu geborene war im Mai 2015 nach Deutschland gereist und hatte Asyl beantragt. Sein Asylantrag war von den zuständigen Behörden abgelehnt worden, er hatte aber subsidiären Schutz erhalten und hielt sich damit legal in Deutschland auf. Einen Tag nach der Tat wurden Hinweise auf ein islamistisches Motiv öffentlich. So wurde berichtet, dass Abdirahman J. A. gemäß einem Behördenvermerk nach seiner Festnahme ausgesagt habe, mit der Tat »**seinen Dschihad**« verwirklicht zu haben.[180] Zusätzlich sollen mehrere Zeugen erklärt haben, sie hätten den Täter bei der Tat zweimal »Allahu Akbar« rufen hören.[181] Daneben soll die Polizei mitgeteilt haben, dass in seiner Unterkunft Hassbotschaften gefunden worden seien.[182] Der Somalier Abdirahman Jibril A. wurde von zwei psychiatrischen Gutachten als psychisch krank und für seine Taten am 25.6.2021 als schuldunfähig eingestuft. Solange die Erkrankung des Mannes, paranoide Schizophrenie, fortbesteht und er als gefährlich eingestuft wird, müsse er in der Psychiatrie bleiben, so das Gericht in seinem Urteil. Hinweise auf ein politisches Tatmotiv hätten sich nicht ergeben, so das Gericht.[183]

Ein weiterer aktueller Fall zeigt die Problematik der Frage »islamistischer Anschlag oder Tat eines **psychisch kranken Menschen**, der von Psychiatern als schuldunfähig eingestuft wird?« auf. Am 18.10.2022 stach der Somalier Liban M. im Ludwigshafener Stadtteil Oggersheim nach einem Beziehungsstreit mit seiner Ex-Freundin auf zwei 20 und 35 Jahre alte Männer ein. Er verletzte diese so schwer, dass sie kurze Zeit später starben. Einem der Opfer trennte er einen Unterarm ab und warf diesen auf den Balkon seiner Ex-Freundin. Der Täter flüchtete vom ersten Tatort. Einige Hundert Meter entfernte verletzt er mit einem großen Messer einen 27-Jährigen in einem Drogeriemarkt schwer. Dort konnten herbeigeeilte Polizeibeamte den Tatverdächtigen stoppen, dieser wurde verletzt und festgenommen. Die Zeitschrift Der Spiegel berichtete, dass der Somalier nach Polizeiangaben »Allahu akbar« gerufen hatte – dies berichteten auch zahlreiche Zeugen –, bevor er die beiden Männer mit Messerstichen tötete.[184]
Die Richterin am Landgericht Frankenthal folgte im Mai 2023 mit ihrem Urteil einem psychiatrischen Gutachter, der beim angeklagten Somalier eine paranoide Schizophrenie festgestellt, womit der Angeklagte zum Tatzeitpunkt schulunfähig gewesen sein soll. Deswegen werde er freigesprochen, »auch wenn das für viele schmerzhaft ist«, so die Richterin.[185] Dagegen, dass er in eine Psychiatrie muss,

legte der Somalier Liban M. im Prozess Revision ein. Über seinen Dolmetscher ließ er erklären, er gehe »nur über seine Leiche« in ein psychiatrisches Krankenhaus.[186]

Ein anderes Beispiel ist der Messeranschlag in einem norddeutschen Regionalzug, wo beim Attentäter zunächst eine Schuldunfähigkeit geprüft wurde, die Verfassungsschutzbehörden den Fall aber auch nach dem Gerichtsurteil, mit Stand vom Juli 2024, nicht als islamistischen Anschlag kategorisieren.[187] Am 15.1.2023 verübte der Palästinenser Ibrahim H. einen Messeranschlag im Regionalzug Kiel-Hamburg, tötete dabei ein junges Paar, Ann-Marie K. (17 Jahre) und Danny P. (19 Jahre), und verletzte weitere drei Personen lebensgefährlich sowie zwei Personen weniger schwer. Der Attentäter stach nach Augenzeugenangaben ohne Vorwarnung auf mehrere Fahrgäste ein, stieg kurzzeitig aus dem Zug aus und dann wieder ein. Eine 54 Jahre alte Frau – die wie die beiden anderen Schwerverletzten nach dem Attentat in ein künstliches Koma versetzt worden war –, beging Mitte Juni 2023 Suizid.[188] Michael K., der Vater der ermordeten 17 Jahre alten Ann-Marie K., warf der Politik »zu große Nachsicht im Umgang mit mehrfach straffälligen Migranten vor«. Er erklärte gegenüber dem Wochenmagazin Der Spiegel: »Es muss eine Aufarbeitung geben, meine Tochter ist nicht nur ein bedauerlicher Einzelfall. Da läuft etwas grundsätzlich schief bei uns im Land.« Mit straffälligen Migranten werde zu nachlässig umgegangen, so der Vater der ermordeten Ann-Marie K.[189]

Die zuständige Justizbehörde hatte nach der Festnahme des Attentäters von Brokstedt, Ibrahim A. – auf Anfrage der Deutschen Presse-Agentur hin – erklärt, dass dieser sich kurz vor seiner Entlassung aus dem Hamburger Gefängnis mit dem **islamistischen Attentäter** vom Berliner Breitscheidplatz, Anis Amri, verglichen habe. »Es gibt nicht nur einen Anis Amri, es gibt mehrere, ich bin auch einer«, war seine Aussage gemäß der zuständigen Justizbehörde.[190]

Der Vorsitzende Richter des Landgerichts Itzehoe erklärte bei der Urteilsbegründung in Bezug auf ein islamistisches Motiv, dass frühere Äußerungen des Täters darauf hingewiesen hatten, dass er sich schon länger mit einer solchen Idee auseinandergesetzt hatte. Der Richter sprach hier den vom Attentäter getätigten Vergleich mit dem Attentäter Anis Amri an. Der Angeklagte saß währenddessen grinsend auf der Anklagebank.[191] Weder die Politik noch die Medien, bisher auch nicht die Sicherheitsbehörden, haben sich nach dem Gerichtsurteil zu einem möglichen islamistischen Motiv des Attentäters geäußert. Wenige Tage nach dem Gerichtsurteil vom 15.5.2024 legten die Strafverteidiger des Attentäters dann Revision ein. Damit muss der Bundesgerichtshof das Verfahren umfassend auf mögliche Fehler überprüfen. Trotz des vom Richter geäußerten Vergleichs mit dem islamistischen Terroristen Anis Amri, wird das Messerattentat von Ibrahaim A., mit Stand vom Juli 2024, vom Bundesamt für Verfassungsschutz nicht als islamistisches Attentat bewertet.[192]

Terroristen kennen keine Grenzen: ideologische Hintergründe

In Bezug auf die **ideologischen Hintergründe von Terroristen** und die Fragen »Was wollen Terroristen?«, »Wie weit sind Terroristen bereit, zu gehen?«, »Wen wollen Terroristen angreifen, töten, verletzen?« muss hier klar festgestellt werden, dass Terroristen keine Grenzen kennen. Diese Erkenntnis müssen wir spätestens haben seit den Gräueltaten des »Islamischen Staates« (Verbrennen ihrer Opfer in Käfigen, Ermorden durch Flammenwerfer, durch Ertränken in Käfigen, Wegsprengen von Köpfen und Gliedmaßen), seit 2014 bzw. seit den Anschlägen des 11.9.2001 (vor allem Zivilisten starben im World Trade Center und in den Flugzeugen). Aktuell haben die Terroristen der Hamas der Welt erneut aufgezeigt, wozu Terroristen in der Lage sind: Am 7.10.2023 drangen hunderte Terroristen der palästinensischen Terrororganisation Hamas in israelisches Staatsgebiet ein, zogen mordend durch Wohngebiete, verübten ein Massaker an 360 jungen Israelis auf offenem Gelände, töteten insgesamt über 1.400 Menschen, verletzten über 5.500 Menschen und verschleppten über 240 Menschen, von Kleinkindern bis zu Soldaten, in den Gaza-Streifen.[193]

Die Gewalt, mit der die Hamas-Terroristen gegen die israelische Zivilbevölkerung vorgingen, scheint nach Augenzeugen- und Medienberichten unbeschreiblich. Nach Angaben der Reporterin Nicole Zedek, veröffentlicht am 11.10.2023, wurden z. B. etwa 40 getötete Kleinkinder, auch Babys, gefunden.[194] So sei ein von der Hamas getötetes israelisches Baby in einem Backofen gefunden worden, das dort von Hamas-Terroristen verbrannt worden war.[195]

Nach Angaben der ZDF-Journalistin Ninve Ermagan richtete sich die Gewalt der Hamas in Form von Vergewaltigungen, Folter und Leichenschändungen **gezielt gegen Frauen**. Hamas-Videos zeigen entblößte und gefolterte Frauen, die auf den professionellen Hamas-Telegram-Kanälen hochgeladen und somit für die ganze Welt zur Schau gestellt werden. Überlebende des Musikfestivals berichteten nach Angaben von Ninve Ermagan, dass Frauen auf dem Gelände neben den Leichen ihrer Freunde vergewaltigt und verstümmelt wurden. Die Leichen seien bespuckt und geschändet worden. Auch die Deutsch-Israelin Shani Louk wird zum Opfer einer sadistischen Ermordung. »All das zeigt: Kriege werden auf den Körpern der Frauen ausgetragen – ihr Leib wird zum Schlachtfeld«, erklärt die Kriegsberichterstatterin Christina Lamb. Sexuelle Gewalt sei ein Teil der terroristischen Strategie der Hamas und eine gezielte Waffe zur »Erniedrigung des Feindes«. Die Täter wollten den Angehörigen, vor allem den Männern, vermitteln: »Ihr seid schwach. Ihr schafft es nicht, eure Frauen zu beschützen«, so Lamb.[196]

Verhältnis »Islamischer Staat« und »Al Qaida«

Der »Islamische Staat« und die »Al Qaida« sind immer noch die beiden großen islamistisch-terroristischen, also jihadistischen, Organisationen, die weltweit operieren. Seit der »Islamische Staat« (»IS«) 2014 sein Neo-Kalifat auf Territorien der Staaten Irak und Syrien ausgerufen hatte, besteht eine Rivalität zwischen dem IS und der »Al Qaida«. Der »IS« gewinnt aber weiterhin mehr Menschen als Sympathisanten, Anhänger und potenzielle Terroristen. Dazu trägt auch die Überalterung der »Al Qaida«-Führung bei. Dem »IS« gelingt es stärker, gerade auch über Soziale Medien und Messengerdienste, jüngere Menschen anzusprechen, zu werben und zu radikalisieren. In Bezug auf die operativ-taktischen Fähigkeiten der »Al Qaida« zu neuen Anschlägen stellen die Verfassungsschutzbehörden fest, dass die »Al Qaida« in den letzten Jahren klare personelle Verluste erlitten hat (u. a. durch den *War on Terror* der USA).

Allerdings hat die »Al Qaida« trotz hoher personeller Verluste in den Kriegen in Afghanistan, im Irak und in Syrien seit dem 11. September 2001 eine hohe Widerstandsfähigkeit bewiesen und sich immer wieder an geänderte Bedingungen angepasst. Waren gemäß der Anschlagstaktik der »Al Qaida« Anfang der 2000er Jahre noch Großanschläge mit langem Planungsvorlauf und vielen Opfern möglich (Jerba/Tunesien 2002, Bali/Indonesien 2002, Istanbul 2003, Madrid 2004, London 2005, Sharm Al Shaich/Ägypten 2005, Mumbai/Indien 2006, Islamabad/Pakistan 2008, Mumbai/Indien 2008), änderte sich die Taktik danach hin zu Anschlägen von Einzeltätern oder kleinen Zellen/Gruppen (Taktik der »Nadelstiche«, um die »Drohkulisse« aufrechtzuerhalten).

Ähnliches gilt für den »IS«. Seine Hochphase hatte dieser, als er im Juni 2014 ein »Kalifat« ausrief, auf Territorien Syriens und des Irak, flächenmäßig in der Größe von Großbritannien. Nachdem er im Kampf gegen zahlreiche Staaten, darunter auch eine internationale Anti-»IS«-Koalition im März 2019, militärisch verloren und die Kontrolle über sein Neo-Kalifat abgeben musste, konzentrierte er sich im Westen – mit wenigen Ausnahmen– auf die terroristische Taktik von Einzeltäteranschlägen. Beim Anschlag auf ein Konzert in der russischen Stadt Krasnogorsk nahe Moskau Ende März 2024 töteten »IS«-Terroristen (IS-Ableger »**Islamischer Staat Provinz Khorasan**«) mit Schusswaffen mindestens 143 Menschen und verletzten über 360 teilweise schwer.

Die islamistischen Anschläge der letzten Jahre in Europa sind teilweise zentral vom »IS« geplant, teilweise aber auch autonom von Zellen oder Einzeltätern »im Namen des ›IS‹«verübt. Neben Sprengstoffanschlägen sind dies vor allem Attacken mit Messern, ab und an werden auch – als Nachahmertaten (*Copycat*) der Anschläge von Nizza, Berlin, Stockholm und New York – Fahrzeuge in Menschenmengen gesteuert.

Ein großer Teil der **jihadistischen Propaganda**, sowohl zentral vom »IS« und der »Al Qaida« gesteuert, als auch individuell im Schneeballsystem weitergegeben, erfolgt über das Internet. Neben den offiziellen Medienorganisationen des »IS« und der »Al Qaida« haben sich viele mit ihnen sympathisierende Akteure darauf spezialisiert, zum Teil hochwertige Videos, Audiobotschaften, Infografiken und Bildercollagen zu erstellen und über verschiedene Plattformen zu verbreiten. Wegen der in Europa von EUROPOL koordinierten Löschungen von Kanälen und Gruppen auf verschiedenen Plattformen wie Telegram, Facebook oder YouTube haben Jihadisten in den letzten Jahren ihre Plattformen, Kanäle und Gruppen immer häufiger gewechselt. Einzelne Plattformen wie »Rocket.Chat« oder Präsenzen im Darknet sind vergleichsweise sicher vor Löschungen, eignen sich dafür aber weniger als Kommunikationsplattformen. Eine der neueren auch von Jihadisten öffentlichkeitswirksam genutzten Plattformen ist TikTok.

Zivilbevölkerung als Ziel

Alleine in **Deutschland** verhinderten in den Jahren 2010 bis 2023 deutsche und internationale Sicherheitsbehörden (durch die Weitergabe von entscheidenden Informationen an die deutschen Sicherheitsbehörden) 18 islamistische Anschläge.[197] Im Zeitraum von 2000 bis 2020 haben Polizei- und Verfassungsschutzbehörden in **Europa** über 60 islamistische Anschläge vereitelt. In Deutschland wurden seit dem Jahr 2002 über 25 islamistische Anschläge durch deutsche Sicherheitsbehörden verhindert.

Die Analyse der in Deutschland verübten sowie von den Sicherheitsbehörden verhinderten islamistischen Anschlägen zeigt, dass die Bedrohung aktuell vor allem von jihadistisch motivierten Einzeltätern mit einfach zu beschaffenden Wirkmitteln (vor allem Messern) ausgeht. Die verübten und geplanten Angriffe dieser jihadistischen Einzeltäter richteten und richten sich vornehmlich gegen »weiche« Ziele, die Zivilbevölkerung.

In Duisburg nahmen am 25.10.2023 polizeiliche Spezialeinsatzkräfte (SEK) des Landes Nordrhein-Westfalen den islamistischen Gefährder Tarik S. fest, der im Verdacht steht, eine Attacke auf eine Pro-Israel-Demonstration geplant zu haben. Tarik S. ist ein vorbestrafter Islamist, die Generalstaatsanwaltschaft ermittelt. Die Polizei und der Verfassungsschutz befürchteten nach dem Hinweis eines ausländischen Nachrichtendienstes, dass Tarik S. für einen geplanten Anschlag einen Lkw einsetzen könnte. Er soll im Internet nach pro-israelischen Veranstaltungen und jihadistischen Inhalten gesucht haben. Unter dem Namen Osama Al-Almany (Osama der Deutsche) war der aus Herford bei Bielefeld stammende deutsche Staatsbürger für den »Islamischen Staat« in Syrien. Es gibt zahlreiche IS-Propagandavideos von ihm. Der 29-Jährige war für den IS eine Art Werbe-Ikone. In einem Video posierte Tarik S. neben einer enthaupteten Person. Nach seiner Rückkehr im März 2016 wurde er festgenommen und angeklagt. Er wurde 2017 zu fünf Jahren Jugendhaft verurteilt.[198]

Sinan Selen, Vizepräsident des Bundesamtes für Verfassungsschutz, sprach in Bezug auf den Krieg in Israel und Gaza von einer »langfristigen Verschärfung der Sicherheitslage« und erklärt, dass »Einzelpersonen oder Kleingruppen den Konflikt nach Europa tragen« könnten (**Konflikttransfer**). Die aktuelle Lage nach dem Hamas-Angriff sei »geeignet, Mobilisierungspotenzial in der extremistischen und terroristischen Community weltweit, und einen Solidarisierungseffekt herbeizuführen mit den entsprechenden risikoerhöhenden Elementen.«[199]

Die massive Verschärfung des Nahostkonflikts hat auch einen klaren Einfluss auf die Bedrohungslage durch den islamistischen Terrorismus in Deutschland und anderen europäischen Ländern. Der Nahost-Konflikt ist der zentrale Konflikt für alle Islamisten. Dort wird das Muster »**wir Muslime gegen die Juden**« genutzt. Oftmals wird das verbunden mit der Behauptung, der Staat Israel begehe einen Völkermord an Palästinensern. Das sind Ideologieelemente und Narrative, die Menschen in Deutschland radikalisieren sollen, sowohl in Gruppen als auch bei Einzelpersonen. Die Idee des islamistischen »Einzelkämpfers« wurde in den letzten Jahren von der virtuellen Propaganda des »IS« und der »Al Qaida« befeuert.

Am 6.7.2023 nahmen polizeiliche Spezialkräfte auf Grund von Haftbefehlen des Ermittlungsrichters des Bundesgerichtshofs sieben mutmaßliche Mitglieder einer islamistischen terroristischen Vereinigung fest. Es handelt sich um den turkmenischen Staatsangehörigen Ata A., den tadschikischen Staatsangehörigen Mukhammadshujo A., den kirgisischen Staatsangehörigen Abrorjon K., den tadschikischen Staatsangehörigen Nuriddin K., den tadschikischen Staatsangehörigen Shamshud N. , den tadschikischen Staatsangehörigen Said S. sowie den tadschikischen Staatsangehörigen Raboni Z.[200] Diese jihadistische Gruppe war in Kontakt mit im Ausland befindlichen Mitgliedern des regionalen IS-Ablegers »Islamischer Staat Provinz Khorasan« (»ISPK«). Die jihadistische Gruppe hatte bereits

Anschlagsobjekte in Deutschland im Auge, mögliche Tatorte ausgekundschaftet und versucht, sich Waffen zu beschaffen, so der Generalbundesanwalt am 6.7.2023.[201]

Wegen des Verdachts eines geplanten **Sprengstoffanschlags** und der Beihilfe ließ die Generalstaatsanwaltschaft Hamburg am 25.4.2023 im Rahmen von gemeinsamen Ermittlungen des Bundeskriminalamts und des Landeskriminalamts Hamburg mehrere Objekte durchsuchen und eine Person festnehmen. Die Ermittlungen richten sich gegen zwei 28 und 24 Jahre alte Brüder aus Hamburg und Kempten. Die beiden syrischen Staatsangehörigen sollen einen Anschlag mit einem selbst hergestellten Sprengstoffgürtel geplant haben, um einen Angriff gegen zivile Ziele durchzuführen. Dazu soll der 28-jährige Hauptbeschuldigte aus Hamburg seit einigen Wochen über die Onlineplattform ebay und sonstige Anbieter Grundstoffe zur Herstellung sprengfähigen Materials erworben haben. Sein in Kempten lebender Bruder soll Beihilfe geleistet haben.[202]

Jihad-Rückkehrer

Mehrere zehntausend internationale Jihadisten, *Foreign Fighters*, aus vielen verschiedenen Ländern kämpfen seit 2011 für die jihadistischen Großorganisationen »Islamischer Staat« und Al-Qaida sowie kleinere jihadistische Milizen in Syrien und im Irak. Nach Angaben der United Nations haben sich seit 2011 mehr als 40.000 *Foreign Fighters* aus 110 Ländern jihadistischen Gruppen in Syrien und im Irak angeschlossen. Unter den etwa 6.000 *Foreign Fighters* aus Westeuropa waren u. a. 850 Briten und über 1.150 Deutsche. Was in der Öffentlichkeit kaum bekannt ist: etwa ein Viertel der deutschen *Foreign Fighters* ist weiblich, der überwiegende Teil dieser *Foreign Fighters* ist jünger als 30 Jahre. Etwa ein Drittel befindet sich nach Angaben der deutschen Verfassungsschutzbehörden als Jihad-Rückkehrer momentan wieder in Deutschland. Es sind diese Jihad-Rückkehrer, die im Fokus polizeilicher und justizieller Ermittlungen stehen. Vor allem diejenigen Jihad-Rückkehrer stellen ein besonderes Sicherheitsrisiko dar, die während ihres Aufenthaltes in Syrien und im Irak ideologisch indoktriniert und militärisch im Umgang mit Waffen und Sprengstoffen geschult wurden, Kampferfahrung gesammelt haben und gegebenenfalls mit dem Auftrag, Anschläge zu begehen, nach Europa zurückgeschickt wurden.

Neben der terroristischen »Kampfpraxis« warnt EUROPOL mit Blick auf Jihad-Rückkehrer auch vor psychischen Veränderungen und einem besonderen Grad an Brutalität.[203] In diesem Kontext verweist das deutsche Bundesamt für Verfassungsschutz auf die Studien einer Forschungsgruppe der Universität Konstanz, die das Verhalten in Bürgerkriegen untersucht und von »**appetitiver Aggression**« spricht, um extreme Grausamkeiten zu erklären.[204] So zeigen Forschungsergebnisse, dass mit dem Akt des Tötens emotionale Erregung, das Gefühl der Euphorie und der Schmerzunempfindlichkeit einhergehen können. Dabei kommt es zur Ausschüttung von Testosteron, Serotonin und Endorphinen. Das Gefühl der Macht überlagert das Gefühl der Entbehrung. Bei den Jihad-Rückkehrern könnte das Töten durch Training automatisiert worden sein. Erlernte moralische Standards würden »abtrainiert« und in der Konsequenz könnte die Hemmschwelle für die Anwendung terroristischer Gewalt sinken.[205] Zusammengefasst: Jihad-Rückkehrer können besondere qualitative und quantitative Herausforderungen für die deutschen Sicherheitsbehörden sowie die Justizvollzugsanstalten darstellen.

Seit dem islamistischen Anschlag in Madrid am 11.3.2004 – 193 Tote und über 2050 Verletzte, einige darunter schwer – wurden viele Dutzend Anschläge in Europa verübt und so gehen – aktuell und in der Zukunft – vom islamistischen Terrorismus zwei wesentliche Bedrohungsszenarien für die westliche Welt aus. Zum einen Großanschläge und multiple taktische Szenarien von *Hit-Teams* internationaler islamistisch-terroristischer Organisationen wie dem »Islamischen Staat« und der Al Qaida. Zum anderen *Low-level*-Anschläge durch islamistische Einzeltäter.

Auf der psychischen Ebene wollen Terroristren Angst und Schrecken bei der Zivilbevölkerung erzeugen, politisch eine sehr hohe öffentliche Aufmerksamkeitswirkung erreichen. Ihre kommunikative Botschaft an die Zivilbevölkerung lautet: »Eure Politiker und Sicherheitsbehörden können Euch nicht vor uns beschützen«. Terroristen greifen bewusst auch Kinder und Jugendliche an (»es kann jeden treffen«, »keiner wird verschont«), ebenso wie religiöse Orte (mehrere Anschläge von Islamisten in Kirchen, Anschlag eines Rechtsterroristen auf zwei Moscheen in Christchurch/Neuseeland).

3.4   Fazit

Der Islamismus war in der politischen und medialen Betrachtung bis zum Herbst 2023 ein nachgeordnetes Thema, seit den »Pro-Palästina«/Anti-Israel-Demonstrationen samt zahlreicher öffentlicher Forderungen nach einem **islamistischen Kalifat** rückte der Islamismus wieder etwas mehr in den öffentlichen Fokus der Politik und Medien.

Die zahlreichen verübten sowie geplanten, aber von den Sicherheitsbehörden verhinderten islamistischen Anschläge innerhalb der letzten Monate und Jahre in Deutschland und anderen europäischen Staaten – zuletzt das Messerattentat, eines afghanischen Islamisten in Mannheim, bei dem sechs Menschen verletzt sowie der 29-jährige Polizeibeamte getötet wurde – haben die Qualität und die Quantität der Gefahren verdeutlicht, die aktuell und zukünftig von Islamisten, Salafisten und islamistischen Terroristen für unsere Innere Sicherheit ausgehen.

Die jihadistische Organisation »Islamischer Staat« bekannte sich schnell nach dem Messeranschlag über ihren Propaganda-Kanal Amaq im Onlinedienst Telegram zu der Tat. Diese sei aus »Rache für Muslime in Palästina und anderswo« geschehen. Kurz danach kursierte auch ein **Bekenner-Video**, das den Solingen-Attentäter zeigen soll.[206] Der Generalbundesanwalt übernahm als oberste deutsche Anklagebehörde die Ermittlungen gegen den tatverdächtigen Syrer, was eindeutig für ein islamistisches Motiv spricht.

Der mutmaßliche islamistische Anschlag auf das Festival der Vielfalt in Solingen, vermutlich verübt vom Syrer Issa Al-H., zeigt auch verschiedene Probleme des Themenfeldes Flucht und Migration nach und innerhalb der Europäischen Union auf (der WDR sprach von einer »Chronik eines **Versagens**«[207]), die seither auf der politischen Agenda der Bundesregierung, des Bundestages und verschiedener Bundesländer stehen.

Die Forderungen nach **härteren Abschieberegeln** (vor allem von der CDU/CSU) und einem strengeren Waffenrecht (vor allem von der SPD) wurden in den Tagen direkt nach dem Messeranschlag immer lauter. Zugleich wurde auch Aufklärung verlangt, weshalb die Behörden 2023 mit dem Versuch gescheitert waren, den syrischen Asylbewerber zurück nach Bulgarien abzuschieben (**Dublin-Abkommen**). Es gehe auch um die Frage, so verschiedene Politikerinnen und Politiker und manche Medien, ob der deutsche **Rechtsstaat** alle Mittel ausschöpft, um die Menschen in Deutschland vor Terrorismus zu beschützen.

In Bezug auf die Asylpolitik der Bundesregierung erklärte der Vorsitzende der CDU, Friedrich Merz, nach dem Solinger Messeranschlag »es reicht« und warf der Ampel-Koalition im Bundestag eine »naive Einwanderungspolitik« vor. Neben der Forderung nach Abschiebungen nach Syrien und Afghanistan erneuerte Merz auch seine Forderung nach einem **Aufnahmestopp** für Flüchtlinge aus diesen

Ländern. Auf die besorgte Nachfrage einer Journalistin im ARD-Brennpunkt erklärt er:»Jetzt ist der Punkt erreicht, wo gehandelt werden muss und nicht weiter ritualhafte Reden gehalten werden müssen«, so Merz.[208] Weiter forderte der CDU-Vorsitzende dauerhafte Kontrollen und konsequente Zurückweisungen an den deutschen Grenzen sowie die Beachtung der **Dublin-Regeln**.[209]

Auch der FDP-Fraktionsvize Konstantin Kuhle kritisierte Versäumnisse bei Bund und Ländern:»Zwischen Bund und Ländern darf nach Solingen in dieser Frage kein Stein auf dem anderen bleiben.« Wer keinen Schutzgrund geltend machen könne, müsse Deutschland umgehend wieder verlassen.[210]

Auch der Bundespräsident schaltete sich in die Debatte ein. Zu einem besseren Schutz vor terroristischer Gewalt »gehört auch, dass die **Sicherheitsbehörden** mit den notwendigen **Befugnissen** ausgestattet werden«, erklärte Frank-Walter Steinmeier. Weiterhin forderte der Bundespräsident »**mehr Personal für die Sicherheitsbehörden**«.[211] CSU-Chef Markus Söder plädierte für anlasslose Kontrollen auch in Fußgängerzonen: »Beim Auto werden Sie nämlich kontrolliert, anlasslos geht das. Bei Fußgängerzonen nicht«, so Söder.»Wir müssen der Polizei mehr Möglichkeiten geben, Kontrollen durchzuführen«, verlangte er.[212]

Die Vorsitzende der SPD, die Bundestagsabgeordnete Saskia Esken, erklärte Tage nach dem Messeranschlag von Solingen in Bezug auf Schlussfolgerungen, Lehren der Politik,»aus dem Terroranschlag von Solingen lässt sich **nicht allzu viel lernen**«.[213] Der medial sehr bekannte Extremismusforscher Ahmad Mansour kritisierte Esken scharf:»Politiker, die unfähig sind, aus mehreren Terroranschlägen zu lernen, laden geradezu zum nächsten ein. Wenn man zuerst erklärt, was alles nicht möglich ist, und im Grunde dem Volk mitteilt: ›**Wir können euch nicht schützen**‹, dann ist es höchste Zeit für eine Reflexion dieser Haltung – oder den Rücktritt«, so Mansour.[214]

Tom Schreiber, bis 2023 innenpolitischer Sprecher der SPD im Berliner Abgeordnetenhaus, erklärte zur Aussage der SPD-Vorsitzenden Saskia Esken: »Über ihre Äußerung bin ich mehr als entsetzt. Es sind genau diese Aussagen und Eindrücke, warum Menschen das **Vertrauen** insgesamt in die **Politik und Staat verlieren**«, meinte Schreiber. Und forderte: »Wir brauchen auch keine reflexhafte Phrasendrescherei. Einigen fehlt schon lange ein innerer Kompass.«[215]

Nach den öffentlichen Kalifats-Forderungen im Rahmen der Pro-Palästina/Anti-Israel-Demonstrationen im Herbst des Jahres 2023 in Deutschland, u. a. in Essen, Düsseldorf und Berlin, kam es auch im Jahr 2024 in Deutschland, u. a. in Hamburg, im Rahmen von Versammlungen – teilweise mit über 1.000 Teilnehmern – zu öffentlichen Forderungen eines Kalifats in Deutschland. Ein Kalifat existiert aktuell beispielsweise in Afghanistan, wo es täglich zu zahlreichen **Menschenrechtsverletzungen**, oftmals gegen Frauen und Mädchen, kommt.

Die von Islamisten verübten politisch motivierten Straftaten sind im Jahr 2023 massiv angestiegen, darunter stark auch die Gewaltdelikte, hierbei auch versuchte und vollendete Tötungsdelikte. Spätestens die öffentlichen Kalifats-Forderungen, von denen seit Herbst 2023 wiederholt berichtet wird, sollten verdeutlichen, welches Bedrohungspotenzial vom Islamismus in Deutschland ausgeht. Hinzu kommen regelmäßige Anschlagspläne von islamistischen Terroristen in Deutschland.

4
Gefahren durch »Reichsbürger« und »Selbstverwalter«

» Die Gewaltbereitschaft und der Rekurs auf verschiedene Verschwörungstheorien vermischen sich auch bei den Reichsbürgern und
Selbstverwaltern zu einer gefährlichen Verbindung, der wir durch
Aufklärung und die Anregung von Waffenentzügen effektiv entgegentreten«, Thomas Haldenwang, Präsident des Bundesamtes
für Verfassungsschutz, 2024.[216]

Die deutschen Sicherheitsbehörden zählen aktuell etwa 25.000
»Reichsbürger« und »Selbstverwalter«. Davon werden aktuell 2.500
als gewaltorientiert eingestuft.[217] Seit Jahren, beginnend mit den
Jahren der Corona-Pandemie 2020 bis 2022, steigt die Zahl der
»Reichsbürger« und »Selbstverwalter« stetig an. Dieser Trend ging
weiter mit dem Ukrainekrieg und den dadurch mitunter ausgelös-
ten wirtschaftlichen Folgen für Deutschland.

»Reichsbürger« und »Selbstverwalter« lehnen die Bundesrepublik
Deutschland und deren Rechtssystem ab, damit verbunden auch deren Politikerinnen und Politiker sowie Beamtinnen und Beamte. In
unterschiedlicher Ausprägung leugnen sie die Existenz der Bundesrepublik Deutschland und berufen sich dazu auf einzelne Zeitab-
schnitte des historischen Deutschen Reiches, Verschwörungserzählungen oder ein selbstdefiniertes Naturrecht.

Nach Angaben der deutschen Verfassungsschutzbehörden ist
eine **trennscharfe Unterscheidung** zwischen »Reichsbürgern« und

»Selbstverwaltern« teilweise nur schwer zu treffen. »Reichsbürger« lehnen die Bundesrepublik Deutschland unter Berufung auf ein wie auch immer geartetes »Deutsches Reich« ab.

»Selbstverwalter« dagegen fühlen sich dem Staat gänzlich nicht zugehörig. Sie behaupten, sie könnten durch eine Erklärung aus dem Staat austreten und seien daher nicht an dessen Gesetze gebunden. Unter Berufung auf eine UN-Resolution, die es angeblich ermögliche, aus der Bundesrepublik Deutschland aus- und in eine »Selbstverwaltung« einzutreten, markieren manche ihr Wohnanwesen zum Beispiel durch Grenzziehungen, Schilder und Wappen, um ihren angeblich souveränen Verwaltungsraum zu kennzeichnen. Teilweise wird dieser Raum unter Berufung auf ein Widerstandsrecht gewaltsam verteidigt, erklärt das Bundesamt für Verfassungsschutz. Hinzu kommen verschiedene Verschwörungserzählungen.[218]

Ein Teil der »Reichsbürger« und »Selbstverwalter« – aktuell 1.350 Personen – ist nach Angaben der deutschen Verfassungsschutzbehörden eindeutig auch dem Rechtsextremismus zuzurechnen. Ideologische Überschneidungen finden sich im Bereich des Gebiets- und Geschichtsrevisionismus, bei völkischem und teilweise nationalsozialistischem Gedankengut sowie bei antisemitischen Ideologieelementen. Bei der überwiegenden Mehrheit der Szeneangehörigen sind rechtsextremistische Ideologieelemente allerdings nur in geringem Maße oder gar nicht auszumachen. Jedoch sind gerade in dem rechtsextremistischen Teil der »Reichsbürger« und »Selbstverwalter«-Szene und im Zusammenhang mit Verschwörungstheorien antisemitische Ideologieelemente verbreitet. Diese reichen von **klassischen antisemitischen Narrativen** wie etwa einer »globalen jüdischen Finanzelite« über offen antisemitische Verschwörungstheorien, wonach beispielsweise der Erste Weltkrieg von »den Juden« geplant worden sei, bis hin zur Leugnung des Holocaust.[219]

Seit 2023 beobachten die Sicherheitsbehörden eine »Mischszene«, »Vernetzungs- und Vermischungstendenzen« mit den Extremismusbereichen Rechtsextremismus und »Verfassungsschutzrelevante Delegitimierung des Staates«. Verbindende Ideologieelemente dieser drei Extremismusbereiche seien das **verschwörungsgläubige Gedankengut** und eine staats- beziehungsweise demokratiefeindliche Einstellung. Vernetzungen gibt es beispielsweise bei Demonstrationen und in gemeinsamen Telegram-Gruppen.

Nach Angaben des Bundeskriminalamtes wurden von »Reichsbürgern« und »Selbstverwaltern« im Jahr 2023 572 Straftaten im Bereich Angriffe gegen »Amtsträger« und/oder »Mandatsträger« zugeordnet.[220]

Die Sicherheitsbehörden rechneten »Reichsbürgern« und »Selbstverwaltern« im Jahr 2023 1.292 politisch motivierte Straftaten zu. Unter den Straftaten waren insgesamt 149 Gewalttaten. Hierzu zählte neben Erpressungs- (85) und Widerstandsdelikten (49) auch ein versuchtes Tötungsdelikt. Weitere Straftatbestände waren vor allem Nötigungen und Bedrohungen (425). Von den »Reichsbürgern« und »Selbstverwaltern« zugeordneten Straftaten wurden 65 als antisemitisch eingeordnet, bei denen es sich im Wesentlichen um Volksverhetzungsdelikte (58) handelte. Die – in absoluten Zahlen – meisten extremistischen Straftaten begingen »Reichsbürger« und »Selbstverwalter« in Bayern (305, darunter 73 Gewalttaten und 146 Fälle von Nötigung beziehungsweise Bedrohung).[221]

4.1 Die Akteure

Die Szene der etwa 25.000 »Reichsbürger« und »Selbstverwalter« ist organisatorisch sehr heterogen. Zu ihr gehören Einzelpersonen, Kleinstgruppen, kleinere Gruppierungen, überregionale Personenzusammenschlüsse und virtuelle Netzwerke. Bundesländerübergreifend gibt es circa 30 aktive Gruppierungen.

Bei den etwa 25.000 »Reichsbürgern« und »Selbstverwaltern« beobachten die Sicherheitsbehörden aktuell einen Anstieg des prozentualen Anteils von Frauen von rund 23 Prozent im Jahr 2017 auf 43 Prozent im Jahr 2023. Außerdem stellten sie eine Verjüngung der Szene fest. So stieg die Zahl der neu erfassten 18- bis 29-Jährigen unabhängig vom Geschlecht zwischen 2017 und 2022 um jeweils circa 3 Prozent und die Zahl der über 60-Jährigen sank um 14 Prozent (Männer) beziehungsweise 23 Prozent (Frauen).[222]

Die bekanntesten überregionalen Gruppierungen heißen u. a. »Bismarcks Erben«, »Geeinte deutsche Völker und Stämme« (GdVuSt), »Königreich Deutschland« (KRD), »Verfassunggebende Versammlung« sowie »Staatenbund Deutsches Reich«.

Die Gruppierung »**Bismarcks Erben**« ist auch unter den Namen »Ewiger Bund« oder »Preußisches Institut« bekannt und wurde 2018 gegründet. Das Ziel dieser Gruppierung ist die Wiederherstellung des 1918 untergegangenen deutschen Kaiserreichs unter der Führung des Oberhaupts des Hauses Hohenzollern, Georg Friedrich Prinz von Preußen, sowie die Beendigung des angeblich »seit 1914 andauernden Kriegszustandes«. Der »Vaterländische Hilfsdienst« soll als wichtigste Untergruppierung von »Bismarcks Erben« die Verwaltung Deutschlands stellen und so den Weg für die Rekonstruktion des Kaiserreiches ebnen. Mitglieder des »Vaterländische Hilfsdienstes« sollen auch polizeiliche Aufgaben wahrnehmen. Die Gruppierung vernetzt sich vor allem durch Chatgruppen im Messengerdienst Telegram. Hinzu kommen realweltliche Treffen. Zusätzlich gibt es viele Websites (samt Onlineshops) und Präsenzen in den Sozialen Netzwerken. Der »Vaterländische Hilfsdienst« hat auch ein eigenes Nachrichtenformat, dessen Clips sowohl auf einer eigenen Website als auch auf YouTube abrufbar sind.

Die Gruppierung »**Geeinte deutsche Völker und Stämme**« wurde im März 2020 vom Bundesinnenministerium gemäß Artikel 9 Absatz 2 GG in Verbindung mit § 3 Vereinsgesetz verboten. Dies war das erste Vereinsverbot in diesem Extremismusbereich. Diese Gruppierung bewertet die Bundesrepublik Deutschland als »ein Firmenkonstrukt, das von Juden kontrolliert« werde. Daher müsse man aus »diesem System austreten«. Mitglieder dieser Gruppierung nehmen an Seminaren teil, rekrutieren neue Mitglieder und richten zahlreiche Schreiben an Behörden (»Vielschreiberei«, »Papierterrorismus«), um die Verwaltung zu lähmen und fällige Gebühren und Steuern nicht zu bezahlen. Trotz des Vereinsverbots von 2020 besteht die Gruppierung »Geeinte deutsche Völker und Stämme« fort.[223]

Die Gruppierung »Königreich Deutschland« (»KRD«) wurde 2012 in der Lutherstadt Wittenberg gegründet und bezeichnet sich als »völkerrechtskonformer neuer Staat« (»direkt aufsteigende Demokratie einer Räterepublik mit einer konstitutionellen Wahlmonarchie«). Das »KRD« hat nach eigenen Angaben etwas über 5.000 »Staatszugehörige« (Mitglieder). Der dem »KRD« vorstehende selbsternannte »König von Deutschland«, Peter Fitzek, suggeriere seiner Anhängerschaft, so die deutschen Verfassungsschutzbehörden, dass durch einen (kostenpflichtigen) »Übertritt« zum KRD eine Befreiung von der Steuerpflicht der Bundesrepublik Deutschland ermöglicht werden könne. Mit ihrer sogenannten Gemeinwohlkasse nimmt das »KRD« erhebliche Geldsummen ein. Nach Angaben der eigenen Website stehe die Gemeinwohlkasse für ein »neues, dauerhaft stabiles, unabhängiges und zinsfreies Geld- und Finanzwesen zum Wohle der Menschen«. Die deutschen Sicherheitsbehörden konstatieren, dass das »KRD« den Einzahlenden keinen Rückzahlungsanspruch einräumt, sodass deren finanzielle Schädigung zu befürchten sei.[224]

Die Finanzaufsicht Bafin durchsuchte Ende November in Sachsen, Brandenburg, Sachsen-Anhalt und Hessen insgesamt zehn Immobilien der Vereinigung »Königreich Deutschland«. Mit dabei auch

Ermittlerinnen und Ermittler der Polizei, des Landeskriminalamtes Sachsen und der Deutschen Bundesbank. Sie stellten an diesem Tag unter anderem 35.000 Euro Bargeld, mehrere Goldbarren im Wert von etwa 360.000 Euro sowie 60 Schuss Munition sicher. Das »Königreich Deutschland« hat als Parallel-»Staat« eigene Personaldokumente, Gewerbeerlaubnisse, Führerscheine sowie Bankkonten und Versicherungen. Bezahlt wird im »Königreich Deutschland« mit dem Fantasie-Bezahlmittel »E-Mark«. Auf diversen Onlinehandels-Plattformen wie »Kadari« können Beteiligte damit einkaufen. Bereits im Jahr 2021 hatte die Bafin versucht, die von Peter Fitzek betriebene Fantasie-Bank »GemeinwohlKasse« abzuwickeln und untersagte Fitzek das Geldeinlagengeschäft. Doch er macht weiter, und das obwohl er demnach wegen unerlaubter Versicherungsgeschäfte bereits verurteilt wurde. Fitzek lässt sich immer wieder Finanzmodelle einfallen, die das Geldsystem der BRD negieren. Als treibende Kraft von »NeuDeutschland« – dem Vorgängerverein des »Königreich Deutschland« – gab er das »Engelgeld« heraus, eine Art vereinsinterne Währung. Engel war hierbei eine Abkürzung für »Ein Neues Geld Erweckt Liebe«, »Ein Neues Geld Erzeugt Leistungsbereitschaft« und »Ein Neues Geld Erschafft Leihmöglichkeiten«. Immer wieder stand Fitzek wegen Straftaten vor Gericht. Zuletzt war er vom Amtsgericht Wittenberg wegen vorsätzlicher Körperverletzung und Beleidigung zu acht Monaten Haft verurteilt worden. Die Durchsuchungen der Bafin von Immobilien der »Königreich Deutschland«-Vereinigung bezeichnet Fitzek auf Nachfrage als »illegal«. Sie seien »ein bewaffneter kriegerischer Akt auf ein anderes Völkerrechtssubjekt«. Die Bafin selbst sieht er als Teil eines »mafiösen Bankenkartells.«[225]

4.2 Ideologie, Sprache und Verschwörungserzählungen

Die der Szene der »Reichsbürger« und »Selbstverwalter« ist ideologisch heterogen. Was diese Extremisten gemeinsam haben ist, dass sie unseren Staat, die Bundesrepublik Deutschland, fundamental ablehnen. Hinzu kommen in unterschiedlicher Ausprägung Gebiets- und Geschichtsrevisionismus, teilweise völkisches, rechtsextremistisches Gedankengut sowie Antisemitismus.

Der Extremismusbereich »Reichsbürger« und »Selbstverwalter« ist geprägt von Ideologieelementen, die teilweise auch von **antisemitischen Anschauungen** beeinflusst und mit Verschwörungserzählungen verbunden sind. So vertreten vereinzelte Gruppierungen und Einzelpersonen antisemitische Ansichten. Diese äußern sich häufig in entsprechenden Beiträgen im Internet beziehungsweise in den Sozialen Medien oder durch den wiederholten Versand von Schreiben mit einschlägigen Inhalten. Der Antisemitismus unter »Reichsbürgern« und »Selbstverwaltern« betrifft sämtliche seiner oben dargestellten Erscheinungsformen. Vor allem wird das antisemitische Narrativ, es gebe jüdische Kräfte, die angeblich aus dem Hintergrund und mittels finanzieller Potenz die Geschicke der Welt lenkten und beeinflussten, verbreitet. In verschiedenen Formen – vor allem mit Bezug auf die Familie Rothschild und deren angebliche Machtausübung – werden verschwörungstheoretische Ansichten teilweise auch mit tages- und gesellschaftspolitischen Themen verknüpft.[226]

Radikalisierungsverläufe von »Reichsbürgern« und »Selbstverwaltern« finden vor allem auch online statt, vornehmlich in den Sozialen Medien. Dort haben sich auch in diesem Extremismusbereich auf unterschiedlichen Plattformen »Echokammern« etabliert, in denen extremistische Narrative und Ideologieelemente ungefiltert verbreitet werden und für Aktivitäten in der Realwelt mobilisiert wird. Auch stark menschenverachtende oder gewaltorientierte Äußerungen einzelner Mitglieder bleiben hier häufig unwidersprochen oder werden sogar aktiv unterstützt.[227]

Verschwörungserzählungen sollen Emotionen schüren, Vermutungen bestärken und bestimmte Entwicklungen normativ aufladen. Verschwörungserzählungen reduzieren Komplexität massiv und wollen damit »helfen, das Weltgeschehen verstehen und erklären zu können«. Sie kreieren und verstärken Gruppenidentitäten und dienen dazu, »Gegner, Feinde und Schuldige« zu bestimmen und diese für politische, ökonomische, soziale, aber auch für ganz persönliche Situationen verantwortlich zu machen. Dadurch werden Freund-Feind-Muster erschaffen, wie »wir gegen die Gegner, die Feinde, die Elite, die Verantwortlichen«, was wiederum Gewaltpotenzial entfalten kann.

>> Verschwörungsgläubige unterteilen die Welt in Opfer und Täter einer Verschwörung und vertreten die Idee, dass Geschichte plan- und kontrollierbar sei, und dass Menschen den Verlauf der Geschichte entsprechend ihrer Intentionen lenken könnten. Ereignisse seien immer das Resultat von absichtsvollem Handeln. Zufall, unbeabsichtigte Konsequenzen und strukturelle Effekte würden von Verschwörungsgläubigen ausgeschlossen, die Handlungen der Verschwörer müssten aufgedeckt werden, bei ausreichend ›tiefer Analyse‹ ließen sich versteckte Verbindungen zwischen Personen und Institutionen finden.[228]

Anhänger von Verschwörungserzählungen betrachten sich als »Erleuchtete« und der Glaube daran, die wahren Zusammenhänge hinter politischen und sozialen Entwicklungen verstanden und die dafür vermeintlich Verantwortlichen erkannt zu haben, festigt den Zusammenhalt untereinander.

Die aktuellen Verschwörungserzählungen »QAnon«, »Verschwörung der Eliten«, »Deep State«, »New World Order« und die

»S.H.A.E.F.«-Ideologie (siehe auch 2.2) sind in diesem Extremismusbereich in unterschiedlicher Ausprägung verbreitet.

Bei »QAnon« handelt es sich um eine Verschwörungserzählung, die in den USA entstanden ist und dort über eine nicht geringe Anhängerschaft verfügt. Der Urheber der »QAnon«-Verschwörungserzählung veröffentlichte erstmalig im Oktober 2017 auf dem Imageboard »4chan« vermeintlich exklusive Informationen, wonach der damalige US-Präsident Donald Trump einen Kampf gegen den »Deep State«, also »verborgene Eliten in hohen und höchsten Regierungsämtern und gesellschaftlichen Positionen«, führe.[229] Die Bezeichnung »Q« stammt aus der Anlehnung an die »Q Clearance«, die höchste Freigabestufe für geheime Informationen innerhalb von US-Behörden, die der anonyme Urheber der Postings angeblich besitze. »Anon« ist wiederum die Abkürzung für Anonymous.

Mitte Februar 2022 sollen zwei Forscherteams, eines aus der Schweiz, eines aus Frankreich, mithilfe von künstlicher Intelligenz festgestellt haben, dass es sich bei »dem« Urheber von QAnon um zwei Personen handelt: Um Paul Furber, einen südafrikanischen Softwareentwickler und Verschwörungsgläubigen, sowie um Ron Watkins, einen Betreiber von Websites für Verschwörungserzählungen.[230]

Der **»QAnon«-Verschwörungserzählung** zufolge würden Kinder entführt, in unterirdischen Lagern gefoltert und ermordet, um ein Lebenselixier aus ihnen zu gewinnen, das sogenannte »Adrenochrom.«[231] Bei den Veröffentlichungen von »Q« handelt es sich in der Regel um kryptische Meldungen mit nicht allgemein gebräuchlichen Abkürzungen, die breiten Auslegungsspielraum lassen. Diese Verschwörungserzählung findet, so die Bundesregierung 2020 in einer Antwort auf eine Kleine Anfrage im Bundestag, auch im deutschsprachigen Raum Verbreitung, vor allem durch eine Vielzahl an Homepages, Blogs und YouTube-Kanälen, deren Reichweite aber kaum zu quantifizieren sei. Die Adrenochrom-Kinderblut-Verschwörungserzählung übernimmt mit ihrer Kindermordbehauptung Elemente des mittelalterlichen Antisemitismus (»Christenblut« als Heilmittel).[232]

Die Verschwörungserzählungen »QAnon«, »Verschwörung der Eliten«, »Deep State«, »New World Order«, »The Great Reset« knüpfen eng an den politischen Antisemitismus und somit an alte, wirkmächtige und dauerhafte Narrative an: Die als mächtig imaginierte Minderheit »der Juden« verschwöre sich gegen »die Mehrheit«, um sie zu schädigen und zu beherrschen. Hierfür steht das Bild von »den Juden« als Draht- und Strippenzieher, die unter dieser Maßgabe Wirtschaftskrisen, Revolutionen oder Kriege anzettelten.

Die Verschwörungserzählung eines »**Deep State**«, also eines »tiefen Staates im Verborgenen« oder einer »geheimen Elite hinter der Regierung«, die sich im Kontext der oben beschriebenen QAnon-Erzählung in den USA entwickelt hat, klingt sehr ähnlich. Dieser »Deep State« soll sich aus verborgenen Eliten in hohen Regierungsämtern und gesellschaftlichen Positionen zusammensetzen. Verschwörungsgläubige verbinden mit diesem »Deep State« die Vorstellung einer Schwächung der (deutschen) Wirtschaft, offener oder unkontrollierter Grenzen, dem Verbot privater Schusswaffen sowie der Einführung einer sogenannten »globalistischen Agenda«. Die Anhänger befürchten, dass der »Deep State« zukünftig zu einem »offenkundigen, sichtbaren« totalitären Staat werden könnte, sobald die bislang im Geheimen agierenden Akteure ihre Pläne umsetzen.[233] Auch in Deutschland findet diese Erzählung Befürworter. Besonders zur Verbreitung trug – bis zu ihrem Verbot durch das BMI – die vom Bundesamt für Verfassungsschutz als »gesichert rechtsextremistisch« eingestufte Zeitschrift »COMPACT« bei,[234] die im Jahr 2019 eine Sonderausgabe über den angeblichen »tiefen Staat« veröffentlichte.

In einem YouTube-Video erläuterte Chefredakteur Jürgen Elsässer, worum es dabei geht:»Darunter versteht man ein Geflecht aus Geheimdiensten, Wirtschaftsbossen, Börsengurus, linken Medien.«[235] Die Verschwörungserzählung»Deep State« findet auch in rechtspopulistischen und rechtsextremistischen Foren Verbreitung.

Der Begriff»**Neue Weltordnung**« (NWO) wurde nach dem Zusammenbruch des Kommunismus in den frühen 1990er Jahren in den USA geprägt («New World Order«), wo er zunächst für ein globales System der kollektiven Sicherheit stand. Später wurde der Begriff durch Rechtsextremisten umgedeutet. Heute bezeichnet er meist eine Verschwörungserzählung, in der eine globale, meist jüdische Elite den geheimen Plan verfolgt,»autochthone« Völker und nationalstaatliche Grenzen abzuschaffen und eine autoritäre Weltregierung zu installieren.

In den meisten Varianten dieser Verschwörungserzählung werden jüdische Akteure, wie der US-Investor George Soros oder das Bankhaus Rothschild, und vermeintliche Geheimgesellschaften, wie beispielsweise die Illuminaten oder die Freimaurer sowie internationale Organisationen als Hauptverantwortliche oder Helfer der geheimen Eliten angesehen. Oftmals werden die Begriffe»Ostküste« oder»Hochfinanz« als antisemitisch konnotierte Synonyme für die jüdische Elite genutzt.[236]

Von den Vorwürfen der angeblichen Brunnenvergiftung durch Juden in der Pestepidemie im Mittelalter, über die erfundenen»Protokolle der Weisen von Zion« bis hin zu den Konstrukten der»QAnon«- und NWO-Verschwörungserzählung zieht sich Antisemitismus wie ein roter Faden durch diese Verschwörungserzählungen. Die Behauptung einer angeblichen Existenz von»Strippenziehern«,»jüdischen Finanziers«,»Ostküsten-Juden-Elite« (»Hochfinanz«),»New World Order«,»Zionist Occupied Government« (»ZOG«),»Machenschaften«, »einer jüdische Clique«, »Nutznießern« ist ein strukturelles Merkmal von Verschwörungserzählungen.

Die Anhänger und Sympathisanten der Verschwörungserzählung S.H.A.E.F. beziehen sich auf das Supreme Headquarters Allied Expeditionary Force (S.H.A.E.F.), das während des Zweiten Weltkriegs das Oberkommando über die alliierten Streitkräfte in Europa ausübte und nach Kriegsende aufgelöst wurde. Sie gehen davon aus, dass das S.H.A.E.F. weiterhin aktiv sei und die entsprechenden »S.H.A.E.F.-Gesetze« noch immer Gültigkeit hätten. Im Kern wird behauptet, dass es sich bei der Bundesrepublik Deutschland nach wie vor um einen besetzten Staat handelt. Dementsprechend wird auch die gültige Rechtsordnung nicht anerkannt. Staatsbedienstete sowie Politiker verstehen die Anhänger dieser Ideologie als Erfüllungsgehilfen einer unrechtmäßigen Regierung. Sich selbst sehen sie als offizielle Vertretung der Alliierten mit der Befugnis, Befehle und Weisungen an die deutsche Bevölkerung erteilen zu können.[237]

Verschiedene Thesen, Narrative und Ideologieelemente von »Reichsbürgern« und »Selbstverwaltern« können Menschen in ein geschlossenes verschwörungsideologisches Weltbild verstricken, in dem aus Staatsverdrossenheit **Staatshass** werden kann. Dieses Weltbild kann die Grundlage für Radikalisierungsprozesse bis hin zur Gewaltanwendung sein. Angehörige dieser Szenen behindern in verschiedenen europäischen Staaten gezielt Gerichte, Polizei und andere Behörden in ihrer Arbeit und bedrohen deren Mitarbeitende. Jeder staatliche Eingriff – gerade auch ein Entzug waffenrechtlicher Erlaubnisse bei »Reichsbürgern« und »Selbstverwaltern« – kann nach Angaben der deutschen Sicherheitsbehörden erhebliche Aggressionen und Gefahrensituationen auslösen. Verschwörungserzählungen können so der Nährboden für Gewalthandlungen sein, beispielsweise, wenn zum Widerstand gegen vermeintliches Unrecht aufgerufen wird.

Verschwörungserzählungen stellen Sicherheitsbehörden, aber auch die Gesellschaften weltweit, vor große Herausforderungen. Entsprechend sind weitere und intensivere Forschungsbemühungen notwendig, um das Gefahrenpotenzial, die Verbreitung und die Wirkung besser einschätzen zu können und wirksame Maßnahmen zu entwickeln, wie die demokratische Gesellschaft resilienter gegenüber Verschwörungserzählungen wird.

4.3 Gewaltorientierte »Reichsbürger« und »Selbstverwalter«

Die deutschen Sicherheitsbehörden stellen in der Szene der »Reichsbürger« und »Selbstverwalter« ein **hohes Gewaltpotenzial** fest. So kommt es immer wieder zu verbalen und körperlichen Aggressionen von »Reichsbürgern« und »Selbstverwaltern« gegen Mitarbeiterinnen und Mitarbeiter des öffentlichen Dienstes. Das hohe Gewaltpotenzial zeigt sich seit Jahren häufig durch massive Widerstandshandlungen gegen Polizeibeamtinnen und -beamte, auch unter Einsatz von Waffen.

Im Zusammenhang mit der Vollstreckung eines Haftbefehls im Juni 2023 in Weidhausen (Bayern) griff ein »Reichsbürger« mit einer zehn Kilogramm schweren Eisenstange Polizeibeamtinnen und -beamte an. Im März 2023 setzte ein »Reichsbürger« in Reutlingen seine Schusswaffe ein.

Anfang Februar 2022 überfuhr ein »Reichsbürger« während einer Verkehrskontrolle in Efringen-Kirchen (Baden-Württemberg) absichtlich einen Polizeibeamten und verletzte diesen schwer. Der Täter war zuvor verschiedentlich als »Reichsbürger« in Erscheinung getreten. Das Oberlandesgericht Stuttgart verurteilte den 62-jährigen »Reichsbürger« Ende März 2023 zu zehn Jahren Haft. Im April 2022 kam es im Rahmen einer Durchsuchung zur Sicherstellung von Waffen bei einem »Reichsbürger« in Boxberg (Baden-Württemberg) zu einem Schusswaffeneinsatz. Der Mann schoss mit einer Kriegswaffe auf die Polizeibeamtinnen und -beamten eines Spezialeinsatzkommandos (SEK). »Es lässt einen erschaudern, wohin eine bis zum Äußersten fortgeschrittene Radikalisierung und eine staatsfeindliche Haltung führen können. Man kann es als Glück oder Zufall bezeichnen oder auch als ein Wunder, dass es bei einem Notarzteinsatz und zwei Verletzten blieb«, sagte der Vorsitzende Richter in der Urteilsbegründung. Eigentlich hätte es bei mehr als vierzig Schüssen, die der angeklagte »Reichsbürger« aus nächster Nähe abfeuerte, mehrere Tote geben müssen, so der Richter.[238] Wegen versuchten Mordes und schwerer Körperverletzung in mehreren Fällen wurde der »Reichsbürger« zu 14 Jahren und sechs Monaten Haft verurteilt. Die Staatsanwaltschaft hatte eine lebenslange Freiheitsstrafe für den »Reichsbürger« gefordert. »Er stellte seine Überzeugung über die Gesundheit und das Leben der Polizeibeamten«, so eine Staatsanwältin.[239]

Im August 2022 eskalierte eine polizeiliche Durchsuchungsmaßnahme in Lauta (Sachsen). Der 61-jährige verdächtige »Reichsbürger« verweigerte den Polizisten den Zutritt und attackierte diese mit einer Axt.

Im Oktober 2020 weigerte sich ein »Reichsbürger« im Hauptbahnhof in Hannover, die in der Corona-Pandemie vorgeschriebene Mund-Nasen-Bedeckung zu tragen, leistete Widerstand gegen die Polizeibeamtinnen und -beamten und griff auf dem Polizeirevier einen Beamten unvermittelt körperlich an. Ein ähnlicher Fall ereignete sich Anfang Mai 2020 in Troisdorf (Nordrhein-Westfalen). Dort griffen zwei Angehörige der »Reichsbürger« und »Selbstverwalter«-Szene, die nicht bereit waren, in einem Supermarkt entsprechende Corona-Mund-Nasen-Bedeckungen zu tragen, die herbeigerufenen Polizeibeamtinnen und -beamten an und verletzten diese erheblich. Ihre Gewalttaten gegen die Polizeibeamtinnen und -beamten filmten sie aus verschiedenen Perspektiven und verbreiteten sie im Internet.

Die deutschen Verfassungsschutzbehörden bezeichnen es als besorgniserregend, dass gerade das Morddelikt und die versuchten Morde von »Reichsbürgern« und »Selbstverwaltern« 2016 in Reuden (Sachsen-Anhalt) und Georgensgmünd (Bayern) innerhalb der »Reichsbürger«- und »Selbstverwalter«-Szene als erfolgreicher »Widerstand« gefeiert wurden.

Im April 2020 war der »Selbstverwalter« Adrian U. vom Landgericht Halle (Sachsen-Anhalt) wegen versuchten Mordes, Widerstands gegen Vollstreckungsbeamte und illegalen Waffenbesitzes zu sieben Jahren Haft verurteilt worden. Im Jahr 2015 hatte Adrian U. begonnen, die Legitimität deutscher Behörden in Frage zu stellen. Er »gründete« den Fantasiestaat »Ur« auf seinem Grundstück in Reuden (Sachsen-Anhalt) und zog eine »Grenzlinie« um seinen »Staat«. Nachdem wegen einer Verschuldung und Zwangsversteigerung im August 2016 ein Gerichtsvollzieher versucht hatte, die Zwangsräumung des Grundstücks durchzusetzen, scheiterte dies daran, dass Adrian U. zahlreiche Szeneangehörige hinzugerufen hatte. Der Gerichtsvollzieher bat um polizeiliche Amtshilfe. Während dieses Einsatzes zielte Adrian U. mit einer Schusswaffe auf einen Polizeibeamten, schoss, das Projektil prallte am Helmvisier des Polizeibeamten ab und verletzte diesen am Hals.

Eine weitere, ähnliche Tat verdeutlicht erneut die Gewaltbereitschaft dieses Extremismusbereiches: Im Oktober 2016 wollten Polizeibeamtinnen und -beamte eines SEK bei dem »Reichsbürger« Wolfgang P. in Georgensgmünd (Bayern) rund 30 in seinem Besitz befindliche Jagd- und Sportwaffen sicherstellen. Als sie in den frühen Morgenstunden in dessen Wohnung eindrangen, trug P. bereits eine schusssichere Weste und eröffnete sofort das Feuer auf die Beamten. Er hatte sich im obersten Stockwerk seines Hauses verschanzt und schoss auf Kopfhöhe durch die Türe. Vier Polizisten wurden bei dem Einsatz verletzt, von denen einer kurze Zeit später seinen schweren Verletzungen erlag. Wolfgang P. wurde wegen Mordes an einem Polizeibeamten, versuchten Mordes und gefährlicher Körperverletzung zu einer lebenslangen Haftstrafe verurteilt.

Die Gewalttaten von Adrian U. und Wolfgang P. sind ein Indiz dafür, dass »Reichsbürger« und »Selbstverwalter« vor allem im Zusammenhang mit staatlichen Maßnahmen eine erhöhte Gewaltbereitschaft aufweisen. Auch aufgrund ihrer hohen Waffenaffinität stellen »Reichsbürger« und »Selbstverwalter« ein erhöhtes Gefährdungspotenzial dar. In den USA wurden durch Personen aus einem vergleichbaren Spektrum (»*Sovereign Citizens*«) bereits mehrere Polizisten getötet.

Dieses Gefährdungspotenzial von »Reichsbürgern« und »Selbstverwaltern« darf angesichts des Waffenbesitzes vieler »Reichsbürger« und »Selbstverwalter« nicht unterschätzt werden. Versuche von Verwaltungsmitarbeiterinnen und -mitarbeitern, säumige Gebühren und Steuern einzutreiben, werden von »Reichsbürgern« und »Selbstverwaltern« als »Plünderung« oder »Kriegserklärung« bezeichnet. Verschwörungsglaube und Staatshass kann die Grundlage für Radikalisierungsprozesse bis hin zur Gewaltanwendung sein. Angehörige dieses Extremismusbereiches behindern Gerichte, Polizei und Behörden in ihrer Arbeit und bedrohen deren Mitarbeiterinnen und Mitarbeiter. Jeder staatliche Eingriff – gerade auch ein Entzug waffenrechtlicher Erlaubnisse – kann erhebliche Aggressionen und Gefahrensituationen auslösen.

Im Dezember 2022 gab es wegen mutmaßlicher Umsturzpläne einer »Reichsbürger«-Gruppierung zahlreiche polizeiliche Zugriffe. Etwa 3.000 Polizeibeamtinnen und -beamte, darunter die polizeilichen Spezialkräfte GSG 9 und SEK mehrerer Landeskriminalämter, führten in den frühen Morgenstunden des 7.12.2022 150 Razzien in elf Bundesländern bei 54 mutmaßlichen Mitgliedern einer gewaltbereiten »Reichsbürger«-Gruppe durch. 25 Personen wurden festgenommen. Diese hatten nach Angaben des Generalbundesanwalts eine **terroristische Vereinigung** gebildet, um die verfassungsmäßige Ordnung der Bundesrepublik Deutschland zu beseitigen und einen Staat nach Vorbild des Deutschen Reichs von 1871 zu errichten.

Nach Angaben des Präsidenten des Bundesamtes für Verfassungsschutz (BfV), Thomas Haldenwang, hatten die Verfassungsschutzbehörden diese »Reichsbürger«-Gruppierung und ihre Umsturzplanungen bereits seit dem Frühjahr 2022 auf dem Schirm. Deren Planungen hätten sich im Laufe des Jahres immer konkreter entwickelt und es seien bereits Waffen beschafft worden. Das BfV arbeite eng mit dem Generalbundesanwalt und den Polizeibehörden zusammen und »die deutschen Sicherheitsbehörden insgesamt hatten die Lage jederzeit unter Kontrolle«, so der Präsident des BfV am Tag der polizeilichen Zugriffe.[240]

Diese »Reichsbürger«-Gruppe steht nach Angaben der Bundesanwaltschaft im Verdacht, eine terroristische Vereinigung gebildet zu haben, die mit Waffengewalt eine neue Regierung installieren wollte und auch Tote in Kauf genommen hätte. Sie soll geplant haben, den Bundestag zu stürmen, die Bundesregierung abzusetzen und durch Anschläge auf die Stromversorgung bürgerkriegsähnliche Zustände herbeizuführen, um dann die Macht zu übernehmen. Hierfür sollen bereits Mitglieder für Ministerposten ausgesucht worden sein.

Eine zentrale Figur dieser Organisation und ihrer Umsturzpläne soll Heinrich XIII. Prinz Reuß sein, der beim »Worldwebforum« in der Schweiz 2019 als Redner erklärt hatte, die Bundesrepublik Deutschland sei kein souveräner Staat, sondern nach wie vor von den Alliierten kontrolliert und die BRD und ihre Justiz seien »Firmen«. Reuß ist als Finanzberater in Frankfurt am Main tätig und besitzt ein Jagdschloss in Thüringen, wo sich Mitglieder der Gruppe wiederholt getroffen haben sollen.

Die Sicherheitsbehörden bewerteten diese »Reichsbürger«-Gruppierung auch deswegen als hoch gefährlich, weil aktive und ehemalige Bundeswehr-Soldaten, auch Spezialkräfte, zu den Beschuldigten gehören. Intern wurde von einem »bewaffneten Arm« gesprochen und dem Plan, Heimatschutzkompanien aufzubauen. Zu den Beschuldigten gehört Rüdiger v. P., Anfang der 1990er Jahre Kommandeur eines Fallschirmjägerbataillons, bis dieses in das neu gegründete KSK aufging. Er war aus der Bundeswehr entlassen worden, weil er Waffen aus Beständen der NVA veruntreut oder verkauft hatte. Ein weiteres Mitglied der Gruppe, Marco v. H., ein vorbestrafter, ehemaliger Zeitsoldat und ehemals Soldat des KSK, soll ebenso wie v. P. in der Corona-Protestbewegung in Pforzheim aktiv gewesen sein und dort für die »Reichsbürger«-Gruppe rekrutiert haben. Diese habe beabsichtigt, auch aktive Soldaten aus der Bundeswehr, darunter aus dem KSK, zu rekrutieren – scheinbar mit Erfolg. Ein Stabsfeldwebel des KSK, Logistiker, gehört ebenfalls zu den Beschuldigten.[241]

In bisher drei Verfahren – an Gerichten in Stuttgart, München und Frankfurt – müssen sich Mitglieder der »Gruppe Reuß« seit Mai 2024 vor Gericht verantworten. Vor dem Oberlandesgericht in Frankfurt begann am 21.5.2024 der Prozess gegen den mutmaßlichen Rädelsführer der Gruppe, Heinrich XIII. Prinz Reuß sowie die ehemalige AfD-Bundestagsabgeordnete Birgit Malsack-Winkemann. Insgesamt sind 27 Beschuldigte angeklagt. Wahrscheinlich ist, dass es vor dem Oberlandesgericht in Celle zu weiteren Gerichtsverfahren rund um die Reuß-Gruppe kommt. Denn die Generalstaatsanwaltschaft hat mittlerweile eine ganze Reihe von Ermittlungen übernommen, die zuvor von der Bundesanwaltschaft geführt worden waren. Es han-

delt sich um insgesamt neun Beschuldigte, wie der Leitende Oberstaatsanwalt Martin Appelbaum mitteilte.[242]
Am 21.5.2024 wurde vor dem Oberlandesgericht Frankfurt die Anklage verlesen. Die Bundesanwaltschaft wirft den neun Angeklagten vor, Mitglieder in einer terroristischen Vereinigung gewesen zu sein oder diese unterstützt zu haben. Heinrich XIII. Prinz Reuß soll als ein Rädelsführer agiert haben, erklärte der Vertreter der Bundesanwaltschaft. Die terroristische Vereinigung sei Ende Juli 2021 gegründet worden. Es sei ein gewaltsamer Umsturz geplant gewesen.[243]

4.4 Fazit

Der Extremismusbereich »Reichsbürger« und »Selbstverwalter« ist organisatorisch und ideologisch sehr heterogen. Was die etwa 25.000 Akteure der Szene verbindet, ist die fundamentale Ablehnung der Bundesrepublik Deutschland und ihrer Rechtsordnung. Seit vielen Jahren propagieren Mitglieder dieses Extremismusbereichs nach Angaben der Verfassungsschutzbehörden »völlig abstruse Thesen«. Dazu nutzen sie intensiv Soziale Medien und Messengerdienste. Häufig wird damit ein aggressives Auftreten gegenüber Vertreterinnen und Vertretern der Bundesrepublik Deutschland verbunden. Aggressive Äußerungen münden oft in Drohungen, hinzu kommen Körperverletzungen sowie immer wieder auch versuchte und vollende Tötungsdelikte.

Seit der Coronapandemie wächst die Zahl der Mitglieder dieser Szene deutlich an. Radikalisierungsverläufe finden oftmals zu Beginn online statt, vor allem in den Sozialen Medien. Dort kursieren verschiedene Thesen, Narrative, Ideologieelemente und Verschwörungserzählungen, die unsere Demokratie ablehnen. »Reichsbürger« und »Selbstverwalter« beginnen dort, sich in ein teilweise geschlossenes verschwörungsideologisches Weltbild verstricken. Aus

Staatsverdrossenheit kann Staatshass werden. Dieser Staatshass führte in der Vergangenheit zu zahlreichen Fällen von Bedrohungen von Beamtinnen und Beamten und anderen Vertreterinnen und Vertretern unseres Staates.

Bei einer Gruppe von »Reichsbürgern« um den angeklagten Heinrich XIII Prinz Reuß führte der Staatshass dazu, dass diese ab 2021 bzw. dem Frühjahr 2022 mutmaßlich plante, den Bundestag anzugreifen. Im Dezember 2023 erhob die Bundesanwaltschaft vor den Staatsschutzsenaten der Oberlandesgerichte Frankfurt am Main, München und Stuttgart Anklage gegen insgesamt 27 Personen, unter anderem wegen »Mitgliedschaft in oder Unterstützung einer terroristischen Vereinigung« und »Vorbereitung eines hochverräterischen Unternehmens«. Die Ziele und Vorbereitungshandlungen jener Gruppe verdeutlichen das erhebliche Gefährdungspotenzial, das von solchen Extremisten ausgeht. Die Gerichtsprozesse dauern an, mehr Hintergrundinformationen zu den Plänen jener Gruppe werden bald öffentlich werden.

5
Gefahren durch »Delegitimierer«

» Es ist der gesetzliche Auftrag des Bundesamtes für Verfassungs-
schutz genau dort hinzusehen, wo (...) aus Skepsis gegenüber dem
Verfassungsstaat seine Bekämpfung wird«, Thomas Haldenwang,
Präsident des Bundesamtes für Verfassungsschutz, im Jahr 2024.

Der Extremismusphänomenbereich »Verfassungsschutzrelevante
Delegitimierung des Staates« ist der jüngste und kleinste Extremismusbereich in Deutschland und existiert – unter diesem Namen –
seit April 2021.

Im Frühjahr 2020 kam es zur weltweiten Corona-Pandemie. Ab Ende
August 2020 warnten die deutschen Verfassungsschutzbehörden
davor, dass im Zuge der »Corona-Proteste« in Deutschland eine neue
Form von Extremismus entstehen könnte.[244] Bis zum April 2021 hatten die deutschen Verfassungsschutzbehörden Extremismus in die
folgenden Phänomenbereiche unterteilt:

- Rechtsextremismus,
- »Reichsbürger« und »Selbstverwalter«,
- Islamismus,
- Linksextremismus sowie
- Ausländerextremismus (neuerdings auslandsbezogener Extre-
  mismus).

Die staatlichen Maßnahmen gegen die Coronapandemie und die
damit verbundenen Freiheitseinschränkungen lösten eine breite
gesellschaftspolitische Debatte und verfassungsrechtlich legitime

Proteste aus. Allerdings dienten solche Proteste in einzelnen Fällen manchen Akteuren auch als Vorwand und Hebel, um die demokratische und rechtsstaatliche Ordnung als solche zu bekämpfen, erläuterte das Bundesamt für Verfassungsschutz im Jahr 2023.[245] Die Verfassungsschutzbehörden erklären, dass es im Zuge der Corona-Proteste in einigen Fällen bei öffentlich geäußerten Meinungen, Plakaten oder Aktionen über einen legitimen Protest hinaus ging und dabei die Grenze zu tatsächlichen Anhaltspunkten für verfassungsfeindliche Bestrebungen überschritten wurde.

Als Reaktion auf eine beobachtete Einflussnahme und Instrumentalisierung der Proteste und Demonstrationen gegen die staatlichen Corona-Maßnahmen richtete das Bundesamt für Verfassungsschutz Ende April 2021 den neuen Phänomenbereich »Verfassungsschutzrelevante Delegitimierung des Staates« ein. Innerhalb dieses neuen Phänomenbereichs wurde ein bundesweites Sammelbeobachtungsobjekt »Demokratiefeindliche und/oder sicherheitsgefährdende Delegitimierung des Staates« installiert.

Im Jahr 2024 beschreibt das Bundesamt für Verfassungsschutz die »Verfassungsschutzrelevante Delegitimierung des Staates« wie folgt:

>> Verschiedene Akteure instrumentalisierten das Protestgeschehen gegen Corona-Schutzmaßnahmen, um losgelöst von jeder sachbezogenen Kritik eine tatsächlich verfassungsfeindliche Agenda zu verfolgen. Dies äußert sich unter anderem in einer aggressiven Agitation gegen Repräsentanten und Institutionen des Staates, um dessen Legitimität systematisch zu untergraben. Auch nach der Aufhebung der staatlichen Maßnahmen zur Eindämmung der Pandemie im Frühjahr 2022 beteiligten sich Gruppierungen und Einzelpersonen aus dem Phänomenbereich der ›Verfassungsschutzrelevanten Delegitimierung des Staates‹ am Protestgeschehen, das sich im Zuge des russischen Angriffskrieges auf die Ukraine und der

Diskussion um Inflation und Energiesicherheit ab etwa Herbst 2022 ausbildete. Allerdings entfalteten diese Aktivitäten keine nennenswerte Resonanz.[246]

Die Akteure des Phänomenbereichs »Verfassungsschutzrelevante Delegitimierung des Staates« zielen nach Angaben der deutschen Verfassungsschutzbehörden darauf ab, wesentliche Verfassungsgrundsätze außer Kraft zu setzen oder die Funktionsfähigkeit des Staates oder seiner Einrichtungen zu beeinträchtigen. »Delegitimierer« machen demokratische Entscheidungsprozesse und Institutionen verächtlich oder rufen dazu auf, behördliche oder gerichtliche Anordnungen und Entscheidungen zu ignorieren. Diese Form der Delegitimierung erfolgt oft nicht über eine offene Ablehnung der Demokratie als solcher, sondern über eine ständige Verächtlichmachung von, und Agitation gegen demokratisch legitimierte Repräsentantinnen und Repräsentanten sowie Institutionen des Staates. Dieses Vorgehen gehe weit über eine rechtlich zulässige Kritik an Politik und Staat hinaus, erläutert das Bundesamt für Verfassungsschutz. Verfassungsschutzrelevante Delegitimierung untergräbt die demokratische Ordnung, indem es das Vertrauen in das staatliche System insgesamt erschüttert und so dessen Funktionsfähigkeit gefährdet wird, so das Bundesamt für Verfassungsschutz.[247]

5.1 Die Akteure

Die Verfassungsschutzbehörden gehen im Augenblick von 1.600 Personen im Bereich der »Delegitimierer« aus, wovon etwa 250 Personen als gewaltorientiert eingeschätzt werden. Die personelle Zusammensetzung des Delegitimierungsspektrums ist heterogener und regional unterschiedlicher als bei anderen Extremismusbereichen. Das verbindende Element der unterschiedlichen Gruppen und Personen ist die **kategorische Ablehnung der bestehenden staatli-**

chen Ordnung. Anders als andere Extremismusphänomenbereiche finden sich »Delegitimierer« seltener in festen, dauerhaften Strukturen zusammen, sondern agieren oftmals nur in losen Personenzusammenschlüssen oder als Einzelpersonen.[248]

Die Verfassungsschutzbehörden nutzten und nutzen für einen Teil der »Corona-Protestszene« den Begriff »Delegitimierer«. Die am stärksten organisierten Akteure von Teilen der »Corona-Proteste« nannten und nennen sich »**Querdenker**«. Bei der Analyse einer Szene der »Querdenker« muss differenziert werden, weil eine komplexe Mischung aus Populismus, Radikalismus, Verschwörungserzählungen und Extremismus festzustellen ist. Bisher gibt es nur sehr wenige Analysen zu diesem Phänomen. In Bezug auf »Querdenker« gilt es zu unterscheiden in »Querdenker« und deren Organisationsstrukturen, in »Querdenker« mit Bezügen zu rechtsextremistischen Gruppen und/oder Einzelpersonen sowie »Querdenker« mit Bezügen zu »Reichsbürgern« und »Selbstverwaltern« und in Teilnehmer von Corona-Demonstrationen sowie »Corona-Spaziergängen«, die sich – in unterschiedlichen Graden – von diesen Akteuren distanzierten.[249]

Durch das Wegfallen der staatlichen Maßnahmen zur Pandemiebekämpfung im April 2023 entfiel die Coronapandemie nahezu vollständig als Mobilisierungsthema für die »Delegitimierer«. Als Reaktion darauf wurden mögliche neue, mobilisierungsfähige Themen gesucht. Dies waren »Agitation gegen staatliche Klimaschutzmaßnahmen, die Debatte über die wirtschaftlichen und politischen Folgen des russischen Angriffskriegs gegen die Ukraine«, so das Bundesamt für Verfassungsschutz aktuell. Ebenso versuchte ein Teil der »Delegitimierer«, sich als Akteure einer »neuen Friedensbewegung« zu inszenieren. Das Demonstrationsgeschehen verblieb jedoch – bis auf zwei Veranstaltungen in Dresden – meist auf sehr niedrigem Niveau. Die deutschen Verfassungsschutzbehörden konstatierten jedoch im Sommer 2024, dass Delegitimierer im Jahr 2023 »zu keinem

Zeitpunkt eine vergleichbare Resonanz wie beim Demonstrationsgeschehen im Kontext der Coronapandemie« hatten.[250]
Das Landesamt für Verfassungsschutz Baden-Württemberg stellte
als erste deutsche Verfassungsschutzbehörde im Zuge einer Beobachtung der Organisationsstrukturen von »**Querdenken 711**« in der
zweiten Hälfte des Jahres 2020 Anhaltspunkte für eine extremistische Bestrebung fest und erhob »Querdenken 711« und seine regionalen Ableger in Baden-Württemberg daher zum Beobachtungs-
objekt Extremismus.

Es betonte wiederholt, dass sich diese Beobachtung ausschließlich
auf die Organisatoren und deren näheres Umfeld bezog und nicht
auf die große Mehrheit oder gar alle Demonstrationsteilnehmer.
Als Begründung für diese Beobachtung führte das Landesamt für
Verfassungsschutz unter anderem an, dass führende »Querdenken«-Akteure in Baden-Württemberg sich verstärkt mit bekannten
»Reichsbürgern«, »Selbstverwaltern« und Rechtsextremisten vernetzt hatten. Jedoch seien »Querdenker« auch durch eigene verfassungsfeindliche Äußerungen aufgefallen, die selbst eine Zugehörigkeit zu einem extremistischen Milieu – insbesondere mit klaren
Bezügen zu »Reichsbürger«-Narrativen – deutlich machten.[251]

Die Gruppierung »Querdenken 711« mit ihrem regionalen Aktionsraum in Stuttgart und Umgebung nahm von Beginn an eine führende Rolle bei den Demonstrationen gegen die staatlichen Corona-Maßnahmen ein. Auch nach der Gründung zahlreicher weiterer
»Querdenken«-Ableger in ganz Deutschland war sie die wichtigste
Initiative innerhalb der Bewegung. Ohne »Querdenken 711« wäre
eine deutschlandweite Verbreitung des Labels »Querdenken« vermutlich nicht möglich gewesen.[252]

Das Landesamt für Verfassungsschutz Baden-Württemberg erklärte
im Januar 2021, dass sich die Zielrichtung der »Querdenken«-Protes-
te zu »Reichsbürger«-typischen Narrativen – Beobachtungsfall Extremismus der Verfassungsschutzbehörden bundesweit – verschoben

hätte und sich ein zunehmend hohes Maß an Staatsfeindlichkeit erkennen ließe. Dabei sei nach Einschätzung des baden-württembergischen Verfassungsschutzes weniger eine Instrumentalisierung von außen erfolgt. Vielmehr sei es zu einer verstärkten Verbreitung von extremistischen Inhalten aus dem Organisationsteam der »Querdenken«-Bewegung selbst heraus gekommen.[253]

Abschließend stellte das Landesamt für Verfassungsschutz Baden-Württemberg fest, dass »Querdenken« nicht nur Vergleiche zwischen den aktuellen staatlichen Pandemie-Maßnahmen und der Unterdrückung durch das nationalsozialistische Regime zulasse, sondern diese Vergleiche sogar aktiv befördere. So habe einer der »Querdenken«-Organisatoren die Pandemie-Maßnahmen der Bundesregierung mit dem Ermächtigungsgesetz der Nationalsozialistischen von 1933 verglichen. Andere, auf »Querdenken«-Veranstaltungen zumindest geduldete Redner, seien immer wieder durch ähnliche Vergleiche mit der Zeit des Nationalsozialismus aufgefallen: Diese Vergleiche stellen neben der **Diffamierung der Regierung** eine massive Verharmlosung des Nationalsozialismus und des Holocaust dar. Eine Distanzierung durch »Querdenken« von diesem historischen Kontext ist nach Angaben des Landesamtes für Verfassungsschutz nicht erkennbar.[254]

Die deutschen Verfassungsschutzbehörden betonen, dass die Szene der Corona-Proteste gegen die staatlichen Maßnahmen zur Bekämpfung der Pandemie »ideologisch und organisatorisch heterogen« war. Das »verbindende Element der unterschiedlichen Gruppen und Personen war die kategorische Ablehnung der von Bund und Ländern getroffenen Maßnahmen zur Pandemiebekämpfung.«[255] Ebenso könne auch die sogenannte »Querdenken«-Bewegung mit ihren deutschlandweit organisierten lokalen Initiativen »trotz verbindender Symbolik und Namensgebungen nicht als homogene Gruppierung verstanden werden«. Es sei den zentralen Führungspersonen und organisatorisch Verantwortlichen von Querdenken jedoch gelungen, sich von Beginn der Pandemie bis Mitte 2021 als »Schlüsselfiguren des Demonstrationsgeschehens zu profilieren, bevor sich das Protestgeschehen dezentralisierte.«[256]

Das BfV erklärte im April 2021, dass Anmelder und Organisatoren von Corona-Demonstrationen – zu nennen vor allem Protagonisten der »Querdenken«-Bewegung – deutlich zeigten, »dass ihre Agenda über die reine Mobilisierung zu Protesten gegen die staatlichen Corona-Schutzmaßnahmen hinausgeht. Es werden Verbindungen zu »Reichsbürger«- und »Selbstverwalter«-Organisationen sowie Rechtsextremisten in Kauf genommen oder gesucht, das Ignorieren behördlicher Anordnungen propagiert und letztlich das staatliche Gewaltmonopol negiert. Ein solches Vorgehen ist insgesamt geeignet und zielt darauf ab, das Vertrauen in die staatlichen Institutionen und seine Repräsentanten nachhaltig zu erschüttern.«[257]

Gemäß der oben dargelegten Beschreibung des neuen Extremismusbereiches »Verfassungsschutzrelevante Delegitimierung des Staates« durch das Bundesamt für Verfassungsschutz sind folgende Beispiele für Rhetorik, Agitation sowie Handlungen von »Delegitimierern« extremistisch:

- Einzelne Protagonisten der »Querdenken«-Bewegung riefen im Kontext von Corona-Protesten sowie über Soziale Medien mittelbar zum Umsturz der bestehenden politischen Ordnung unseres Landes auf.
- Analogien zu Diktaturen, unter anderem zum Nationalsozialismus, werden immer wieder bewusst hergestellt, um der Bundesregierung, den Landesregierungen sowie der **Exekutive die Legitimität abzusprechen**.
- Nationalsozialistische Verbrechen werden relativiert, indem die staatliche Corona-Impfkampagne mit der Verfolgung der Juden gleichgesetzt wird.[258]
- Die deutsche Volkssouveränität wird agitatorisch verächtlich gemacht und angezweifelt.

- Der Bundesrepublik Deutschland wird gezielt die Eigenschaft abgesprochen, ein Rechtsstaat zu sein (Prinzip der Gesetzesbindung).
- Rhetorisch und körperlich aggressiver Umgang mit Medienvertreterinnen und -vertretern, Polizeibeamtinnen und -beamten und anderen Mitarbeitenden der Verwaltung.
- Das Verbreiten von antisemitischen Verschwörungserzählungen.
- Aufrufe zur Ausübung von Gewalt gegen Andersdenkende.
- Bezüge und persönliche Kontakte zu Organisationen und Akteuren der Bereiche Rechtsextremismus, »Reichsbürger« und »Selbstverwalter.«[259]

5.2 Ideologie, Sprache und Verschwörungserzählungen

Nach Angaben des Bundesamtes für Verfassungsschutz aus dem Jahr 2023 zielen »Delegitimierer« darauf ab, das Vertrauen in das staatliche System zu erschüttern und dessen Funktionsfähigkeit zu beeinträchtigen. Dies versuchen Delegitimierer zu erreichen, indem sie unter anderem »demokratisch gewählte Repräsentantinnen und Repräsentanten des Staates verächtlich machen, staatlichen Institutionen und ihren Vertreterinnen und Vertretern die Legitimität absprechen, zum Ignorieren gerichtlicher Anordnungen und Entscheidungen aufrufen, staatliche oder öffentliche Institutionen (zum Beispiel der Gesundheitsfürsorge) mittels Sachbeschädigungen sabotieren oder zu Widerstandshandlungen gegen die staatliche Ordnung aufrufen«. Solche Verhaltensweisen stehen im Widerspruch zu entscheidenden Verfassungsgrundsätzen wie beispielsweise dem Demokratie- sowie dem Rechtsstaatsprinzip, erläutern die Verfassungsschutzbehörden aktuell.[260]

Das Milieu des Extremismusphänomenbereiches »Verfassungs-schutzrelevante Delegitimierung des Staates« wird von den Sicherheitsbehörden als heterogen und teilweise durch regionale Besonderheiten geprägt, beschrieben. Das verbindende Element der unterschiedlichen Gruppierungen und Einzelpersonen sei die »kategorische Ablehnung der bestehenden staatlichen Ordnung, die als untauglich und undemokratisch angesehen wird«. Manche dieser Gruppierungen und Personen würden die »Bundesrepublik Deutschland mit den diktatorischen Regimen des Nationalsozialismus und der DDR gleichsetzen.«[261]

Zu den Ideologieelementen der »Delegitimierer« gehören in der Analyse der Sicherheitsbehörden auch Verschwörungserzählungen, welche die fundamentale Ablehnung der deutschen Demokratie und ihrer Repräsentanten zeigen. Diese Verschwörungserzählungen seien häufig von **antisemitischen Ressentiments** geprägt, womit auch eine Verbindung zu Rechtsextremisten sowie »Reichsbürgern« und »Selbstverwaltern« hergestellt würde. Anhängerinnen und Anhänger solcher Verschwörungserzählen unterstellen einem zumeist als Elite bezeichneten Personenkreis wahrheitswidrig einen »Geheimplan« zu Lasten der Bevölkerung Deutschlands und anderer westlicher Staaten. Solche Verschwörungserzählungen suggerieren, dieser von einer breiten Öffentlichkeit unbemerkte Plan diene ausschließlich den elitären Eigeninteressen und schädige in hohem Maße die übrige Bevölkerung.[262]

Gemäß der Definition von Douglas, Sutton und Cichocka handelt es sich bei einer Verschwörungstheorie um die Überzeugung,

> » dass es einen geheimen Plan vonseiten einer bösartigen Gruppe gibt oder gab, wichtige Ereignisse mit teilweise geheimen Mitteln zu beeinflussen.[263]

Die ausführlichere Beschreibung von Jessica Wille lautet:

>> Eine Verschwörungstheorie ist der frei gewählte, komplexitätsreduzierte Glaube daran, dass eine geheim operierende Gruppe von mindestens zwei Menschen existiert, die einen böswilligen Plan verfolgt, und damit für ein wichtiges historisches Ereignis oder Geschehen verantwortlich ist, wobei das Ergebnis offiziell anders erklärt bzw. verschleiert wird.«[264]

Die Verwendung des Begriffs »Verschwörungstheorie« ist jedoch umstritten. Durch das Wort »Theorie« erfolge nach Auffassung von Pia Lamberty eine Aufwertung von »teilweise abstrusen Ideen und Ideologien, die sich jeder Nachprüfbarkeit entziehen.[265] Alternativ schlägt Lamberty die Bezeichnungen »Verschwörungsmythen«, »Verschwörungserzählungen« und »Verschwörungsideologien« vor. Laut einer Definition von Lamberty beschreibt der »Verschwörungsmythos« das abstrakte Narrativ, das verschiedene Verschwörungserzählungen miteinander vereint. Die Verschwörungsideologie bzw. die Verschwörungsmentalität bezeichnet wiederum die Einstellung bzw. die Persönlichkeitseigenschaften von Anhängern solcher Verschwörungsmythen und -erzählungen.[266]

Auch das Landesamt für Verfassungsschutz (LfV) Berlin verweist darauf, dass es sich dem reinen Wortsinn nach bei »Verschwörungstheorien« um Annahmen oder Modelle (»Theorien«) handele, die das bewusst verborgene Agieren mehrerer Akteure (»Verschwörung«) zum Inhalt haben.[267] Das Ziel der Verschwörung sei dabei, »Macht zu erlangen« oder »Gesetze zu brechen«. Der Terminus »Verschwörungstheorie« sei also nur in wenigen Fällen richtig, wenn tatsächlich existierende Verschwörungen im Sinne von Geheimabsprachen oder einer bewussten Unterdrückung bestimmter Informationen aufgedeckt würden. Das sei allerdings nur äußerst selten der Fall, sodass der Begriff »Verschwörungserzählungen« passender sei.

Verschwörungserzählungen sollen Emotionen schüren, Vermutungen bestärken und bestimmte Entwicklungen normativ aufladen. Meinungen werden als Fakten dargestellt, Informationen selektiv verwandt und nur zur Bestätigung der eigenen Weltsicht eingesetzt.

Verschwörungserzählungen reduzieren Komplexität und wollen damit »helfen«, das »Weltgeschehen verstehen und erklären zu können«. Sie kreieren und verstärken **Gruppenidentitäten** und dienen dazu, Gegner, Feinde und Schuldige zu bestimmen und diese für politische, ökonomische, soziale, aber auch für ganz persönliche Erlebnisse verantwortlich zu machen.[268] Dadurch werden Freund-Feind-Muster, »wir gegen die Gegner, die Feinde, die Elite, die Verantwortlichen«, erschaffen, die wiederum das Potenzial haben, Gewalt auszulösen.

Butter erklärt, dass Verschwörungsgläubige die Welt in Opfer und Täter einer Verschwörung unterteilen und die Idee vertreten, »dass Geschichte plan- und kontrollierbar sei, und dass Menschen den Verlauf der Geschichte entsprechend ihrer Intentionen lenken könnten.«[269] Ereignisse seien immer das Resultat von absichtsvollem Handeln. Zufall, unbeabsichtigte Konsequenzen und strukturelle Effekte würden von Verschwörungsgläubigen ausgeschlossen. Die Handlungen der Verschwörer müssten aufgedeckt werden, bei ausreichend »tiefer Analyse« ließen sich versteckte Verbindungen zwischen Personen und Institutionen finden.[270]

Anhänger von Verschwörungserzählungen betrachten sich als »Erleuchtete« und der Glaube daran, die wahren Zusammenhänge hinter politischen und sozialen Entwicklungen verstanden und die dafür vermeintlich Verantwortlichen erkannt zu haben, festigt den Zusammenhalt untereinander.[271]

Bei »**QAnon**« handelt es sich um eine Verschwörungserzählung, die in den USA entstanden ist und dort über eine nicht geringe Anhängerschaft verfügt. Der Urheber der »QAnon«-Verschwörungserzählung veröffentlichte erstmalig im Oktober 2017 auf dem Imageboard »4chan« vermeintlich exklusive Informationen, wonach der damalige US-Präsident Donald Trump einen Kampf gegen den »Deep State«, also »verborgene Eliten« in hohen und höchsten Regierungsämtern und gesellschaftlichen Positionen führe.[272] Die Bezeichnung »Q« stammt aus der Anlehnung an die »Q Clearance«, die höchste Freigabestufe für geheime Informationen von US-Behörden, die der anonyme Urheber der Postings angeblich besitzt. »Anon« ist wiederum die Abkürzung für Anonymous.[273]

Der »QAnon«-Verschwörungserzählung zufolge würden Kinder entführt, in unterirdischen Lagern gefoltert und ermordet, um ein Lebenselixier aus ihnen zu gewinnen – das sogenannte »Adrenochrom.«[274] Bei den Veröffentlichungen von »Q« handelt es sich in der Regel um kryptische Meldungen mit nicht allgemein gebräuchlichen Abkürzungen, die breiten Auslegungsspielraum lassen. Diese Verschwörungserzählung findet, so die Bundesregierung 2020 in einer Antwort auf eine Kleine Anfrage im Bundestag, auch im deutschsprachigen Raum Verbreitung, vor allem durch eine Vielzahl an Homepages, Blogs und YouTube-Kanälen, deren Reichweite aber kaum zu quantifizieren sei. Die Adrenochrom-Kinderblut-Verschwörungserzählung übernimmt mit ihrer Kindermordbehauptung Elemente des mittelalterlichen Antisemitismus (»Christenblut« als Heilmittel).[275]

Die Verschwörungserzählungen »**Geheime jüdische Weltverschwörung**«, »Deep State« und »New World Order« schließen eng an den politischen Antisemitismus und somit an alte, wirkmächtige und dauerhafte Narrative an: Die als mächtig imaginierte Minderheit »der Juden« verschwöre sich gegen »die Mehrheit«, um sie zu schädigen und zu beherrschen. Hierfür steht das Bild von »den Juden« als Draht- und Strippenzieher, die unter dieser Maßgabe Wirtschaftskrisen, Revolutionen oder Kriege anzettelten.[276]

Die Vorstellung einer jüdischen Verschwörung, die letztlich auf die Weltherrschaft zielt, ist eines der wirkmächtigsten antisemitischen Stereotype, wofür exemplarisch die Anfang des 20. Jahrhunderts erschienenen und von Russland aus verbreiteten **»Protokolle der Weisen von Zion«** stehen. Dass diese Schrift – ein vermeintlicher jüdischer Geheimplan – schon kurz nach ihrer Veröffentlichung als perfide Fälschung entlarvt wurde, tat ihrer anhaltenden Resonanz keinen Abbruch.[277] Bis heute werden die »Protokolle« weltweit unter Verschwörungsgläubigen geteilt. Das im Stil einer Protokollniederschrift jüdischer Führungspersönlichkeiten abgefasste Machwerk gibt vor, die Beschlüsse einer Geheimkonferenz zu belegen, der zufolge Juden schon seit Jahrhunderten danach strebten, betrügerisch und gewaltsam die Weltherrschaft zu erringen.[278] Das Judentum wird auch in dieser Schrift als »verschwörerische Elite« beschrieben, die unveränderliche Wesensmerkmale – zum Beispiel »Machthunger« und »Geldgier« – aufweise. Es sei jüdischen Menschen quasi naturgesetzmäßig nicht möglich, von ihren »Weltherrschaftsplänen« abzulassen.[279]

Die Erzählung vom »Deep State« – einer »geheimen Elite hinter der Regierung« – ähnelt stark dem QAnon-Narrativ aus den USA. Dieser »Deep State« soll aus Eliten in hohen Regierungs- und Gesellschaftspositionen bestehen. Anhänger dieser Theorie befürchten, dass er die (deutsche) Wirtschaft schwächt, Grenzen unkontrolliert öffnet, private Schusswaffen verbietet und eine »globalistische Agenda« durchsetzt. Sie fürchten, dass er sich zu einem »offenkundigen, sichtbaren« totalitären Staat entwickeln könnte, sobald verborgenen Akteure ihre Pläne umsetzen. Auch in Deutschland fand diese Erzählung Anhänger, besonders durch die Zeitschrift »COMPACT«[280], die 2019 eine Sonderausgabe darüber veröffentlichte. Jürgen Elsässer, der Chefredakteur beschrieb in einem YouTube-Video, worum es geht: »Darunter versteht man ein Geflecht aus Geheimdiensten, Wirtschaftsbossen, Börsengurus, linken Medien.«[281] Die

Vorstellung eines »Deep State« wird außerdem in rechtspopulistischen und rechtsextremistischen Foren propagiert.

Auch die antisemitisch geprägte Verschwörungserzählung »**New World Order**« – »Neue Weltordnung« (NWO), welche die Vorstellung propagiert, globale Eliten wollten eine autoritäre, supranationale Weltregierung schaffen, findet in Deutschland Verbreitung. Von den Vorwürfen der angeblichen Brunnenvergiftung durch Juden in der Pestepidemie im Mittelalter über die erfundenen »Protokolle der Weisen von Zion« bis hin zu den kruden Konstrukten der »QAnon«- und NWO-Verschwörungserzählung zieht sich Antisemitismus wie ein roter Faden durch Verschwörungserzählungen. Die Behauptung einer angeblichen Existenz von »Strippenziehern«, »jüdischen Finanziers«, »Ostküsten-Juden-Elite« (»Hochfinanz«), »New World Order«, »Zionist Occupied Government« (»ZOG«), »Machenschaften«, »einer jüdischen Clique«, »Nutznießern« ist ein strukturelles Merkmal von Verschwörungserzählungen.[282]

Lange Zeit war die Coronapandemie das bestimmende Thema im Phänomenbereich der »Verfassungsschutzrelevanten Delegitimierung des Staates«. Durch die weitgehende Rücknahme der staatlichen Maßnahmen zur Pandemiebekämpfung und das parlamentarische Scheitern der allgemeinen Impfpflicht im April 2022 verlor die Corona-Thematik deutlich an Mobilisierungskraft. Als Reaktion auf diese Entwicklung setzte daraufhin innerhalb der Szene der »Delegitimierer« ein Diskurs über mögliche neue, mobilisierungsfähige Themen ein. Dabei wurden unter anderem die **Agitation gegen staatliche Klimaschutzmaßnahmen** oder die Debatte über die wirtschaftlichen und politischen Folgen des russischen Angriffskriegs gegen die Ukraine als mögliche neue Schwerpunktthemen diskutiert.[283]

5.3 (Potenzielle) Gewaltorientierung

In Bezug auf das Gewaltpotenzial verschwörungsgläubiger »Delegitimierer« ist festzustellen, dass Verschwörungserzählungen Gewalt »legitimieren« können, weil die »Feinde« dann all diejenigen sind, denen Macht zugeschrieben wird. Das sind beispielsweise Wissenschaftlerinnen und Wissenschaftler, Politikerinnen und Politiker sowie Jüdinnen und Juden.[284] Verschiedene Thesen, Narrative und Ideologieelemente von Rechtsextremisten, »Reichsbürgern« und »Selbstverwaltern« sowie »Delegitimierern« können Menschen (potenziell) in ein geschlossenes verschwörungsideologisches Weltbild verstricken, in dem aus Staatsverdrossenheit Staatshass werden kann. Dieses Weltbild kann die Grundlage für **Radikalisierungsprozesse bis hin zur Gewaltanwendung** sein. Beispiele hierfür zeigten sich bereits zu Beginn der Corona-Maßnahmen im Frühjahr 2020: Angehörige der »Delegitimierer«-Szene behinderten gezielt Gerichte, Polizei und andere Behörden in ihrer Arbeit und bedrohten deren Mitarbeiter.

Nach dem Stufenmodell von Moghadam führen die meisten Radikalisierungsprozesse nicht zu extremistischer bzw. gar terroristischer Gewalt, der überwiegende Anteil der Radikalisierten bleibe auf Stufen unterhalb von Gewalt und Terrorismus stehen.[285] Dennoch war die Gefahr sichtbar vorhanden, wie z. B. die rechtsterroristischen Morde von Halle an der Saale sowie Hanau und verübte Morde und Mordversuche von »Reichsbürgern« und »Selbstverwaltern« an Polizeibeamtinnen und -beamten sowie zahlreiche Fälle von Gewalt von »Delegitimierern« gegen Polizeibeamtinnen und Polizeibeamte sowie Journalistinnen und Journalisten zeigten.

Seit Beginn der Corona-Pandemie sahen sich Politikerinnen und Politiker zunehmend Einschüchterungsversuchen und Bedrohungen, auch von »Delegitimierern«, ausgesetzt. So hatten Angehörige des »Delegitimierungs«-Spektrums zum Beispiel mehrfach versucht, Politiker in deren privatem Umfeld konfrontativ aufzusuchen. Solche »Hausbesuche« wurden seit Herbst 2021 zeitweilig zu einer gängigen Praxis in der Szene, erklären die deutschen Sicherheitsbehörden. Einschüchternde Demonstrationen fanden in direkter Nähe der Wohnsitze von Kommunal-, Landes- und Bundespolitikern statt oder wurden kurz vorher gestoppt. Statt der Wahrnehmung des Demonstrationsrechts ging es den Teilnehmenden solcher »Hausbesuche« vornehmlich darum, gegenüber Politikerinnen und Politikern eine teils martialische – etwa durch das Verwenden von Fackeln und Trommeln sowie dem Skandieren aggressiver Parolen – Drohkulisse aufzubauen, stellen die Verfassungsschutzbehörden fest. Außerdem äußerten sich Personen im Internet zustimmend zu Gewalt- und gar Tötungsszenarien mit Blick auf Politikerinnen und Politiker oder prominente Vertreterinnen und Vertreter aus Wissenschaft und Wirtschaft. Vor allem in den sozialen Medien und in Messengerdiensten waren Mord- und Gewaltfantasien gegen Entscheidungsträger an der Tagesordnung. Teilweise wurden in einigen Gruppen bereits Schritte zur Realisierung solcher Pläne oder gar eines »Systemsturzes« diskutiert. Dabei war ab circa 2021– vor allem in den Sozialen Medien – ein stetes Absinken der **verbalen Hemmschwelle** festzustellen, beobachteten die Verfassungsschutzbehörden.[286]

Ende November 2021 führte der Präsident des Landesamtes für Verfassungsschutz Sachsen, Dirk-Martin Christian, aus, dass die Proteste gegen Corona-Maßnahmen in Sachsen »immer radikalere Züge« angenommen hätten: »Die Idee eines gewaltsamen Widerstands gegen demokratische Regeln gehört inzwischen zu den typischen Standardforderungen der Bewegung der Corona-Leugner«. Weiter erklärte er: »Die regelmäßig wiederkehrende Behauptung der Corona-Leugner, wir lebten in einer de-facto-Diktatur und einem Notstandsregime, das beseitigt werden müsse und gegen das öffentlicher Widerstand legitim sei, muss als Beleg für eine fortschreitende Radikalisierung dieser Bewegung verstanden werden.«[287] Mitte Dezember 2021 warnten verschiedene Politiker vor einer Eskalation der Corona-Proteste. Bundesinnenministerin Nancy Faeser sah eine Ursache wachsender Aggressivität von Teilnehmern an Corona-Protesten in der Unterwanderung der Demonstrationen durch »Reichsbürger« und rechtsextremistische Gruppen. Teilnehmer von Corona-Protestmärschen rief sie auf, »sich klar von Rechtsextremisten zu distanzieren.«[288]

Seit Mitte November 2021 gab es in der gewaltbereiten »Delegitimierer«-Szene, aber auch von »Reichsbürgern« und »Selbstverwaltern« sowie von Rechtsextremisten auf Telegram nahezu täglich **Tötungsaufrufe** gegen Politikerinnen und Politiker, Wissenschaftlerinnen und Wissenschaftler, Ärztinnen und Ärzte, Behördenmitarbeiterinnen und Behördenmitarbeiter sowie Journalistinnen und Journalisten. Für eine Recherche für tagesschau.de wurden 230 Kanäle bzw. Chats auf Telegram aus rechtsextremistischen und »Delegitimierer«-Kreisen nach folgenden Begriffen durchsucht: »Galgen, erschießen, aufhängen, hängen, aufgehängt, aufhängt, Laterne, Laternenmast, Guillotine, abknallen, hinrichten, abfackeln, abbrennen, brennen, standrechtlich, Fensterkreuz, ›Nürnberger Hinterhöfe‹, Standgericht, hingerichtet, Tribunal, Kugel, Strick.«[289] In 33 Kanälen bzw. Chats gab es Treffer. In den untersuchten Chaträumen wurden mehr als 250 Tötungsaufrufe gefunden, was jedoch lediglich die Spitze des Eisberges darstellt, weil sich Telegram – anders als Twitter (jetzt: X) – nicht komplett durchsuchen lässt, sondern nur die Kanäle und Chats, in denen man selbst Mitglied ist. Die meisten Chatgruppen sind geheim und können nur mit einem Einladungslink betreten werden.[290] Politiker wie Sachsens Ministerpräsident Michael Kretschmer, die Ministerpräsidentin von Mecklenburg-Vorpommern, Manuela Schwesig, Bundesjustizminister Marco Buschmann, Bayerns Ministerpräsident Markus Söder, der CDU-Vorsitzende Friedrich Merz, Bundeskanzler Olaf Scholz, der ehemalige Gesundheitsminister Jens Spahn und der amtierende Gesundheitsminister Karl Lauterbach wurden in jenen Chats wiederholt als Ziele von Tötungsaufrufen genannt. Ein Tötungsaufruf gegen Polizisten lautete: »Diese widerwärtigen Söldner des Faschismus. Jeder Polizist, der sich weiterhin an diesem Treiben beteiligt gehört, wenn mit diesem System Schluss ist, vor Gericht, in Festungshaft und an den Galgen. Tut mir leid für die deutlichen Worte, aber diese Schweine sind für mich nicht mehr länger Teil unserer Menschenfamilie. Es sind seelenlose, programmierte Menschenmaschinen.«[291]

Der Präsident des Bundesamtes für Verfassungsschutz, Thomas Haldenwang, beobachtete Anfang des Jahres 2022 eine »Rechtsextremisierung« der Corona-Proteste: »Sorge bereitet uns neben dem Anstieg der Gesamtzahlen aber auch die Radikalität einiger Teilnehmer. Diese kommt nicht nur durch Gewalt gegen Polizei und Medien, sondern auch durch **Hassparolen** zum Ausdruck. Auffällig ist, dass die Polizei zunehmend als Feindbild in den Fokus rückt. Einsatzkräfte werden nicht nur bei den Protesten, sondern auch im virtuellen Raum angefeindet und beispielsweise als ›Söldner‹ und ›Mörder des Systems‹ diffamiert.[292] Das Narrativ der potenziell gewaltorientierten »Delegitimierer« war »die Corona-Diktatur«. Dazu kommt »die Impf-Lobby« bzw. »die Pharma-Branche«. Daher sind Radikalisierungsprozesse von »Querdenkern« zu Gewaltanwendung bis hin zu Anschlagsplänen gegen prominente bzw. herausragende Mitglieder dieser als Gegner und »Feinde« wahrgenommenen Gruppen (»die Politiker der Corona-Diktatur«, »die Impf-Lobby«) aktuell und mittelfristig möglich. Aber auch über wahllose Anfeindungen und Gewalt gegen impfende Ärztinnen und Ärzte und Krankenhausmitarbeitende wurde bereits berichtet.[293]

In den sozialen Netzwerken werden Politikerinnen und Politiker und Mitarbeitende von Impfzentren und Krankenhäusern systematisch als Teil der »Impf-Lobby«, als »Gegner«, als »Feind« konstruiert und dargestellt. Diese antagonistische Freund-Feind-Metaphorik, durch enthemmte Sprache in den sozialen Netzwerken inszeniert, kann nach dem Prinzip von stochastischer Gewalt »Delegitimierer«

radikalisieren, bis sie im *worst case* zu terroristischen Einzeltätern werden.

Mitte Dezember 2021 führten Ermittler des Landeskriminalamtes Sachsen und ein SEK Razzien bei sechs Verdächtigen, fünf Männern und einer Frau, durch und beschlagnahmten Waffen. In einer **Telegram-Chatgruppe** sollen diese sechs Verdächtigen Mordpläne gegen den sächsischen Ministerpräsidenten Michael Kretschmer und andere Mitglieder der sächsischen Landesregierung besprochen haben. Diese Telegram-Chatgruppe wurde einem heterogenen Milieu von »Impfgegnern«, »Querdenkern« und »bekannten Neonazis« zugeordnet.[294]

»Delegitimierer« verbreiten nach Angaben der deutschen Verfassungsschutzbehörden in Sozialen Medien »ungefiltert stark menschenverachtende oder gewaltorientierte Äußerungen.« Diese Aussagen einzelner Mitglieder bleiben hier ebenfalls häufig unwidersprochen oder werden sogar aktiv unterstützt. Zudem wird dort für »Aktionen« mobilisiert. Die Gefahr einer Radikalisierung von Einzelpersonen oder Gruppen bleibt somit bestehen. Ein aktuelles Beispiel hierfür ist die Vereinigung »Vereinte Patrioten«. Dieser anfangs lose Personenzusammenschluss tauschte sich über die Internetplattform Telegram zu möglichen Anschlagsabsichten aus. Die Gruppierung plante, »bürgerkriegsähnliche Zustände durch Anschläge auf Kritische Infrastruktur in Deutschland herbeizuführen«. Dabei war auch die Entführung des Bundesministers für Gesundheit, Karl Lauterbach, unter Inkaufnahme der Tötung seiner Personenschützer geplant. Gegen die fünf Hauptbeschuldigten erhob der Generalbundesanwalt im Januar 2023 Anklage unter anderem wegen der Gründung beziehungsweise mitgliedschaftlichen Betätigung in einer terroristischen Vereinigung. Der Prozess begann im Mai 2023 vor dem Oberlandesgericht Koblenz und dauert an.[295]

5.4   Fazit

Die »Verfassungsschutzrelevante Delegitimierung des Staates« ist der jüngste und kleinste Extremismusbereich in Deutschland. Ab Mitte 2020 warnten die deutschen Verfassungsschutzbehörden davor, dass im Zuge der »Corona-Proteste« in Deutschland eine neue Form von Extremismus entstehen könnte: Extremisten, die von den Verfassungsschutzbehörden nicht in die bisherigen Extremismusbereiche Rechtsextremismus, »Reichsbürger« und »Selbstverwalter« oder Linksextremismus eingeordnet werden konnten. Daher benannte das Bundesamt für Verfassungsschutz Ende April 2021 diesen neuen Extremismusphänomenbereich mit der Bezeichnung »Verfassungsschutzrelevante Delegitimierung des Staates«.

»Delegitimierer« zielen nach Angaben der Verfassungsschutzbehörden darauf ab, wesentliche Verfassungsgrundsätze außer Kraft zu setzen oder die Funktionsfähigkeit des Staates oder seiner Einrichtungen zu beeinträchtigen. Dazu machen sie demokratische Entscheidungsprozesse und Institutionen verächtlich oder rufen dazu auf, behördliche oder gerichtliche Anordnungen und Entscheidungen zu ignorieren, erläutert das Bundesamt für Verfassungsschutz aktuell.[296]

6
Gefahren durch Linksextremisten

>> Wir sehen aktuell, dass die Gewalt sich hemmungslos gegen die Staatsmacht, aber auch gegen politische Gegner richtet. Wir müssen im Blick behalten, ob diese Radikalisierung sich zu terroristischen Strukturen hin entwickelt«, Thomas Haldenwang, Präsident des Bundesamtes für Verfassungsschutz im Jahr 2024.[297]

Die Sicherheitsbehörden gehen aktuell von 37.000 Linksextremisten in Deutschland aus. Davon werden 11.200 als gewaltorientiert eingestuft.

Wer sind diese Linksextremisten, welches sind ihre politischen Ziele und wie gehen sie vor?

Die deutschen Sicherheitsbehörden stellen seit Jahren fest, dass Linksextremisten »die bestehende Staats- und Gesellschaftsordnung und damit die freiheitliche demokratische Grundordnung beseitigen« wollen. Um dieses Ziel zu erreichen, versuchen Linksextremisten, Einfluss auf Gesellschaft und Politik zu nehmen. Außerdem begehen sie nahezu täglich und bundesweit eine Vielzahl teils schwerer Straf- und Gewalttaten.[298]

Die linksextremistischen Ideologieelemente richten sich vor allem gegen die durch die Verfassung garantierten Grundrechte, die parlamentarische Demokratie, die Gewaltenteilung, die Volkssouveränität, das Rechtsstaatsprinzip und den Pluralismus.

Gewaltbereite Linksextremisten betrachten Gewalt, bezeichnet als »**revolutionäre Gewalt**« der »Unterdrückten gegen die Herrschenden«, als »legitimes« Mittel und setzen dieses nahezu jeden Tag ein.

Linksextremisten greifen politische Themen, die eine größere Bevölkerungszahl ansprechen, gezielt auf und wollen Einfluss auf gesellschaftliche Debatten nehmen. Dabei versuchen sie, linksextremistische Ideen mit für eine größere Bevölkerungszahl ansprechenden Themen zu verbinden. Linksextremisten wollen unseren Staat und seine Institutionen – häufig die Polizei und auch andere Behörden –, delegitimieren. Indem das staatliche Handeln als »faschistisch«, »rassistisch«, »repressiv« oder als »Polizeigewalt« diffamiert wird, soll das Vertrauen in staatliche Institutionen gezielt untergraben werden.[299]

Nach Angaben des Bundeskriminalamtes wurden von Linksextremisten im Jahr 2023 – dem Berichtsjahr der aktuellsten Zahlen dazu – 916 politisch motivierte Gewalttaten verübt, was gegenüber den 842 Gewalttaten des Vorjahres einen Zuwachs um knapp 9 Prozent darstellt. Insgesamt verübten Linksextremisten im Jahr 2023 7.777 Straftaten, was gegenüber den 6.696 Straftaten im Jahr 2022 einen Anstieg um circa 11 Prozent ausmacht.[300] Politisch motivierte Sachbeschädigungen begingen Linksextremisten im Jahr 2023 3.981, was gegenüber den 3.545 des Vorjahres einen Anstieg um 12 Prozent ausmacht. Von allen im Jahr 2023 von Extremisten verübten Straftaten im Bereich Nötigung/Bedrohungen verübten die Linksextremisten mit 749 mehr als alle anderen Extremismusbereiche. Im Vorjahr waren es noch 499.

Nach aktuellen Angaben des Bundesamtes für Verfassungsschutz aus dem Juni 2024 wurden im Jahr 2023 4.248 (im Jahr 2022 waren es noch 3.847) Straftaten mit linksextremistischem Hintergrund erfasst, darunter 727 (2022 noch 602) Gewalttaten. Die Zahl der linksextremistisch motivierten Straftaten stieg damit um 10 Prozent, die

Zahl der Gewalttaten um circa 21 Prozent. Unter den 727 Gewalt-taten waren 317 Körperverletzungen und drei versuchte Tötungs-delikte.[301]

6.1 Die Akteure

Der Extremismusbereich des Linksextremismus in Deutschland mit etwa 37.000 Linksextremisten, davon 11.200, fast ein Drittel, von den Sicherheitsbehörden als gewaltorientiert eingestuft, ist sehr heterogen. Diese Heterogenität zeigt sich in Bezug auf die Ideo-logieelemente, den Organisationsgrad, die bevorzugten Aktions-formen und das Gewaltpotenzial. Die linksextremistische Szene ist in »gewaltorientiert« und »nicht gewaltorientiert« unterteilt. Etwa jeder dritte Linksextremist ist nach Angaben der deutschen Verfas-sungsschutzbehörden als gewaltorientiert einzustufen. Zu den ge-waltorientierten Linksextremisten gehören vor allem Autonome, Anarchisten sowie ein Teil des dogmatischen Spektrums.

»Die Ohnmacht gegenüber Staat und Wirtschaft kann nur durch eigenes Handeln überwunden werden. Und ein Stein trifft die herr-schende Ordnung besser als jeder Wahlzettel.« Internetplattform »de.indymedia«, 26.5.2019.

Autonome bilden in Deutschland mit circa 8.300 Personen die mit Abstand größte Gruppe im gewaltorientierten Linksextremismus. Autonome Szenen existieren nach Angaben der deutschen Verfas-sungsschutzbehörden vor allem in Groß- und/oder Universitätsstäd-ten. Meist verfügt die linksextremistische Szene vor Ort über einen zentralen Anlaufpunkt, um den sich ein Geflecht von Kleingruppen, Einzelpersonen und lokalen Ablegern überregionaler oder bun-desweiter Organisationen und Strukturen formiert. Die größten linksextremistischen Szenen sind in Deutschland in den deutschen

Großstädten Berlin, Hamburg und Leipzig festzustellen. Bei den Universitätsstädten sind dies vor allem Göttingen und Marburg, teilweise auch Tübingen und Freiburg.

Autonome Linksextremisten zielen auf eine maximale »Selbstbestimmung« und wenden sich damit gegen jede Form von Herrschaft: Sowohl im Privatleben als auch in der Schule, der Ausbildung, der Universität oder am Arbeitsplatz (»Keine Macht für niemand«). Weil Autonome nach ihren eigenen Gesetzen und Regeln selbstbestimmt leben wollen, agieren und agitieren sie nach Angaben der deutschen Verfassungsschutzbehörden zugleich gegen den angeblich kapitalistischen Staat, der aus ihrer Sicht »unsozial, repressiv, rassistisch und kriegstreiberisch« auftrete und somit gleichsam als »faschistisch« einzuschätzen sei.

Das Weltbild der Autonomen ist geprägt von »Anti«-Einstellungen (z. B. »antifaschistisch«, »antikapitalistisch«) sowie diffusen anarchistischen oder kommunistischen Ideologiefragmenten (oft wird von »Klassenkampf« oder »Revolution« gesprochen).

Anarchisten streben eine staats- und herrschaftsfreie Gesellschaftsordnung an und lehnen die Herrschaft von Menschen über andere Menschen ab. Das beinhaltet jede Form staatlicher Hoheitsgewalt, auch die innerhalb freiheitlicher Demokratien. Im Unterschied zu Autonomen streben Anarchisten nicht nur die Schaffung von »Freiräumen« innerhalb einer gegebenen Staatsform an. Stattdessen sollen Nationalstaaten ebenso »überwunden« werden wie die darin etablierten Herrschaftsformen, auch die freiheitliche Demokratie.

Dogmatische Linksextremisten beziehen sich in ihren Ideologieelementen im Wesentlichen auf die Thesen kommunistischer Vordenker wie Karl Marx, Friedrich Engels oder Wladimir Iljitsch Lenin. Ihr verbindendes Element ist dabei die Idee einer sozialistischen Gesellschaftsordnung, aus der eine »klassenlose« kommunistische Gesellschaft errichtet werden soll. Dabei schließen gewaltorientierte dogmatische Linksextremisten den Einsatz von Gewalt explizit nicht aus, erklärt das Bundesamt für Verfassungsschutz.

Die »**Interventionistische Linke**« ist eine deutschlandweit agierende linksextremistische Organisation aus dem postautonomen Spektrum und hat mindestens 1.000 Mitglieder in über 28 Ortsgruppen. Sie wurde 1999 als Netzwerk mit dem Ziel einer verbindlichen »Organisierung« autonomer Gruppierungen und Aktivisten gegründet. Die »Interventionistische Linke« (»IL«) ist auch ins Ausland vernetzt, beispielsweise nach Frankreich, Italien und Österreich. Um mehr Sympathisanten und Mitglieder werben zu können, verbreitet die »Interventionistische Linke« sowohl kommunistische als auch anarchistische Ideologieelemente. Die »IL« beschreibt ihr Vorgehen als »außerparlamentarisch· und grundsätzlich antagonistisch zum Staat«. Sie will nicht nur auf den »revolutionären Bruch« warten, sondern sich in »aktuelle Kämpfe« beispielsweise in Unternehmen, Jobcentern oder Stadtteilen einbringen. Damit solle eine »Gegenmacht von unten« aufgebaut werden, um die politischen »Kräfteverhältnisse« zu verschieben. Solche Veränderungen seien mittels »strategischer Bündnisse« bestehend aus »revolutionären und moderaten Linken« zu erreichen. Auch das »bürgerliche Lager« solle angesprochen werden.[302]

Zu den gewaltorientierten dogmatischen Linksextremisten zählen auch die **Antiimperialisten**. Ihrer Anschauung nach zielen die »kapitalistischen« Staaten darauf ab, durch »imperialistische« Politik neue Märkte auch gewaltsam zu erschließen, um Profite zu maximieren. Um dem zu begegnen, stelle Gewalt eine notwendige Komponente für den Kampf gegen den »Kapitalismus« beziehungsweise den »Imperialismus« dar.

Zum Spektrum der nicht gewaltorientierten dogmatischen Linkextremisten zählen die Verfassungsschutzbehörden die **linksextre-**

mistischen Parteien, die extremistischen Strukturen der Partei Die Linke und weitere Organisationen. Ihr Ziel ist die Abschaffung des demokratischen Verfassungsstaates, die Errichtung des Sozialismus und – von diesem ausgehend – eine »klassenlose«, kommunistische Gesellschaftsordnung, führt das Bundesamt für Verfassungsschutz aus. Zunehmend wird auch die aktionsorientierte Zusammenarbeit mit gewaltorientierten Linksextremisten befürwortet. Zudem sind die dogmatischen linksextremistischen Organisationen aufgrund ihrer Mitgliederstärke, ihrer Jugendarbeit und teils aufgrund ihrer Finanzstärke ein nicht zu vernachlässigender Faktor im deutschen Linksextremismus.[303]

Die bereits im Jahr 1975 gegründete linksextremistische »**Rote Hilfe**« ist mit über 13.700 Mitgliedern eine der personenstärksten und langlebigsten Organisationen des deutschen Linksextremismus und im Vergleich auch im Extremismus in Deutschland allgemein. Ihre wesentliche Aufgabe besteht darin, Linksextremisten zu unterstützen, die als Beschuldigte in polizeilichen Ermittlungsverfahren involviert, oder wegen Straftaten angeklagt sind beziehungsweise verurteilt wurden. Die »Rote Hilfe« ist mit über 50 Ortsgruppen im ganzen Land aktiv, ihre Schwerpunkte liegen in Berlin, Hamburg und Leipzig. Der Sitz ihrer Bundesgeschäftsstelle befindet sich in der Universitätsstadt Göttingen, die für eine starke universitäre linksextremistische Szene bekannt ist.

Die »Rote Hilfe« unterstützt Linksextremisten, die sich Strafverfahren stellen müssen oder bereits verurteilt wurden, sowohl in Bezug auf anfallende Anwalts- und Prozesskosten als auch bei zu zahlenden Geldstrafen finanziell. Daneben schult diese Organisation Demonstrationsteilnehmende im Umgang mit der Polizei, vor allem im Vorfeld von potenziell gewaltsamen Demonstrationen. Hierfür verteilt die »Rote Hilfe« unter anderem Flugblätter oder Broschüren mit entsprechenden Verhaltenstipps für (Straf-)Täter.

Die von Linksextremisten unterschiedlicher Ausrichtung getragene »Rote Hilfe« definiert sich als »linke Schutz- und Solidaritätsorganisation«, die vermeintlich politisch Verfolgte aus dem gesamten »linken« und linksextremistischen Spektrum politisch und materiell unterstützt. Sofern die in der Satzung genannten Zwecke der »Roten Hilfe« erfüllt sind, erhalten von juristischen Verfahren Betroffene und rechtskräftig verurteilte Linksextremistinnen und Linksextremisten auf Antrag eine den vereinseigenen Regelungen entsprechende Kostenerstattung. Als Voraussetzung dafür muss jegliche Kooperation mit Justiz- oder Sicherheitsbehörden unterbleiben. Die »Rote Hilfe« selbst betont, die Unterstützung für die Einzelnen sei ein »Beitrag zur Stärkung der Bewegung«. Der durch exemplarische Strafverfolgung bezweckten Abschreckung stelle die »Rote Hilfe« explizit »das Prinzip der Solidarität« entgegen und ermutige damit zum Weiterkämpfen. Sowohl durch ihr Wirken als »Gefangenhilfsorganisation« als auch durch die gezielte Meinungsbildung und -beeinflussung in der Öffentlichkeit – durch Publikationen, Veranstaltungen, Kampagnen – diskreditiert die Organisation den demokratischen Rechtsstaat als »Willkürregime«, behindert staatliches Handeln und versucht letztlich szenestabilisierend und -stärkend zu wirken, erklären die deutschen Verfassungsschutzbehörden aktuell.[304]

Die **Internetplattform »de.indymedia.org«** ist die Nachfolgerin von linksunten.indymedia.org, die am 25.8.2017 vom damaligen Bundesinnenminister Thomas de Maizière verboten wurde. Dieser sprach in der Verbotserklärung von der »Hetze im Internet«, die linksunten. indymedia.org verbreite und wie von dort aus nicht nur im Vorfeld des G20-Gipfels in Hamburg für gewaltsame Aktionen und Angriffe auf Infrastruktureinrichtungen mobilisiert worden war. Zudem zitierte er die Aufrufe auf linksunten.indymedia.org zu Gewalt gegen Polizeibeamtinnen und -beamte und deren Bezeichnung als »Schweine« und »Mörder«, die Gewalthandlungen gegen Polizisten legitimieren sollten, was mit der freiheitlichen demokratischen

Grundordnung nicht vereinbar sei. Daher gilt der Weiterbetrieb der Website linksunten.indymedia.org seit dem 25.8.2017 als eine Straftat.

Linksunten.indymedia.org war bis zu ihrem Verbot die einflussreichste Internetplattform gewaltbereiter Linksextremisten in Deutschland. Diese diente jahrelang als zentrales Medium zur Verbreitung von Beiträgen mit strafbaren und verfassungsfeindlichen Inhalten. So wurde auf linksunten.indymedia.org öffentlich zur Begehung von Gewaltstraftaten gegen Vertreterinnen und Vertreter des Staates im Allgemeinen und Polizeibeamtinnen und -beamten im Besonderen sowie gegen politisch Andersdenkende und auch zu Sabotageaktionen gegen staatliche und private Infrastruktureinrichtungen aufgerufen. Quasi täglich propagierten Linksextremisten auf jenem Webportal unter dem Schutz der Anonymität Tatbekennungen (Selbstbezichtigungen) zu deutschlandweit verübten Straftaten wie Körperverletzungen, Brandstiftungen und Angriffen auf Infrastruktureinrichtungen. Durch die erhebliche Reichweite der Internetplattform sollte ein möglichst großer Nachahmungseffekt erzielt werden. Weiter fanden sich dort nach Angaben des damaligen Bundesinnenministers de Maizière auch Anleitungen zum Bau von »**Molotov-Cocktails**« und zeitverzögerten Brandsätzen.

Die strategische und inhaltliche Nachfolgerin von linksunten.indymedia.org, de.indymedia.org, wurde im Juli 2020 vom Bundesamt für Verfassungsschutz als Verdachtsfall im Bereich Linksextremismus eingestuft, wie der BfV-Präsident Thomas Haldenwang mitteilte. Für die Einstufung von de.indymedia.org durch die Verfassungsschutzbehörden gäbe es »hinreichend gewichtige tatsächliche Anhaltspunkte« für verfassungsfeindliche Bestrebungen. Daraus folgt, dass die deutschen Verfassungsschutzbehörden seit Juli 2020 personenbezogene Daten in Bezug auf die Betreiber dieser Internetplattform auswerten und speichern können sowie unter strengen Voraussetzungen auch nachrichtendienstliche Mittel einsetzen dürfen.[305]

De.indymedia.org stärkt die überregionale und internationale Verbreitung von linksextremistischen Inhalten, darunter Selbstbezichtigungen nach Gewalttaten und Straftaten sowie eine Vernetzung in der linksextremistischen Szene.

Obwohl de.indymedia.org bereits im Juli 2020 vom Bundesamt für Verfassungsschutz als Verdachtsfall Linksextremismus eingestuft worden ist und auf dieser Website seither zahlreiche Bekennerschreiben zu linksextremistischen Gewalttaten und auch oft der Gewaltaufruf «All Cops are Targets»[306] (»alle Polizeibeamte sind anzugreifende Ziele«) veröffentlicht wurde, hat das Bundesinnenministerium diese Plattform immer noch nicht verboten.

6.2 Ideologie, Sprache und Feindbilder

Die ideologisch-politischen Ziele der Linksextremisten sind im Wesentlichen zweigeteilt. Eine Ideologiefamilie des Linksextremismus ist der **Kommunismus**, die andere der Anarchismus. Kommunisten berufen sich vor allem auf Karl Marx und Friedrich Engels, teilweise auch auf Wladimir Iljitsch Lenin, Josef Stalin, Leo Trotzki und Mao Zedong. Das ideologische Fundament der Kommunisten ist die These von Karl Marx, dass im aktuell existierenden »Kapitalismus« ein sozio-ökonomischer Widerspruch (»Klassenkampf«) zwischen der lohnabhängigen Klasse (»Proletariat«) und der im Besitz der Produktionsmittel befindlichen, herrschenden Klasse (»Bourgeoisie«) bestehe. Dieser »Klassenkampf« gipfele schließlich in der Revolution des »Proletariats«, dem Ende der Klassenherrschaft und aller Klassenunterschiede. Im Hinblick auf die verfassungsrechtlich geschützten Positionen der Volkssouveränität, des Rechts auf Bildung einer Opposition und der Wahrung der im Grundgesetz konkretisierten Menschenrechte widerspricht diese Ideologie nach Angabe der Verfassungsschutzbehörden klar unserer freiheitlich demokratischen Grundordnung

Die andere Ideologiefamilie der Linksextremisten ist der **Anarchismus**. Anders als Kommunisten, die den Wert der Gleichheit verabsolutieren, stellen Anarchisten die Freiheit, im Sinne einer Abwesenheit eines Staates, in den Mittelpunkt. In der Analyse der Verfassungsschutzbehörden sind anarchistische Linksextremisten konsequent staatsfeindlich und wollen unsere parlamentarische Demokratie durch eine dezentral organisierte Gesellschaft ersetzen, die auf freiwilligen Zusammenschlüssen in Nachbarschaften, Kollektiven und Syndikaten basiere.

Ideologisch einig sind sich die Linksextremisten bei der Notwendigkeit der Bekämpfung des »Kapitalismus«. Darunter verstehen sie die untrennbare Einheit von marktwirtschaftlicher Eigentumsordnung und demokratischem Rechtsstaat. Der »Kapitalismus« sei die »Wurzel allen Übels«, weil er der »Manifestierung von Ausbeutungs- und Unterdrückungsverhältnissen« diene. Im »Kapitalismus« würden sich, so die linksextremistische Auffassung, wenige Privilegierte auf Kosten der »Arbeiterklasse« bereichern. Die daher unausweichliche »Überwindung« des »Kapitalismus« könne jedoch nicht durch politische Reformen, sondern nur durch einen Umsturz der bisherigen Staats- und Gesellschaftsordnung erfolgen.[307]

» ›Free Palestine‹ kann zur größten internationalen antiimperialistischen Massenbewegung seit der Zeit der Vietnam-Solidarität werden. Die Protestbewegung reißt die Fassade der angeblichen ›Wertegemeinschaft‹ aus USA, EU und NATO ein. Ihr imperialistischer Charakter wird großen Massen vor Augen geführt«. Beitrag auf der Website »unsere-zeit.de« vom 10.11.2023, zitiert nach: Bundesamt für Verfassungsschutz.[308]

Für **dogmatische Linksextremisten** ist die »Palästinasolidarität« ein entscheidendes Betätigungsfeld. Die »Palästinasolidarität« unterscheidet verschiedene Facetten bis hin zu Israelfeindschaft und Antizionismus, so das Bundesamt für Verfassungsschutz. Zielgerichtet versuchen dogmatische Linksextremisten, in Debatten und Demonstrationen mit Bezug zur Situation im Nahen Osten eine Definitionshoheit zu erlangen, die (noch) nicht extremistischen Teilnehmenden von Veranstaltungen zu radikalisieren und in einer Frontstellung gegenüber dem demokratischen Verfassungsstaat hierzulande zu vereinen sowie neue Mitglieder zu rekrutieren. Dabei werden immer wieder an sich demokratische und humanitäre Anliegen missbraucht, Kundgebungen diskreditiert, Meinungspluralität ignoriert und gewalttätige Auseinandersetzungen und gesellschaftliche Spaltung provoziert, nur um das Dogma der eigenen Ideologie durchzusetzen, erläutern die Verfassungsschutzbehörden.[309]

Die deutschlandweiten Proteste nach den Terrorangriffen der HAMAS auf Israel am 7.10.2023 und der militärischen Reaktion Israels im Gazastreifen wirkten für die Instrumentalisierungs- und Vernetzungsbestrebungen dogmatischer Linksextremisten als Katalysator. Vor allem an propalästinensischen Protesten und Versammlungen beteiligten sich auch zahlreiche extremistische Akteure, darunter Islamisten, palästinensische Extremisten, deutsche und türkische Linksextremisten sowie türkische Rechtsextremisten. »Sie alle nahmen die Terroranschläge der HAMAS zum Anlass, um zu Hass und Gewalt gegen Jüdinnen und Juden oder den Staat Israel aufzurufen und sein Existenzrecht zu verneinen«, erläutert das Bundesamt für Verfassungsschutz ganz aktuell im Frühjahr 2024.[310]

Einflussnahme von Linksextremisten auf die Klimaproteste

» Es wird in #Lützerath zu Militanz kommen. Auf welcher Seite werdet Ihr stehen? Bei #RWE & Pfefferspray? Dann regt Euch gerne

> über 1 paar Steine auf. Oder bei Lützerath & #Klimagerechtigkeit?
> Dann steht Ihr auch bei denen, die manchmal Steine schmeißen.

Das sagte Tadzio Müller, selbst ernannter »Klimaaktivist« am 10.1.2023, wenige Stunden bevor militante »Klimaaktivisten« Molotowcocktails und Steine auf Polizeibeamte warfen.[311] Mit diesen Aussagen belegte Tadzio Müller erneut seine extremistische Bereitschaft, militante Gewalt zur Durchsetzung der eigenen Ziele anzuwenden. Gleichzeitig forderte er indirekt dazu auf, so wie er zu handeln.

»Wir werden Aktionen sehen, die es weniger zum Ziel haben zu überzeugen, dass Klimaschutz wichtig ist. Sondern solche, die die Kosten der klimazerstörenden Normalität erhöhen. Es wird Aktionen geben, die über das bestehende Repertoire hinausgehen. Ich kann noch nicht sagen, wie sie aussehen werden, weil sie wegen Gesetzesübertritten immer auch verdeckt geplant werden müssen«[312], so Tadzio Müller in einem Interview für das ZDF am 16.6.2022. Er hatte zuvor am 21.11.2021 im »Spiegel« vor einem Entstehen einer »grünen RAF« »gewarnt«.[313]

Bereits diese Äußerungen von Müller verdeutlichen, dass einzelne Akteure der Klimabewegung offenbar bereit sind, die Proteste so lange zu eskalieren, bis die (bis dato nur vage umrissenen) Ziele der Klimabewegung erreicht sind.

Tadzio Müller hatte in dem bereits erwähnten Interview für das ZDF angekündigt, dass »Klimaaktivisten« ab dem Sommer 2022 »mehr auf Sabotage setzen würden«.[314] Sprich: Dieser deutschlandweit sehr bekannte und einflussreiche »Klimaaktivist« und Mitbegründer der vom Landesamt für Verfassungsschutz Berlin als linksextremistisch eingestuften Klimaprotestorganisation »Ende Gelände« sagte Mitte Juni 2022 ganz offen im ZDF voraus, dass es eine Radikalisierung von Aktionen von Klimaaktivisten sowie Sabotageakte geben werde.

Dieser Ankündigung sollten Taten folgen wie z. B. der Angriff auf die Ölpumpstation Glantzhof.[315] »Werden die Klimaproteste militant, wenn sie ohne Wirkung auf die Bundesregierung bleiben?« Ja, ›aus Notwehr‹, »warnte« der langjährige Klimaaktivist Tadzio Müller am 21.11.2021 in einem Interview für den »Spiegel«. Ob sich daraus eine militante, terroristische »**Untergrundbewegung**« entwickle, habe »die Gesellschaft in der Hand«, erklärte Müller.

Wegen des oftmals jugendlichen Alters der Klimaaktivistinnen und -aktivisten und der hohen öffentlichen Wahrnehmung stellen Klimaproteste für Linksextremisten ein attraktives und anschlussfähiges Themenfeld dar. Daher versuchen Linksextremisten seit Jahren Einfluss auf die nicht extremistischen Gruppierungen des Klimaaktivismus zu nehmen. Gewaltorientierte Linksextremisten sind zudem bestrebt, nach der Blockade auch die Sabotage Kritischer Infrastrukturen als vermeintlich legitime Aktionsform zu etablieren. Durch das von der Mitte der Gesellschaft als wichtig erachtete Thema Klimaschutz erhoffen sich Linksextremisten, eine höhere Anschlussfähigkeit erzielen zu können. Dass die mit Beginn des russischen Angriffskriegs gegen die Ukraine in den Fokus rückende Frage der Energiesicherheit und der von der aktuellen Bundesregierung beschlossene Ausstieg aus dem Atomstrom mit einer stärkeren Nutzung fossiler Energien verbunden wurde, nutzten einige Linksextremisten für eine stärkere Agitation. Hierbei richtete sich der Protest vor allem gegen den Abbau von Braunkohle und den Ausbau der Nutzung anderer fossiler Energieträger wie zum Beispiel Flüssiggas.

Nach Einschätzung der Verfassungsschutzbehörden versuchen Linksextremisten mit ihrem vorgeblichen Engagement für den Klimaschutz, demokratische Diskurse zu verschieben und diese um ihre eigenen ideologischen Positionen zu ergänzen. Damit wollen sie die Proteste radikalisieren sowie unseren Staat und seine Institutionen, vor allem die Polizei, delegitimieren. Gewaltorientierte Linksextremisten wollen mithilfe von Aktionsbündnissen Einfluss auf den Klimaaktivismus nehmen. Eine wichtige Rolle kommt hierbei dem von der »Interventionistischen Linken« beeinflussten Bündnis »Ende Gelände« zu.[316]

Zu den auch von Linksextremisten im Kontext von Klimaaktivismus genutzten Aktionsformen zählen unter anderem Blockaden und Besetzungen zum Nachteil von Einrichtungen und Unternehmen der Energieinfrastruktur, die als »**ziviler Ungehorsam**« bezeichnet werden. Durch die Verwendung des Begriffs »ziviler Ungehorsam« werde der vorsätzlich ausgeübte und teilweise auch gewaltsame Widerstand gegen das staatliche Gewaltmonopol eines demokratischen Rechtsstaats in eine Reihe mit Menschen- und Bürgerrechtsbewegungen gestellt, die gewaltlos gegen Unrechtssysteme protestierten, erläutern die deutschen Verfassungsschutzbehörden.

Im Zusammenhang mit dem taktisch genutzten Begriff »**Massenaktion zivilen Ungehorsams**« werden seit einiger Zeit auch die Begriffe »ziviler Ungehorsam plus« und »friedliche Sabotage« genutzt. Hiermit soll unter anderem die Sabotage Kritischer Infrastrukturen legitimiert und als Aktionsform etabliert werden, erklärt das Bundesamt für Verfassungsschutz. So titelte die linksextremistisch beeinflusste Organisation »Ende Gelände« beispielsweise in einem Aufruf zur Verhinderung eines geplanten LNG-Terminals: »Baustellen lassen sich besetzen, Bagger und Baufahrzeuge auf viele verschiedene Arten blockieren, sabotieren oder zerstören, Pipelinerohre können unbrauchbar gemacht werden.«[317]

Linksextremistische Gruppen waren bereits seit Beginn der Räumungsarbeiten im Jahr 2020 im Hambacher Forst (»Hambi bleibt!«) Teil des Klimaaktivismus, auch wenn der Klimaaktivismus im Hambacher Forst nach Angaben der Verfassungsschutzbehörden »überwiegend von Gruppen des demokratischen Spektrums getragen« worden sei. In Sozialen Medien hatten Linksextremisten schon Wochen vor der Räumung Lützeraths zum »Widerstand« aufgerufen und darüber hinaus »Skillsharing-Camps«, sog. »Unräumbar-Festivals« und »Sonntagsspaziergänge« organisiert. Vereinzelt war es bereits damals zu Auseinandersetzungen mit der Polizei oder dem Sicherheitsdienst des Tagebaubetreibers gekommen. Außerdem wurden die Förderinfrastruktur im Rheinischen Braunkohlerevier sowie bundesweit die Büros verschiedener politisch verantwortlicher Parteien angegriffen, weil Letztere »Lützerath zum Abbaggern freigegeben« hätten, so die Argumentation von Linksextremisten.

Radikalisierungstendenzen

Der damalige Präsident der Abteilung Verfassungsschutz des Ministeriums für Inneres und Sport des Landes Niedersachsen, Bernhard Witthaut, warnte im Herbst 2022 vor einer Radikalisierung einzelner Personen aus dem Kreis der Klimaschutzbewegung. »Was wir im Internet beobachten, bereitet mir Sorgen. In den digitalen Echokammern von Teilen der Bewegung finden sich auch sehr radikale Stimmen, die weitaus drastischere Aktionen diskutieren als diejenigen, die wir bislang gesehen haben«, erklärte Witthaut. Weiter führte er aus, er fürchte, »dass sich Einzelne berufen fühlten, Straftaten zum Erreichen vermeintlicher Klimaziele auch in der Realität umzusetzen.«

Witthaut betonte, dass die Klimaschutzbewegung in Deutschland »in ihrer Breite nicht radikal« sei und warnte vor einer Verallgemeinerung: »Fridays for Future« setzt auf legitime Protestformen und milde Varianten des zivilen Ungehorsams.« Andere Teile der Bewegung seien zu drastischeren Maßnahmen bis hin zu Straftaten bereit. Gewalt gegen Sachen wie Pipelines werde in diesen Kreisen als legitimes Mittel angesehen, um die eigenen Ziele durchzusetzen. »Die Aktivisten handeln im Glauben, aus einer vermeintlichen Klima-Notlage heraus ihre Ziele auch mit Gewalt durchsetzen zu dürfen. Diskutieren ist da zwecklos«, betonte Witthaut.[318] Gruppen wie »Extinction Rebellion« und »Aufstand der letzten Generation«

hätten zudem Verbindungen zur linksextremistischen Szene. Dies reiche von gemeinsamen Demonstrationen bis hin zu Schulungen in Sachen Aktivismus.

Zu dem Brandanschlag auf die Stromversorgung des Tesla-Werks in Brandenburg Anfang März 2024 bekannte sich die von den Verfassungsschutzbehörden als linksextremistisch eingestufte »**Vulkangruppe**«. Der Stromausfall sorgte für einen mehrtätigen Produktionsstopp bei Tesla. Brandenburgs Ministerpräsident Dietmar Woidke verurteilte den neuen mutmaßlichen Anschlag scharf: »Anschläge auf unsere kritische Infrastruktur sind eine Form von Terrorismus«, erklärte er. Zuvor hatte Brandenburgs Innenminister Michael Stübgen von einem »perfiden Brandanschlag« gesprochen: »Hier wurden Tausende Menschen von der Grundversorgung abgeschnitten und in Gefahr gebracht«, so Stübgen.[319]

Ende März 2024 versuchten Klimaaktivisten der »Letzten Generation« den Flughafen Braunschweig-Wolfsburg (in der Nähe des Automobilwerks VW) lahmzulegen. Sie sperrten Teile Rollfelds ab und bearbeiteten das Rollfeld mit Hämmern und Meißeln.

6.3 Gewaltorientierte Linksextremisten

Die Gewaltorientierung und das Gefährdungspotenzial, das von deutschen Linksextremisten ausgeht, wird von den Verfassungsschutzbehörden als hoch bewertet. In Teilen der linksextremistischen Szene werde eine fortschreitende Radikalisierung beobachtet. Dies zeige sich an der Schwere der linksextremistischen Gewalttaten. Schwere Angriffe von Linksextremisten auf die körperliche Unversehrtheit von Menschen sowie erhebliche Sachbeschädigungen mit hohen Schadenssummen werden regelmäßig verübt. Zu den erheblichen Sachbeschädigungen gehören Anschläge auf Kabelschächte,

Telekommunikationseinrichtungen und Bahnanlagen. Von deren Folgen seien dann auch große Teile der Bevölkerung betroffen. Bereits mehrfach waren in den letzten Jahren ganze Stadtteile teilweise stundenlang ohne Strom, Internet oder Telekommunikation. Mit den im Jahr 2021 erstmalig erfolgten Sabotageaktionen gegen Einrichtungen der Gasinfrastruktur wurden die potenziellen Anschlagsziele von Linksextremisten gegen die Energieinfrastruktur – somit mit erheblichen Folgen für viele Menschen – noch erweitert, erklären die Sicherheitsbehörden aktuell.[320]

Von den linksextremistisch motivierten Gewalttaten wurden im Jahr 2023 481 Fälle in das Themenfeld »Gewalttaten gegen die Polizei/ Sicherheitsbehörden« eingeordnet, was einem Zuwachs um etwa zwei Drittel entspricht. Vor allem Gewalttaten im Zusammenhang mit der Räumung von Lützerath im Januar 2023 sowie im Rahmen der »Tag X«-Demonstrationen in Leipzig am 6.6.2023 trugen zu diesem starken Anstieg bei. Nach Angaben des Bundesamtes für Verfassungsschutz stieg auch die Zahl der Straftaten gegen Rechtsextremisten oder vermeintliche Rechtsextremisten an. Im Jahr 2023 waren es 1.650, 2022 noch 1.576. Ein deutlicher Anstieg um 423,2 Prozent wurde bei den Zahlen der Gewalttaten im Kontext der **Klimaprotestbewegung** verzeichnet (2023: 293, 2022: 56). Hierbei handelte es sich vor allem um Körperverletzungen (126 Delikte, 43 Prozent) sowie Widerstandsdelikte (74 Fälle, 25,3 Prozent). Hinzu kommen im Jahr 2023 36 antisemitische Straftaten von Linksextremisten.[321]

Gewalt gegen Polizeibeamtinnen und -beamte

>> Lasst uns die Sicherheit, in der sich Bullen wiegen durchbrechen. Lasst sie die Angst spüren, die sie verbreiten. All Cops Are Targets!«, Internetplattform »de.indymedia«, 26.10.2022[322]

Das Kürzel A.C.A.B., «All Cops are Bastards», wurde in den letzten Jahren um A.C.A.T., «All Cops are Targets» ergänzt. Target bedeutet Ziel und ist ein militärischer Begriff, der impliziert, dass «Targets», Ziele (völkerrechtlich) legitim bekämpft werden dürfen. Dies stellt gegenüber A.C.A.B. eine weitere, erhebliche Eskalation dar.

Das Bundeskriminalamt verweist darauf, dass bei den bundesweiten Fallzahlen der politisch motivierten Gewalt des Jahres 2023 – veröffentlicht im Mai 2024 – Linksextremisten im Verhältnis am meisten Straftaten gegen die Polizei begehen. Im Jahr 2023 verübten Linksextremisten 1.592 Straftaten gegen die Polizei, davon 558 Gewalttaten gegen Polizeibeamtinnen- und Polizeibeamte. Dies stellt einen klaren Anstieg gegenüber dem Jahr 2022 dar. Da hatten Linksextremisten noch 1.413 Delikte gegen die Polizei verübt, davon waren 410 Gewalttaten.[323]

Der »**antifaschistische Kampf**« von Linksextremisten, antifaschistische Rhetorik, also auch *hate speech* im Internet, und antifaschistische Gewalt richten sich nach aktuellen Angaben des BfV nicht nur gegen vermeintliche oder tatsächliche Rechtsextremisten, sondern auch gegen Personen oder Institutionen, die der linksextremistischen Weltsicht nach als »faschistisch« angesehen werden. Also werden auch immer wieder Polizeivollzugsbeamtinnen und -beamte sowie Mitarbeiterinnen und Mitarbeiter anderer Behörden und staatlicher Einrichtungen von Linksextremisten als »faschistisch« diffamiert und damit als »legitimes« Angriffsziel tituliert. Regelmäßig werden tatsächliche, oder von Linksextremisten als solche ausgemachte Rechtsextremisten, aber auch Beamtinnen und Beamte, vor allem der Polizei, als »faschistisch« bezeichnet.

Gewaltorientierte Linksextremisten verstehen Straftaten und Gewalt als Kernbestandteil ihres »antifaschistischen Kampfes«. Ihre Bandbreite reiche von »Outings« über Bedrohungen, Beschädigung oder Zerstörung von Eigentum, Brandstiftungen an Fahrzeugen oder Trefforten bis hin zu brutalen körperlichen Angriffen auf als »faschistisch« ausgemachte Personen, häufig auch in deren privatem Umfeld, erläutern die Verfassungsschutzbehörden aktuell.[324]

Gewalttaten oder Ausschreitungen von Linksextremisten stehen meistens im Kontext zur »Antifa«. »Antifa« ist die »**Antifaschistische Aktion**« gegen den politischen Gegner. Darunter fallen tatsächliche oder vermeintliche Rechtsextremisten, aber auch Polizeibeamtinnen und -beamte und andere Vertreterinnen und Vertreter des Staates. Auch ist das »Antifa«-Symbol regelmäßig bei Demonstrationen, Veranstaltungen, auf Plakaten oder im Internet zu sehen. In Szenelokalen und in Straßenzügen von großen Städten wie Berlin, Hamburg, Frankfurt, Leipzig, Dresden sind »Antifa«-Aufkleber mit Parolen zahlreich zu sehen, auch in Studentenstädten mit einer einschlägigen Szene, beispielsweise in Marburg, Göttingen, Freiburg und Tübingen.

Das linksextremistische Aktionsfeld »Antifaschismus« wird nach Einschätzung des Bundesamtes für Verfassungsschutz hauptsächlich von **autonomen Linksextremisten** geprägt. Diese verstehen »Faschismus« als die reaktionärste, chauvinistischste und imperialistischste Form des »Kapitalismus«. »Wer im linksextremistischen Kontext von ›der Antifa‹ spricht, meint damit die ›Antifaschistische Aktion‹«, erläutert das Bundesamt für Verfassungsschutz. Deutschlandweit gibt es mehrere lokale Gruppierungen und Initiativen, die sich in lockeren Verbindungen, oft zeitlich begrenzt und mit wechselnden Personen unter dieser Bezeichnung zusammenfinden.[325]

Im Kampf gegen den bei Linksextremisten verhassten Staat sind Polizeivollzugsbeamtinnen und -beamte das zentrale Feindbild gewaltorientierter Linksextremisten. Die Zahl der linksextremistisch motivierten Gewalttaten gegen die Polizei und andere Sicherheitsbehörden nahm im Jahr 2023 gegenüber dem Vorjahr um 65 Prozent zu, von 292 auf 481. Auch zwei der drei versuchten Tötungsdelikte von Linksextremisten im Jahr 2023 richteten sich gegen Polizeibeamtinnen und -beamte. Linksextremisten verunglimpfen Polizeibeamtinnen und -beamte seit Jahren als »Mörder in Uniform«, »Robo-Cops« und »Bullenschweine«, die es angeblich allein schon aufgrund ihrer Berufswahl verdient hätten, physische Gewalt zu erfahren. Die damit verbundene Entmenschlichung der Beamtinnen und Beamten verletzt nicht zuletzt auch deren Menschenwürde. Das gemeinsame Feindbild Polizei stärkt den szeneinternen Zusammenhalt von Linksextremisten.

Mit dem im März 2022 erschienenen Buch »We shut shit down« sowie der Schrift »Überall Polizei, nirgendwo Sicherheit – Kritik der Polizei« im August 2022 veröffentlichte die klimaaktivistische Organisation »Ende Gelände« erstmals zwei Texte, die grundsätzliche Diskussionsprozesse und Standpunkte abbilden. In »Kritik der Polizei« fordert die »klimaaktivistische« Organisation »Ende Gelände« nicht nur eine **vollständige Abschaffung der Polizei**, sondern bezieht auch weitere Exekutivorgane (»Behörden«) und die Judikative (»Gerichte«) mit ein: »Polizei muss abgeschafft werden. Für Gerechtigkeit braucht es keine Polizei und keinen Staat. Recht und Gerechtigkeit ohne Polizei neu zu denken erfordert ein Neudenken der Systeme und Strukturen in denen wir leben.«[326] Dies ist ein offenes Bekenntnis gegen die Gewaltenteilung der Bundesrepublik Deutschland, gegen die Rechtsstaatlichkeit und die Exekutive und damit klar extremistisch.

Bei Demonstrationen, Abschiebungen, Räumungen von Szeneobjekten, polizeilichen Durchsuchungen oder Festnahmen kommt es immer wieder zu gezielten Angriffen von Linksextremisten auf Polizeibeamtinnen und -beamte. Regelmäßig werden diese durch den Bewurf mit Pyrotechnik, Flaschen und Pflastersteinen verletzt. Hinzu kommen Sachbeschädigungen und Brandstiftungen an Einrichtungen oder Fahrzeugen der Polizei.

Neben Angriffen von Linksextremisten gegen Polizeibeamtinnen und -beamte bei Demonstrationen oder anderen Veranstaltungen kommt es auch zu linksextremistischen Straftaten, die sich gegen einzelne Bedienstete von Polizei und Justiz in ihrem *privaten* Umfeld richten. So werden seit Jahren an privaten Fahrzeugen von Polizeibeamtinnen und -beamten Brandstiftungen verübt sowie Radmuttern gelöst. In Tatbekenntnissen, die auf von Linksextremisten genutzten Internetplattformen wie beispielsweise de.indymedia.org veröffentlicht wurden, werden die Polizeibeamtinnen und -beamten immer wieder auch öffentlich mit Namen und Adresse genannt. In einem Tatbekenntnis, das am 24. Mai 2022 auf »de.indymedia.org« veröffentlicht wurde, wurden solche Taten im Kontext »Antirepression« gerechtfertigt: »Wenn sie unsere Haustüren eintreten, müssen die Polizeibediensteten damit rechnen, dass wir auch zu ihnen kommen.«[327] Gewaltorientierte Linksextremisten verstehen derartige Angriffe als »natürliche Reaktion« auf polizeiliche »Repressionsmaßnahmen«. Die teilweise umfangreich geplanten und zielgerichteten Angriffe zeigen die hohe kriminelle Energie der Täter. Aus Sicht von Linksextremisten steht dabei jede geschädigte Polizeikraft für eine Schwächung des »Repressionsstaates« und gleichzeitig für eine Demonstration der eigenen Stärke.[328]

Gewalt gegen politische Gegner

Besonders stark ausgeprägt sind Brutalität und Gewaltbereitschaft von Linksextremisten im »antifaschistischen Kampf«. Dort verüben Linksextremisten seit Jahren immer wieder körperliche Angriffe auf mutmaßliche »Faschisten«. Teilweise langfristig geplant von professionell organisierten Kleingruppen ausgehend, teilweise mehr oder weniger spontan. Nach Angaben der Verfassungsschutzbehörden sei auch der Schritt zur **gezielten Tötung eines politischen Gegners** nicht mehr undenkbar.[329]

Hierfür zitiert das Bundesamt für Verfassungsschutz ein aktuelles Beispiel: Am 16.5.2020 wurden in Stuttgart drei Männer auf dem Weg zu einer Corona-Demonstration »Mahnwache für das Grundgesetz« mit Faustschlägen und Tritten von gewaltorientierten Linksextremisten angegriffen. Die Täter traten einem am Boden liegenden Mann unter anderem mehrfach gegen den Kopf und fügten ihm lebensgefährliche Verletzungen zu. Der Betroffene lag nach der Tat lange Zeit im Koma und befand sich vorübergehend in akuter Lebensgefahr. Der Geschädigte war in Stuttgart als Mitglied einer Gewerkschaft bekannt, die wiederholt im Fokus »antifaschistischer« Proteste gestanden hatte. Wenige Tage später, am 27.5.2020, veröffentlichten anonyme Autoren, die sich als »einige Antifas« bezeichneten, ein Selbstbezichtigungsschreiben mit dem Titel »Zum antifaschistischen Angriff am 16. Mai in Stuttgart/Zur Frage antifaschistischer Gewalt«. In diesem Schreiben sollte die Tat damit legitimiert werden, dass man Auftritte und Meinungsbekundungen von »Faschisten« soweit wie möglich verhindern wolle: »Wir treiben den gesundheitlichen, organisatorischen und materiellen Preis dafür in die Höhe. Sie sollen mit Schmerzen, Stress und Sachschaden rechnen und dadurch möglichst isoliert, gehemmt, desorganisiert und abgeschreckt werden.«[330]

Die Gewalt der »antifaschistischen Aktion«, die Gewalt von »Antifa« hat hierbei eine strategische Dimension, die medial und von der Politik intensiv besprochen werden sollte: Linksextremistische Gewalttäter zielen mit ihren Angriffen nicht nur auf ihr konkretes Opfer ab, sondern ihr andauernder, gewaltsam geführter »antifaschistische Kampf« soll eine breite Wirkung in der Bevölkerung entfalten. Gezielt wollen Linksextremisten unter von ihnen als »rechts« oder rechtsextremistisch ausgemachten Personen ein Klima der Angst erzeugen. Dadurch soll der politische Gegner um jeden Preis aus der Öffentlichkeit gedrängt und von der Bekundung unliebsamer Meinungen abgehalten werden.[331]

Unter dem Slogan »Antifa heißt Angriff« rufen vor allem autonome Linksextremisten regelmäßig zu von ihnen so bezeichneten »Gegenaktionen« – also Angriffen – gegen ihrer Meinung nach »faschistische« Personen, Gruppen oder Institutionen auf. Zu diesen linksextremistischen Angriffen gehören Straftaten wie Sachbeschädigungen, Brandstiftungen und teilweise erhebliche Körperverletzungen, bei denen auch der Tod von Menschen in Kauf genommen wird. Diese linksextremistischen Gewalttäter zielen einerseits auf das konkrete Ziel als Opfer ab, andererseits sind diese »antifaschistischen« Gewalttaten Teil einer Kommunikationsstrategie, um »Faschisten« oder »Rechte« einzuschüchtern. Wer als »Faschist« oder »Rechter« gilt, wird von diesen gewaltorientierten Linksextremisten selbst festgelegt. Gezielt wollen gewaltorientierte Linksextremisten unter von ihnen als »rechts« oder rechtsextremistisch bezeichneten Menschen Angst erzeugen, sie psychisch einschüchtern. Neben Sachbeschädigungen, Brandstiftungen und Körperverletzungen nutzen gewaltorientierte Linksextremisten auch sogenannte »Outings«. Bei solchen »Outings«, bzw. »Outing«-Aktionen werden Fotos und personenbezogene Daten von tatsächlichen oder vermeintlichen »Faschisten« oder »Rechten« auf Plakaten, Flyern oder einschlägigen Websites veröffentlicht, um diese in ihrem sozialen Umfeld zu brandmarken und sozial zu ächten. Oftmals werden diese «Outings« mit einem direkten oder indirekten Aufruf verbunden, Straf- und Gewalttaten gegen diese Menschen zu begehen.

Den gesellschaftlichen Konsens gegen den Rechtsextremismus versuchen Linksextremisten dabei gezielt auszunutzen, um von Demokraten als Partner akzeptiert zu werden und ihren gewalttätigen Angriffen auf Menschen eine scheinbare Legitimität zu verleihen. Dadurch eröffne sich Linksextremisten die Möglichkeit, ihre ideologischen Positionen in die Gesellschaft einfließen zu lassen, erklären die Verfassungsschutzbehörden aktuell.[332]

Die Polizei- und Verfassungsschutzbehörden analysieren seit etwa drei Jahren, dass sich bei Teilen der gewaltorientierten linksextremistischen Szene in Deutschland eine deutliche Radikalisierung zeigt. Das bei manchen Linksextremisten sehr hohe Radikalisierungsniveau drücke sich in qualitativer Hinsicht bei der Begehung von Straftaten aus, die Intensität der Gewalttaten habe sich in den letzten Monaten noch einmal erhöht. Gleichzeitig schotten sich einzelne kleine Gruppen von Linksextremisten vom Rest des gewaltorientierten Spektrums ab. Diese Entwicklungen zeigen sich nach Angaben der deutschen Sicherheitsbehörden vor allem in den linksextremistischen Schwerpunktregionen Leipzig, Berlin und Hamburg. Aber auch in Bayern, Bremen, Nordrhein-Westfalen (Hambacher Forst, Lützerath), Sachsen-Anhalt und Thüringen liegen Anhaltspunkte für eine zunehmende Radikalisierung in Teilen des gewaltorientierten linksextremistischen Spektrums vor. Linksextremistische Angriffe und Gewalt werden in den letzten Monaten zunehmend gewalttätiger, persönlicher und professioneller durchgeführt.

Ein aktueller Trend von linksextremistischer Gewalt sind konspirativ agierende Kleingruppen. Die Vorbereitung und Durchführung der Taten verläuft sehr planvoll und isoliert vom Rest der Szene im kleinsten Kreis . Auch die Zielauswahl hat sich verändert. Die Opfer werden gezielt ausgesucht und mit **hoher Aggressivität** angegriffen. Immer häufiger werden nach Angaben des Bundesamtes für Verfassungsschutz auch schwere Körperverletzungen bis hin zum Tod der Opfer als mögliche Folge in Kauf genommen. Das Bundesamt für Verfassungsschutz stellt fest, dass es Linksextremisten »im Kern um Einschüchterung und die Schaffung eines Klimas der Angst für politische Gegner und Andersdenkende geht. Die unmittelbar oder mittelbar Betroffenen sollen von einem konkreten Handeln oder der freien Meinungsäußerung abgehalten werden. Dies kann die Teilnahme an Veranstaltungen, das Agieren für eine Partei oder Gruppierung oder das Verbreiten politischer Ansichten sein. In anderen Fällen soll durch erhebliche Straftaten der ›Preis‹ für politische oder wirtschaftliche Entscheidungen ›in die Höhe getrieben‹ und so Einfluss auf die Entscheidungsträger genommen werden.«[333]

Die medial »**Hammerbande**« genannte Gruppe um Lina E., Johann Guntermann und weitere gewalttätige Linksextremisten ist ein aktuelles Beispiel für »antifaschistische Gewalt« gegen politische Gegner, über das ausführlich berichtet wurde. Diese linksextremistische Gruppe wurde wegen mindestens sechs gewalttätiger Angriffe in einem Zeitraum von etwa 16 Monaten angeklagt. Mit Hämmern (daher »Hammerbande«), Teleskopstöcken und Metallstangen hatte diese Gruppe über 15 Menschen angriffen und gemäß dem erstinstanzlichen Urteil mehrfach gefährliche Köperverletzungen verübt (Knöchel, Kniescheiben und Schädelknochen zertrümmert).

Die Studentin Lina E. ist nach zweieinhalb Jahre Untersuchungshaft unter Auflagen auf freiem Fuß. Ihre drei Mitangeklagten erhielten Strafen zwischen zwei Jahren und fünf Monaten sowie drei Jahren und drei Monaten, Johann Guntermann ist flüchtig. Er gilt als der Kopf der linksextremistischen Gruppe um Lina E. (er hat «hate cops« auf seine Fingerknöchel tätowiert). Der Partner der verurteilten Linksextremistin Lina E. wird per Haftbefehl gesucht und seit September 2023 wird auch bundesweit öffentlich nach dem 30-Jährigen gefahndet. Für Hinweise zu dessen Aufenthaltsort, Kontakt mit ihm oder Bild- und Videomaterial von ihm sind zudem bis zu 10.000 Euro Belohnung ausgesetzt. Der Haftbefehl gegen den linksextremistischen Gewalttäter Guntermann datiert bereits aus dem Jahr 2021, so lange fahnden die Staatsanwaltschaft und die Polizei bereits nach ihm.

Darüber hinaus agieren Linksextremisten seit Jahren in den **klassisch linksextremistischen** Aktionsfeldern »Antikapitalismus« und »Antigentrifizierung«. Linksextremisten suchen strategisch immer Anschluss an Themen, die auch für einen größeren Teil der Bevölkerung von Relevanz sind. Der »Antikapitalismus« ist weiterhin Basis linksextremistischer Ideologie. Strukturen und Eigentumsverhältnisse des »Kapitalismus« sind aus Sicht von Linksextremisten nicht nur die Grundlagen für tatsächliche oder vermeintliche soziale Ungerechtigkeit, sondern darüber hinaus auch für »Faschismus«, »Repression«, Migrationsströme, ökologische Katastrophen (aktuell das Themenfeld Klimawandel) sowie »Imperialismus« und Krieg.

Das Themenfeld »**Antigentrifizierung und Freiräume**« mobilisiert seit Jahren gewaltbereite Linksextremisten in Hochburgen wie Leipzig, Berlin, Hamburg zu gewalttätigen Aktionen, sowohl gegen Einrichtungen als auch gegen Personen (vor allem gegen Polizeibeamtinnen und -beamte und Mitarbeiterinnen und Mitarbeiter der Immobilienbranche).

6.4 Fazit

Linksextremisten wollen nach Angaben der deutschen Verfassungsschutzbehörden »die bestehende Staats- und Gesellschaftsordnung und damit die freiheitliche demokratische Grundordnung beseitigen. Um dieses Ziel zu erreichen, versuchen Linksextremisten, Einfluss auf Gesellschaft und Politik zu nehmen. Zudem begehen sie nahezu täglich und bundesweit eine Vielzahl teils schwerer Straf- und Gewalttaten.«[334]

Diese Analyse ist sehr eindeutig. Daher ist es für manche Bürgerinnen und Bürger erstaunlich, dass einerseits medial so wenig über Linksextremisten, ihre Ziele, ihre Gewalt- und Tötungsbereitschaft berichtet wird und andererseits der Linksextremismus im Bereich der deutschen Sicherheitspolitik selten debattiert wird.

Die Auswertungen der veröffentlichten Statistiken des Bundeskriminalamtes und des Bundesamtes für Verfassungsschutz zeigen, dass

Linksextremisten seit Jahren etwas weniger, dennoch ähnlich viele Gewalttaten verüben wie beispielsweise Rechtsextremisten.[335]

Im Zusammenhang mit den öffentlich gewordenen schweren Gewalttaten der linksextremistischen Zelle um Lina E. und Johann Guntermann (dieser ist flüchtig, seit Jahren wird nach ihm gefahndet), die tatsächliche und vermeintliche Rechtsextremisten mit Hämmern teilweise schwerst verletzt hatte, stellte Oliver Maksan, Journalist der Neuen Zürcher Zeitung, fest, dass Teile der in den deutschen Parlamenten – Bundestag und Landtage – vertretenen Parteien linksextremistischen Gewalttätern gegenüber keine klare Ablehnung zeigen. Politikerinnen und Politiker der Partei Die Linke seien in linksextremistischen Hochburgen wie Hamburg, Berlin und Leipzig »ganz offensichtlich der parlamentarische Arm des Linksextremismus«, so der NZZ-Journalist.

Ferat Koçak von der Partei Die Linke, Landtagsabgeordneter im Berliner Abgeordnetenhaus, Sprecher für antifaschistische Politik seiner Partei, beispielsweise solidarisierte sich mit der linksextremistischen verurteilten Straftäterin Lina E.: »Wer sich gegen Nazis organisiert, der ist nicht kriminell, sondern wird kriminalisiert«, erklärte Ferat Koçak.[336] Doch nicht nur Vertreterinnen und Vertreter der Partei Die Linke, auch Teile der SPD und der Grünen lassen nach Angaben des NZZ-Journalisten Oliver Maksan seit Jahren eine »Brandmauer« zum Linksextremismus vermissen. Besonders leichtfertig gingen die Jugendorganisationen der SPD und der Grünen mit dem Linksextremismus um, so Maksan. Franziska Drohsel und Sina Doughan beispielsweise waren zu ihrer Zeit als Chefinnen der Jungsozialisten (SPD) beziehungsweise der Grünen Jugend (Grüne) Mitglieder der linksextremistischen Roten Hilfe. Sowohl die Jungen Sozialisten (SPD) als auch die Jungen Grünen (Grüne) forderten im Jahr 2020 gemeinsam die **Abschaffung des Verfassungsschutzes**.[337]

Dies Tatsachen sollten medial und im Rahmen von politischer Bildung, gerade auch in den Schulen, diskutiert werden: Jegliche politisch motivierte Gewalt ist abzulehnen. Es gibt keine »gute« politisch motivierte Gewalt. Erst recht aber müssen Parlamentarierinnen und Parlamentarier, ebenso wie Nachwuchspolitikerinnen und Nachwuchspolitiker, einerseits ihre große Verantwortung verstehen und andererseits sich in aller Form von politisch motivierter Gewalt distanzieren, auch wenn sie sich gegen ihren »politischen Gegner« richtet.

7
Gefahren durch auslandsbezogene Extremisten

» Auslandsbezogener Extremismus gefährdet auch hierzulande die innere Sicherheit. Konflikte zwischen einzelnen Gruppierungen können aus den jeweiligen Heimatländern nach Deutschland übertragen werden und hier zu Gewalt unter den Anhängern führen.«[338], Sinan Selen, Vizepräsident des Bundesamtes für Verfassungsschutz.

Die deutschen Sicherheitsbehörden gehen aktuell von 30.650 auslandsbezogenen Extremisten aus.

Wer sind auslandsbezogene Extremisten?

Zum auslandsbezogenen Extremismus gehören nichtislamistische extremistische Gruppierungen, die ihren Ursprung im Ausland haben, aber auch in Deutschland aktiv sind, um die politischen Verhältnisse in ihren Heimatstaaten zu verändern und um in Deutschland lebende Personen mit Migrationshintergrund für ihre Zwecke zu beeinflussen oder für ihre Ideologie zu gewinnen. Die unterschiedlichen Gruppierungen des auslandsbezogenen Extremismus in Deutschland wollen beispielsweise eigene Staaten gründen, kommunistische Systeme errichten oder verfolgen eine rechtsextremistische Agenda. Die Bestrebungen auslandsbezogener Extremisten richten sich gegen den Gedanken der Völkerverständigung und gefährden die Innere Sicherheit, die öffentliche Ordnung sowie die auswärtigen Belange der Bundesrepublik Deutschland.[339]

Was wollen auslandsbezogene Extremisten?

Was sind ihre politischen Ziele und wie gehen sie vor? Die Akteure des auslandsbezogenen Extremismus in Deutschland sind sehr heterogen. Der auslandsbezogene Extremismus umfasst aktuell rechts- und linksextremistische sowie separatistische Bestrebungen aus verschiedenen Ländern Europas, Asiens und Afrikas. Viele der in Deutschland agierenden extremistischen Organisationen mit Auslandsbezug agieren in ihren Heimat- beziehungsweise Herkunftsländern mit Gewalt und begehen dort auch u. a. terroristische Anschläge gegen den jeweiligen Staat und dessen Sicherheitskräfte. Im Rahmen solcher Anschläge werden immer wieder auch Zivilistinnen und Zivilisten getötet. Deutschland betrachten all die auslandsbezogenen Extremisten nach Angaben der deutschen Verfassungsschutzbehörden

>> generell als Ruhe- und Rückzugsraum, von dem aus der bewaffnete Kampf in der Heimat propagandistisch sowie durch den Nachschub von Geld, Material oder neu rekrutierten Freiwilligen unterstützt wird.[340]

In Deutschland aktive Mitglieder und Unterstützer von Organisationen des auslandsbezogenen Extremismus sind vor allem türkischer und kurdischer Herkunft. Diese sehen in Deutschland einen sicheren **Rückzugsraum**, um für ihre politischen Ziele in ihrer Heimat zu kämpfen.

Kurdische und kurdischstämmige Extremisten betätigen sich in der größten nicht-islamistischen extremistischen Auslandsorganisation in Deutschland, der Arbeiterpartei Kurdistans (PKK). Die PKK hat das Ziel, dass Kurden im Nahen Osten, in ihren jeweiligen Heimatländern, größere politische und kulturelle Eigenständigkeit erlangen.

Türkische und türkischstämmige Linksextremisten streben eine »revolutionäre« Zerschlagung der staatlichen Ordnung in der Türkei an und wollen dort eine kommunistische Herrschaft errichten. **Türkische und türkischstämmige Rechtsextremisten** sind in der weltweiten Ülkücü-(Idealisten-)Bewegung organisiert. Diese haben ein überhöhtes Selbstverständnis von der türkischen Nation und werten andere Völker, häufig auch mit rassistischen Narrativen, ab.[341]

Die von Extremisten mit Auslandsbezug verübten Straftaten reichen von versammlungstypischen Straftaten (im Rahmen von Demonstrationen) wie dem Zeigen verbotener Symbolik und Widerstand gegen Polizeikräfte über Sachbeschädigungen an (halb-)staatlichen Einrichtungen der Herkunftsländer bis hin zu gewaltsamen Auseinandersetzungen und Angriffen beim Aufeinandertreffen mit politischen Gegnern. Außerdem werden regelmäßig antisemitische Hassparolen verwendet und in diesem Zusammenhang Straftaten verübt, vor allem aus dem türkischen Rechtsextremismus und dem Spektrum säkularer palästinensischer Extremisten.[342]

Die vergangenen Jahre haben verdeutlicht, zunächst in der Türkei und den dortigen Kurdengebieten sowie in Syrien, aktuell vor allem auch die aktuelle massive Eskalation im Nahost-Konflikt, dass Konflikte und Krisenherde im Ausland verstärkt Auswirkungen auf die Sicherheitslage in Deutschland haben. Die auslösenden Ereignisse bzw. Anlässe für Aktionen und Gewalt in Deutschland sind dabei ganz unterschiedlich und reichen – im Ausland – von Bürgerkriegen, terroristischen Anschlägen, politischen Spannungen zwischen Regierung und Opposition, gesellschaftlichen Umbrüchen oder Wirtschafts- bzw. Finanzkrisen bis hin zu militärischen Interventionen und kriegerischen Auseinandersetzungen zwischen bzw. in souveränen Staaten. Verschiedene, durch von Extremisten mit Auslandsbezug als relevant empfundene, Ereignisse im Ausland sind somit grundsätzlich geeignet, die Sicherheitslage in Deutschland auch tagesaktuell deutlich negativ zu beeinflussen. Hierzu gehört einerseits die Möglichkeit **reaktiver Gewalt** aufgrund von Wechsel-wirkungsprozessen, sowie andererseits auch einzelne (gewalttätige) Aktionen von Einzeltätern/Kleinstgruppen, die – vor allem aufgrund eines bereits bestehenden Emotionalisierungspotenzials – gegen vermeintliche oder tatsächliche politische Gegner in Deutschland vorgehen.[343]

Nach Angaben des Bundeskriminalamtes wurden von den Akteuren dieses Extremismusbereiches im Jahr 2023 491 politisch motivierte Gewalttaten verübt, was gegenüber den 372 Gewalttaten des Vor-jahres einen Zuwachs um circa 32 Prozent darstellt.[344] Insgesamt verübten Akteure des auslandsbezogenen Extremismusbereiches im Jahr 2023 5.170 Straftaten, was gegenüber den 3.886 Straftaten aus dem Jahr 2022 einen Anstieg um 33 Prozent ausmacht.[345]

Straftaten mit einem auslandsbezogenen extremistischen Hinter-grund haben im Jahr 2023 nach Angaben des Bundesamtes für Ver-fassungsschutz erneut deutlich zugenommen. 3.092 Delikte in der Kategorie »Politisch motivierte Kriminalität – ausländische Ideolo-gie« entsprechen einem Anstieg um 56,6 Prozent (2022: 1.974). Die Zahl der Gewalttaten stieg um 45,6 Prozent auf 329 Delikte (2022: 226). Hierzu zählen ein vollendetes Tötungsdelikt sowie zwei ver-suchte Tötungsdelikte.[346] Unter diesen Delikten waren zahlreiche Sachbeschädigungen (20,6 Prozent), aber auch 329 Gewalttaten (10,6 Prozent). Den überwiegenden Teil der Gewalttaten machten Körperverletzungen (66,6 Prozent) aus, weitere 17 Prozent entfal-len auf Widerstandsdelikte gegen die Polizei.[347]

Daneben erfassten die deutschen Polizeibehörden 24 Delikte – im Jahr zuvor waren es noch 14 –, bei denen den Tatverdächtigen an-gelastet wurde, eine ausländische terroristische Vereinigung zu unterstützen oder ihr anzugehören (§ 129b StGB). Bei 1.044 der Straftaten mit ausländisch-ideologischer extremistischer Motivation stellten die Sicherheitsbehörden einen antisemitischen Hintergrund fest. Zu diesen Straftaten zählen 65 Gewalttaten (2022 waren es noch 12) und 441 Volksverhetzungsdelikte (im Jahr 2022 waren es noch 24). Die Straftaten mit einem auslandsbezogenen extremistischen Hintergrund haben erneut und erheblich zugenommen. Im Jahr 2023 fiel der Anstieg bei den Delikten mit antisemitischem Hintergrund besonders drastisch aus und hat sich mit nun 1.044 Taten im Jahresvergleich verachtzehnfacht (im Jahr 2022 noch 58). Auch bei den Gewaltdelikten zeigt sich eine sprunghafte Vervielfachung um immer noch über 440 Prozent.[348]

7.1 Die Akteure

In Deutschland lebten im Jahr 2022 nach Angaben des statistischen Bundesamtes rund 23,8 Millionen Menschen mit einem Migrationshintergrund im weiteren Sinne, davon haben 11,6 Millionen Menschen eine ausländische Staatsbürgerschaft. Extremistischen Organisationen oder Gruppierungen mit Auslandsbezug werden knapp 30.650 Personen zugerechnet, von denen etwas über fünf Prozent ausschließlich die deutsche Staatsangehörigkeit besitzen, erklärt das Bundesamt für Verfassungsschutz aktuell.[349]

PKK

Die PKK ist mit etwa 15.000 Anhängern die mitgliederstärkste und bedeutendste Kurdenorganisation in Deutschland. Sie propagiert für sich einen Alleinvertretungsanspruch für die politischen und gesellschaftlichen Anliegen aller Kurdinnen und Kurden in Deutschland. Zentrale politische Forderungen der PKK sind die Anerkennung der kurdischen Identität sowie – unter Aufrechterhaltung nationaler Grenzen – eine politische und kulturelle Autonomie der Kurden in ihren Siedlungsgebieten in Nordirak, aber vor allem in der Türkei und auch in Nordsyrien. Eine weitere politische Forderung der PKK ist die Freilassung ihres seit 1999 inhaftierten Gründers Abdullah Öcalan.[350]

Derzeit wird die Strategie der PKK in Deutschland wesentlich von folgenden Faktoren bestimmt: Den anhaltenden Auseinandersetzungen mit türkischen Sicherheitskräften in der »Heimatregion«, den repressiven Maßnahmen der türkischen Regierung gegen die PKK und ihr nahe stehende Organisationen und Parteien, sowie der Sorge um die Situation und den Gesundheitszustand des inhaftierten PKK-Führers Öcalan.

Ein wesentlicher taktischer Schwerpunkt der PKK-Aktivitäten in Deutschland ist die **logistische und finanzielle Unterstützung der Gesamtorganisation**. Diesen Zweck verfolgen Spendenkampagnen und Großveranstaltungen, die auch zur Gewinnung weiterer Anhänger für die Parteiarbeit und den aktiven Guerillakampf dienen. Eine wesentliche Forderung der PKK-Anhänger in Deutschland ist die Aufhebung des im Jahr 1993 gegen die Organisation verfügten **Betätigungsverbots**.

Die PKK ist streng hierarchisch aufgebaut und auf ihre Führungsspitze hin ausgerichtet. Die Strukturen in Europa, auch in Deutschland, sind nahtlos in den PKK-Aufbau eingegliedert und setzen die von der PKK-Führungsspitze vorgegebenen Ziele ohne eigenverantwortlichen Entscheidungsspielraum um. Die PKK-Strukturen in Deutschland sind in vier Sektoren (»Saha«) gegliedert, neun Regionen (»Eyalet«) und 31 Gebiete (»Bölge«), in denen jeweils ein Führungsfunktionär an der Spitze verantwortlich ist. Die PKK-Funktionäre agieren zumeist konspirativ und setzen organisationsinterne Anweisungen und Vorgaben um. Neben den internen hierarchischen Führungsstrukturen der PKK gibt es nach Angaben der Verfassungsschutzbehörden ein nach außen in Erscheinung tretendes Geflecht aus PKK-nahen Vereinen. Organisatorisch ist diesen Vereinen in

Deutschland die »Konföderation der Gemeinschaften Kurdistans in Deutschland e. V.« (KON-MED) als Dachverband übergeordnet.[351]

Darüber hinaus versucht die PKK mithilfe von »Massenorganisationen«, ihre Anhängerschaft an sich zu binden, indem sie diese nach sozialen Kriterien oder Berufs- und Interessengruppen organisiert. Besonders wichtig sind in diesem Kontext die PKK-Jugendorganisation und die PKK-Studierendenorganisation. Weitere Beispiele sind die »Kurdische Frauenbewegung in Europa« (AKKH/TJK-E) und Religionsgemeinschaften wie die »Islamische Gemeinde Kurdistans« (CIK), die »Föderation der demokratischen Aleviten e. V.« (FEDA) und der »Zentralverband der Êzidischen Vereine e. V.« (NAV-YEK).[352]

Vor allem die in der Jugendorganisation »Komalên Ciwan«/»Tevgera Ciwanên Şoreşger« (TCŞ) aktiven Jugendlichen und jungen Erwachsenen stellen ein großes Mobilisierungspotenzial für die zahlreichen Veranstaltungen der PKK dar. Zusätzlich rekrutieren diese Nachwuchs für den bewaffneten Kampf in den kurdischen Siedlungsgebieten und begehen in Deutschland mitunter Straftaten oder führen militante Aktionen gegen türkische (halb-)staatliche Einrichtungen oder als solche ausgemachte türkische Rechtsextremisten (»Graue Wölfe«) und ihre Trefforte durch. Ein weiterer, für die Mobilisierung und Vernetzung wichtiger Verband ist die im Jahre 1991 gegründete PKK-Studierendenorganisation »Verband der Studierenden aus Kurdistan« (YXK) sowie deren autonome Frauenorganisation »Studierende Frauen aus Kurdistan« (JXK). Themen- und anlassbezogen kommt es auch zu gemeinsamen Aktionen mit deutschen Linksextremisten, stellen die deutschen Sicherheitsbehörden fest.[353]

»Ülkücü«-Bewegung/»Graue Wölfe«

Die türkische rechtsextremistische »Ülkücü«-Bewegung hat in Deutschland mehr als 12.500 Anhänger. Sie entstand Mitte des 20.

Jahrhunderts in der Türkei und fußt nach Angaben des Bundesamtes für Verfassungsschutz auf einer nationalistisch, antisemitisch und rassistisch orientierten rechtsextremistischen Ideologie.

Die Wurzeln der »Ülkücü«-Ideologie liegen im Panturkismus/Turanismus. Der Panturkismus gründet auf der Idee eines gemeinsamen ethnischen Ursprungs aller »Turkvölker«, verbunden mit dem Bestreben, diese Völker in einer gemeinsamen Heimat unter Führung der Türken zu vereinigen. Dieses gemeinsame Reich soll dann die Bezeichnung »Turan« tragen. Je nach Auffassung könnte sich dieser neue Staat vom Balkan bis nach Westchina oder Japan erstrecken. Die Ideologieelemente der »Ülkücü«-Ideologie haben sich in den letzten Jahrzehnten und Jahren erweitert. So reicht ihre Bandbreite von neuheidnischen Elementen über einen nationalistischen Kemalismus bis in den Randbereich des Islamismus. Das gemeinsame Ziel aller »Ülkücü«-Anhänger bleibt die Stärkung des Türkentums.[354]

Diese Ideologieelemente haben sich im **türkischen Rechtsextremismus** bis heute erhalten, erklären die deutschen Verfassungsschutzbehörden. Anhänger des türkischen Rechtsextremismus sammeln sich in der sogenannten Ülkücü-Bewegung (»Ülkücü« = Idealisten) und werden in Teilen als »**Graue Wölfe**« bezeichnet. Symbol der Bewegung ist ein mit fünf Fingern stilisierter Wolfskopf. Die Anhängerschaft der Ülkücü-Bewegung ist teilweise in sogenannten Kultur- und Idealisten-Vereinen wie der »**Föderation der Türkisch-Demokratischen Idealistenvereine in Deutschland**« (ADÜTDF) organisiert. Die rechtsextremistische Ülkücü-Jugendbewegung organisiert sich stark über soziale Netzwerke und lässt eine erhöhte Gewaltbereitschaft, vor allem gegenüber der kurdischen Volksgruppe, erkennen. Einschlägige Symbole ihrer rechtsextremistischen Ideologie werden mit Musik und aggressiven Texten unterlegt. Dabei werden nicht-türkische Ethnien als Feinde verbal verunglimpft und das Türkentum besonders hervorgehoben, erläutern die deutschen Verfassungsschutzbehörden.[355]

Die **ADÜTDF** (»Almanya Demokratik Ülkücü Türk Dernekleri Federasyonu«) ist in Deutschland der größte Dachverband der türkischrechtsextremistischen Ülkücü-Bewegung. Er vertritt die Interessen der extrem nationalistischen türkischen »Partei der Nationalistischen Bewegung« (»Milliyetçi Hareket Partisi« – MHP), die 1969 gegründet wurde und als Urorganisation der »Ülkücü«-Bewegung gilt. Der ADÜTDF gehören aktuell in Deutschland über 200 lokale Vereine an, in denen etwa 7.000 Mitglieder organisiert sind. Öffentlich bemüht sich der Verband um ein »gesetzeskonformes Verhalten und gemäßigtes Agieren«, so die deutschen Verfassungsschutzbehörden. Tatsächlich sei die ADÜTDF allerdings Verfechterin einer nationalistisch-rechtsextremistischen Ideologie im Sinne ihrer Mutterpartei MHP. Entgegen ihrem nach außen demonstrierten Integrationswillen und rechtskonformen Auftreten zeigt sie sich überzeugt von der Überlegenheit des Türkentums.[356]

»Volksfront für die Befreiung Palästinas« (PFLP)

Die »Volksfront für die Befreiung Palästinas« (PFLP) zählt zum Spektrum der nicht-islamistischen, terroristischen palästinensischen Organisationen und ist ideologisch von einem starken Nationalismus geprägt. Sie lehnt die Existenz des Staates Israel ab und verfolgt das Ziel eines palästinensischen Staates in den Grenzen des historischen Palästina vor Gründung des modernen Staates Israel mit einem ungeteilten Jerusalem als Hauptstadt. Dazu propagiert die PFLP den **bewaffneten Kampf** und sucht den Schulterschluss mit anderen den Staat Israel bekämpfenden Organisationen, wie die Hizbullah und die Hamas. Anhängerinnen und Anhänger der PFLP begehen seit Jahren – vor allem im Nahen Osten – terroristische Anschläge, bei denen es auch Todesopfer gibt.

Die in Deutschland aktiven Anhängerinnen und Anhänger der PFLP verbreiten vor allem israelfeindliche Propaganda und versuchen, politische Unterstützung sowie Spenden zur Unterstützung ihrer

Organisation und des bewaffneten Kampfes im Nahen Osten zu werben. **Ehemalige terroristische Kämpfer** der PFLP genießen bei der Anhängerschaft große Anerkennung und werden gezielt zur Indoktrinierung nach Deutschland eingeladen. Die PFLP unterhält nach Angaben der deutschen Sicherheitsbehörden auch Kontakte zum deutschen Linksextremismus, vor allem zur »Marxistisch-Leninistischen Partei Deutschlands« (MLPD) sowie zum »antiimperialistischen« Spektrum der deutschen Linksextremisten.[357]

Linksextremisten

Linksextremistische türkische Organisationen und Gruppierungen sind von marxistisch-leninistischer oder maoistischer Ideologie geprägt. Sie streben in unterschiedlicher Ausprägung eine »revolutionäre« Schwächung bzw. potenziell gar Zerschlagung der staatlichen Ordnung in der Türkei an und wollen dort eine kommunistische Herrschaft errichten. Kennzeichnend für linksextremistische türkische Gruppierungen ist ihre Gewaltbereitschaft. So schrecken einige dieser Gruppierungen nicht vor terroristischen Anschlägen in ihrer Heimat zurück. In der Regel planen solche Organisationen bzw. Gruppen keine terroristischen Anschläge oder Attentate in Deutschland; Sachbeschädigung oder Sabotage gegen türkische Einrichtungen in Deutschland gehören jedoch zu den genutzten Taktiken. Jedoch unterstützen solche Gruppierungen und Organisationen auch von Deutschland aus terroristische Aktivitäten in der Türkei. Zu den größten Organisationen im türkischen Linksextremismus in Deutschland zählen vor allem die **DHKP-C** (Revolutionäre Volksbefreiungspartei-Front) und die Türkische Kommunistische Partei/Marxisten-Leninisten (TKP/ML).

7.2 Ideologie, Sprache, Feindbilder

PKK

Die PKK ging aus einer 1974 entstandenen Gruppe um Abdullah Öcalan und Mazlum Doğan hervor. Die verabschiedeten auf dem PKK-Gründungskongress im Jahr 1978 ein von marxistisch-leninistischen sowie nationalen Grundsätzen geprägtes Manifest, in dem die PKK als »revolutionäre Partei des Proletariats und der Bauern« dargestellt wurde. Heute, bald 50 Jahre später, sind die Ideologieelemente der PKK andere. Nach Angaben der Verfassungsschutzbehörden sind diese heterogen und werden vom Islam, diversen Stammes- und Clanstrukturen sowie strengen Wert-, Moral- und Ehrvorstellungen abgeleitet. So ist die PKK seit Jahren von ihrer Rhetorik des dogmatischen Marxismus und der Forderung nach einem Klassenkampf abgerückt. Schon früh und ausdrücklich allerdings bekannte sich die PKK zu »**revolutionärer Gewalt**«. Bereits in ihrem ersten Manifest war der »nationale Befreiungskampf für eine universale klassenlose Gesellschaft in einem unabhängigen, sozialistischen Kurdistan« das erklärte Ziel der PKK. Hauptgegner waren und sind der türkische Staat sowie dessen Sicherheitsbehörden, Verwaltungsbeamte und Unterstützer allgemein.[358]

Nach mehreren gewaltsamen Aktionswellen in Deutschland erließ das deutsche Bundesministerium des Innern im November 1993 für die PKK ein Betätigungsverbot in Deutschland. Die Aufhebung dieses Betätigungsverbots steht weiterhin im Vordergrund der Lobbyarbeit der PKK in Deutschland. Von der EU ist die PKK seit 2002 als **Terrororganisation** gelistet. Daher bemüht sich die PKK in Europa seit Jahren um ein weitestgehend gewaltfreies Erscheinungsbild. Die anhaltenden militärischen Auseinandersetzungen in der Heimatregion haben jedoch nach wie vor eine hohe Emotionalisierung der Anhängerschaft auch in Deutschland zur Folge. Bei Veranstaltungen und Kundgebungen kommt es daher immer wieder zu gewaltsamen

Auseinandersetzungen mit der Polizei oder türkischen Nationalisten beziehungsweise Rechtsextremisten (»Graue Wölfe«). Auslöser dafür sind oftmals das Verwenden verbotener Kennzeichen oder wechselseitige Provokationen zwischen den politischen Gegnern.[359]

Die PKK nutzt Deutschland vor allem für die Durchführung von Großveranstaltungen (Propaganda, Rekrutierung neuer Anhänger und/oder Sympathisanten), für die logistische und finanzielle Unterstützung weltweit, bei aktuellen Ereignissen im Konflikt mit der Türkei für anlassbezogene Demonstrationen und Solidaritätskundgebungen sowie für Versuche der Einflussnahme auf die deutsche Politik.

Mit zentral gesteuerten, **öffentlichkeitswirksamen Propagandaaktionen** versucht die PKK in Deutschland und im benachbarten Ausland, Aufmerksamkeit für ihre Anliegen zu erlangen. Dafür richtet sie regelmäßig Kundgebungen, zentrale Großveranstaltungen, Podiumsdiskussionen, Kampagnen, Hungerstreiks oder Mahnwachen aus. Da der bewaffnete Konflikt mit türkischen Sicherheitskräften seit Jahren anhält, ist die PKK in Deutschland und in anderen europäischen Staaten weiterhin bestrebt, vor allem jugendliche Anhängerinnen und Anhänger für den bewaffneten Kampf aus Deutschland und Europa zu rekrutieren. Eine entscheidende Funktion kommt hier der PKK-Jugendorganisation zu. Neben persönlichen Kontakten werden Jugendliche gezielt auch durch PKK-Medien aufgefordert, sich dem bewaffneten Kampf der PKK anzuschließen.[360]

»Ülkücü«-Bewegung/Die »Grauen Wölfe«

Die »Ülkücü«-Bewegung bewertet »die türkische Nation« sowohl politisch-territorial als auch »ethnisch-kulturell« als »höchsten Wert«. Die so unterstellte **kulturelle und religiöse Überlegenheit** äußert sich in der Überhöhung der eigenen türkischen Identität und resultiert in einer – auch völkerverständigungswidrigen – Herabwürdigung anderer Volksgruppen, die zu »Feinden des Türkentums« erklärt werden, erläutern die deutschen Verfassungsschutzbehörden aktuell.[361]

Zu den propagierten Feindbildern des Türkentums und damit auch der Ülkücü-Anhänger gehören neben der PKK und allgemein den Kurden unter anderem auch Juden und Armenier.

>> Da spielen Feindbilder eine wichtige Rolle, Feindbild Aleviten, Feindbilder Kurdinnen, Armenierinnen, Jesidinnen, Christinnen, also es gibt Feindbilder, die gesellschaftlich reproduziert werden, auch judenfeindliche und antisemitische Einstellungsmuster spielen da eine wichtige Rolle, auch homophobe Einstellungsmuster.[362]

Mit diesem Weltbild verstößt die Ülkücü-Bewegung in der Analyse des Bundesamtes für Verfassungsschutz gegen den im Grundgesetz verankerten Gleichheitsgrundsatz und wirkt einer Integration türkischstämmiger Migrantinnen und Migranten in die deutsche Gesellschaft entgegen. Immer wieder zeigen Ülkücü-Anhänger einschlägige Symbole und Gesten in den sozialen Netzwerken. Beispiele hierfür sind der »Wolfsgruß« oder das Verwenden der »Üç Hilal« (»drei Halbmonde«), die als Zeichen für das Osmanische Reich dienen und zugleich das Parteilogo der extrem-nationalistischen türkischen Partei MHP (»Milliyetçi Hareket Partisi«, »Partei der Nationalistischen Bewegung«) darstellen.[363]

Der Politologe Bozay warnt ausdrücklich davor, die Gefahr durch die »Ülkücü«-Bewegung und deren gesellschaftliches Spaltungspotenzial zu unterschätzen. Viele Kommunen und Städte in Deutschland würden immer noch zu blauäugig mit den türkischen Rechtsextremisten umgehen. Ein Schwerpunkt der »Ülkücü«-Bewegung liege im Ruhrgebiet. Dort versuchen die rechtsextremistischen »Ülkücü«-Anhängerinnen und Anhänger immer offensiver, in der Mitte der Gesellschaft anzukommen, so Bozay von der Universität Köln.[364]

Im auslandsbezogenen Extremismus in Deutschland hat der **Antisemitismus** vor allem im türkischen Rechtsextremismus und bei extremistischen Palästinensern eine strategisch-ideologisch wichtige Rolle. Bei anderen auslandsbezogenen extremistischen Strukturen ist der Antisemitismus wiederum kein prägendes ideologisches Kernelement. Doch es kommt auch bei türkischen Linksextremisten anlassbezogen zu israelfeindlichen Stellungnahmen, die jedoch nicht vorherrschend auf Religion und Ethnie, sondern auf den Territorialkonflikt mit den Palästinensern abstellen. Eine Quantifizierung des antisemitisch eingestellten, auslandsbezogenen extremistischen Personenpotenzials fällt den Verfassungsschutzbehörden schwer. Die etwa 12.100 Anhängerinnen und Anhänger der »Ülkücü«-Bewegung unterstützen eine Ideologie mit antisemitischen Kernelementen. Allerdings leben nicht alle 12.100 Anhängerinnen und Anhänger der »Ülkücü«-Bewegung diesen Antisemitismus offen aus. Doch der Antisemitismus hat vor allem bei den »Grauen Wölfen« einen besonderen Stellenwert. Juden werden dort wegen einer behaupteten »biologischen Minderwertigkeit« einerseits und eines angeblich »weltumspannenden verschwörerischen Einflusses« andererseits angefeindet. Antisemitismus wird vor allem von Personen aus der unorganisierten »Ülkücü«-Szene in den sozialen Netzwerken verbreitet, die sich auf Grundlage ihrer Ideologie offen antisemitisch äußern oder entsprechende Aussagen weiterverbreiten.[365]

Eine parteiübergreifende Mehrheit im Bundestag verstärkte im Spätsommer 2023 die Forderung nach einem Verbot der »Grauen Wölfe« und ihrer Organisationen in der »Ülkücü«-Bewegung in Deutschland. Bereits Ende 2020 hatten CDU/CSU, SPD, Grüne und FDP im Bundestag in einem gemeinsamen Antrag unter anderem von der Bundesregierung gefordert, »gegen die Vereine der ›Ülkücü‹-Bewegung Organisationsverbote zu prüfen«. »Substanzielle Fortschritte in der Prüfung des Organisationsverbots« durch das Bundesministerium des Innern und für Heimat habe es nach Angaben des CDU-Bundestagsabgeordnete Christoph de Vries seit 2020 immer noch nicht gegeben.[366] Die Bundestagsabgeordnete der Partei Die Grünen, Lamya Kaddor, Islamwissenschaftlerin sprach sich explizit für ein Verbot aus:»Ein Verbot der Ülkücü-Bewegung (›Graue Wölfe‹) als eine der größten, nationalistisch-rechtsextremistischen Bewegungen in Deutschland wäre aus meiner Sicht konsequent und richtig.«[367]

Nach Auffassung der FDP-Bundestagsabgeordneten und FDP-Innenexpertin Linda Teuteberg erfordere die **antisemitische, rassistische und illiberale Ideologie** der »Grauen Wölfe« eine »klare Antwort des wehrhaften freiheitlichen Rechtsstaates«. Sie erwarte, »dass die Bundesinnenministerin ernsthaft prüft, ob und wie ein Verbot der mit den ›Graue Wölfen‹ verbundenen Vereine sich gerichtsfest durchsetzen lässt«. Beim entschiedenen Vorgehen gegen jede Bedrohung der freiheitlich-demokratischen Grundordnung dürfe »es keinen kulturellen Rabatt geben.«[368] Weiter warnte die FDP-Bundestagsabgeordnete Teuteberg zudem davor, dass die Ülkücü-Bewegung »die deutsche Gesellschaft und Politik insbesondere durch legalistische Vereinigungen und Aktivitäten gezielt zu beeinflussen versucht.« Wer mit der menschenverachtenden Ideologie der »Grauen Wölfe« sympathisiere oder sie aktiv verbreite, »kann weder für Integration noch im interreligiösen Dialog Gesprächspartner des demokratischen Rechtsstaates sein.«[369]

»Volksfront für die Befreiung Palästinas« (PFLP)

Der Hauptanknüpfungspunkt antisemitischer Agitation durch säkulare extremistische Palästinenser ist der Territorialkonflikt mit Israel. Hauptakteur der in Deutschland aktiven säkularen Palästinenserorganisationen ist die 1967 gegründete »Volksfront für die Befreiung Palästinas« (PFLP). Diese ist seit 2002 von der EU als Terrororganisation gelistet. Die PFLP bestreitet das Existenzrecht Israels und propagiert offen den bewaffneten Kampf gegen Israel. Ihre antisemitische Agitation ist stark antizionistisch geprägt. Die PFLP verfolgt das

Ziel des Aufbaus eines palästinensischen Staates in den Grenzen des historischen Palästina vor Gründung des modernen Staates Israel mit Jerusalem als Hauptstadt. Dieses Ziel soll durch die Beseitigung der »zionistischen Besatzung« realisiert werden.

Von den in Deutschland lebenden säkular eingestellten Palästinensern äußern sich einige vor dem Hintergrund des Nahostkonflikts israelfeindlich. Aus diesem Milieu werden immer wieder Aufrufe zur Gewalt gegen Juden in den sozialen Medien verbreitet. Das dieser Szene in Deutschland innewohnende Mobilisierungspotenzial wird immer wieder deutlich bei Protestkundgebungen zu jährlich wiederkehrenden Anlässen wie dem »al-Quds-Tag« oder dem »Nakba-Tag«, aber auch bei spontanen Reaktionen auf aktuelle politische Ereignisse im Nahen Osten. So wie aktuell in der massiven Eskalation des Nahostkonflikts. Dabei sind immer wieder Äußerungen oder Darstellungen mit antisemitischen beziehungsweise antiisraelischen Inhalten sowie eine latente aggressive Grundstimmung unter den Teilnehmenden feststellbar. Teilweise kommt es dabei zu körperlichen Auseinandersetzungen und Angriffen auf Journalistinnen und Journalisten oder die Polizei. Der Teilnehmerkreis dieser Kundgebungen besteht größtenteils aus jungen arabischstämmigen Palästinensern, so die Verfassungsschutzbehörden.[370]

Am 7.10.2023 drangen Hunderte Terroristen der palästinensischen Terrororganisation Hamas in israelisches Staatsgebiet ein, zogen mordend durch Wohngebiete, verübten ein Massaker an 360 jungen Israelis auf offenem Gelände, töteten insgesamt über 1.400 Menschen, verletzten über 5.500 Menschen und verschleppten über 240 Menschen, von Kleinkindern bis zu Soldaten, in den Gaza-Streifen.[371] Kurz nach diesen terroristischen Angriffen der Hamas verteilte die **Organisation Samidoun** in Berlin-Neukölln Süßigkeiten und feierte damit die Gräueltaten der Hamas. Die Organisation Samidoun war bereits seit einigen Jahren als Unterstützerorganisation der vom Landesamt für Verfassungsschutz Berlin als linksextremistisch eingestuften »Volksfront für die Befreiung Palästinas« (PFLP) in Deutschland aktiv. Der aktuelle Verfassungsschutzbericht des Bundesamtes für Verfassungsschutz, aus dem Juni 2023, hatte die Unterstützerorganisation »Samidoun« nicht erwähnt, der Verfassungsschutzbericht des Landesamtes für Verfassungsschutz Berlin jedoch schon. Dort wurde erklärt, dass es in den letzten Jahren regelmäßig zu antisemitischen Bekundungen und Forderungen etwa nach einer »Zerschlagung des Staates Israel« im Kontext von Demonstrationen der »Samidoun« kam. Forderungen nach einem »Palästina vom Jordan-Fluss bis zum Mittelmeer« und das Ziel der »Befreiung« Palästinas, einschließlich des israelischen Staatsgebiets, ließen sich seit Jahren mehrfach in Veröffentlichungen von »Samidoun« finden.[372] Darüber hinaus hatte das Landesamt für Verfassungsschutz Berlin bereits im Februar 2023 von etwa einem Dutzend Demonstrationen in Berlin berichtet, bei denen es »wiederholt zu israelfeindlichen Sprechchören und zum Teil gewalttätigen Auseinandersetzungen mit der Polizei« gekommen sei.[373] So hatten im April 2023 Teilnehmerinnen und Teilnehmer einer von Samidoun organisierten Demonstration in Deutschland gerufen, dass man für »blutige Körper« sorgen und die Al-Aksa-Moschee in Jerusalem »befreien« wolle. »Versammelt euch, lang leben die Waffen« und »Raketen regnen Freiheit« hießen weitere Parolen damals.[374]

Der Vizechef der Grünen-Bundestagsfraktion, Konstantin von Notz, Vorsitzender des Parlamentarischen Kontrollgremiums zur Kontrolle der Nachrichtendienste im Bundestag, forderte Bundesinnenministerin Nancy Faeser (SPD) in den Wochen nach diesen Vorfällen in Deutschland auf, ein Betätigungsverbot der islamistisch-terroristischen Hamas sowie ihrer Unterstützer und Vorfeld- beziehungsweise Tarnorganisationen in Deutschland zu erlassen.[375] Es sei »nicht nachvollziehbar, warum hier so wenig geschehen« sei, kritisierte der Grünen-Vizechef die Bundesinnenministerin.[376] Etwa vier Wochen später erließ die Bundesinnenministerin Nancy Faeser dann schließlich ein **Betätigungsverbot** für die radikalislamische Palästinenserorganisation Hamas und den Verein Samidoun. Brandenburgs Innenminister Michael Stübgen kritisierte das Vorgehen der Bundesregierung in Bezug auf das Verbot von Samidoun und die Hamas scharf. Dass Bundeskanzler Olaf Scholz das Verbot bereits am 12.10.2023 im Bundestag angekündigt habe, dieses dann aber über vier Wochen gedauert habe, sei »definitiv ein Fehler gewesen«, so Stübgen. Dadurch hätten die beiden Vereinigungen lange Zeit gehabt, sich darauf vorzubereiten. Es sei unwahrscheinlich, »dass wir da jetzt noch was finden«, erklärte Stübgen.[377] Anfang Dezember 2023 äußerte auch der Präsident des Thüringer Verfassungsschutzes, Stephan Kramer, deutlich sein Unverständnis über das aus seiner Sicht zu spät erfolgte Betätigungsverbot für die Hamas. Deutschland sei zu »einer Art Rückzugsraum« für islamistische Gruppen geworden. Das zu späte Verbot von Hamas und Samidoun passe zu anderen Fällen, in denen man nach dem Motto »Wir tun euch nichts, dann tut ihr uns nichts« verfahren sei, erklärte Kramer. »Die Bundesrepublik wurde dadurch aber zu einer Art Rückzugsraum, einem mutmaßlichen Erholungsgebiet für diese Gruppen, und eine wirkliche Garantie für Ruhe hat es nie gegeben.«[378]

Die Organisation Samidoun war bereits seit einigen Jahren als Unterstützerorganisation der vom Landesamt für Verfassungsschutz Berlin als linksextremistisch eingestuften »Volksfront für die Befreiung Palästinas« (PFLP) in Deutschland aktiv. Das Landesamt für Verfassungsschutz Berlin hatte bereits in den Monaten und Jahren zuvor erklärt, dass es in den »letzten Jahren regelmäßig zu antisemitischen Bekundungen und Forderungen etwa nach einer Zerschlagung des Staates Israel« im Kontext von Demonstrationen der »Samidoun« (»from the river to the sea...«) kam. Forderungen nach einem »Palästina vom Jordan-Fluss bis zum Mittelmeer« und das Ziel der »Befreiung« Palästinas, einschließlich des israelischen Staatsgebiets, ließen sich seit Jahren mehrfach in Veröffentlichungen von »Samidoun« finden.[379] Darüber hinaus hatte das Landesamt für Verfassungsschutz Berlin bereits im Februar 2023 von etwa einem Dutzend Demonstrationen in Berlin berichtet, bei denen es »wiederholt zu israelfeindlichen Sprechchören und z. T. gewalttätigen Auseinandersetzungen mit der Polizei« gekommen sei.[380]

7.3 Gewaltorientierung

Im auslandsbezogenen Extremismus stiegen die Straftaten im Berichtsjahr 2023 im Vergleich zum Vorjahr um 33 Prozent auf 5.170 (2022 waren es noch 3.886 Straftaten). Der Anteil der Gewaltdelikte lag bei knapp 10 Prozent, darunter 311 Körperverletzungen (2022 noch 261) sowie 93 Widerstandsdelikte (2022 noch 59). Darüber hinaus wurden drei versuchte und ein vollendetes Tötungsdelikt festgestellt, im Vorjahr waren keine Tötungsdelikte von auslandsbezogenen Extremisten verübt worden.[381]

Die meisten der in Deutschland vertretenen Organisationen, Gruppen und Einzelpersonen des auslandsbezogenen Extremismus akzeptieren und praktizieren **Gewalt zur Durchsetzung ihrer politischen Ziele.** Anhänger linksextremistischer türkischer Gruppierungen befürworten beispielsweise ganz offen terroristische Aktionen ihrer Organisationen und Gruppen in der Türkei, um das ihnen verhasste dortige System anzugreifen.

Die **PKK** hält als Organisation grundsätzlich an ihrem Gewaltverzicht in Westeuropa und damit auch in Deutschland fest. Dennoch kann es auch in Deutschland zu Straf- und Gewalttaten einzelner – vor allem jugendlicher – Anhänger kommen, die sich in der Regel gegen den politischen Gegner, die Türkei, richten. In der Türkei wird der Konflikt zwischen der PKK und den türkischen Sicherheitsbehörden sowie den Streitkräften regelmäßig als bewaffnete Auseinandersetzungen ausgetragen. Anschläge, Hinterhalte, kleinere Angriffe der PKK werden dort regelmäßig mit großen militärischen Operationen der türkischen Streitkräfte, auch mit Kampfflugzeugen, beantwortet. Nach der beiderseitigen Aufkündigung des »Friedensprozesses« zwischen der PKK und dem türkischen Staat im Sommer 2015 war dieser Konflikt erneut aufgeflammt.

Ereignisse in der Heimatregion wie beispielsweise türkische Militäroperationen in von Kurden besiedelten Gebieten gegen die PKK, emotionalisieren deren Anhängerschaft weltweit – auch in Deutschland – sehr stark. Häufig führt dies dann zu Spannungen zwischen nationalistischen, **rechtsextremistischen Türken** (»Graue Wölfe«) auf der einen und kurdischstämmigen Personen (vor allem PKK-Anhängern) auf der anderen Seite. Oftmals kommt es im Zusammenhang von Demonstrationen beim Aufeinandertreffen von Mitgliedern und Sympathisanten beider extremistischer Organisationen zu gewalttätigen Auseinandersetzungen. Eine weitere Eskalation kann in der Regel dann nur durch starke Polizeipräsenz verhindert werden.[382]

Von 2013 bis 2022 haben sich nach Information der deutschen Verfassungsschutzbehörden mehr als 300 Personen aus Deutschland in die kurdischen Siedlungsgebiete begeben und sich dort unter anderem Kampfeinheiten der PKK angeschlossen. Von den mehr als 300 ausgereisten Personen sind dort mindestens 36 Personen (Hellfeld) ums Leben gekommen.[383]

Die auslandsbezogen-rechtsextremistischen »**Grauen Wölfe**« leben ihre meist rassistischen und antisemitischen Feindbilder oftmals offen aus, beispielsweise in den Sozialen Medien, aber auch beim öffentlichen Aufeinandertreffen mit ihren politischen Gegnern, vor allem tatsächlichen oder vermeintlichen PKK-Anhängern und Kurdinnen und Kurden allgemein. Besonders beim Aufeinandertreffen am Rande von Demonstrationen zeigt sich seit Jahren immer wieder das hohe Gewaltpotenzial der »Grauen Wölfe«.

Die sog. säkulare »Volksfront für die Befreiung Palästinas« (PFLP) wird von der Europäischen Union als **Terrororganisation** gelistet. Im Zusammenhang mit antisemitischer Agitation bestreitet die PFLP öffentlich das Existenzrecht Israels und propagiert ganz offen den bewaffneten Kampf gegen Israel. Die PFLP verfolgt das Ziel des Aufbaus eines palästinensischen Staates in den Grenzen des historischen Palästina vor Gründung des modernen Staates Israel mit Jerusalem als Hauptstadt. Dieses Ziel soll durch die Beseitigung der »zionistischen Besatzung« realisiert werden. Aus diesem Milieu werden immer wieder Aufrufe zur Gewalt gegen Juden in den sozialen Medien verbreitet. Bei Protestkundgebungen zu jährlich wiederkehrenden Anlässen wie dem »al-Quds-Tag« oder dem »Nakba-Tag«, aber auch bei spontanen Reaktionen auf aktuelle politische Ereignisse im Nahen Osten, sind antisemitische beziehungsweise antiisraelische Äußerungen und Symbole ebenso präsent wie eine aggressive Grundstimmung unter den Teilnehmenden, stellen die Sicherheitsbehörden fest.[384] Dabei kommt es regelmäßig zu Gewalt gegen Journalistinnen und Journalisten sowie gegen Polizeibeamtinnen und Polizeibeamte.

7.4   Fazit

Die Akteure des auslandsbezogenen Extremismus in Deutschland sind sehr heterogen und untereinander klar verfeindet. Der auslandsbezogene Extremismus in Deutschland umfasst aktuell rechts- und linksextremistische sowie separatistische Bestrebungen aus verschiedenen Ländern Europas, Asiens und Afrikas. Viele der in Deutschland agierenden extremistischen Organisationen mit Auslandsbezug agieren in ihren Heimat- beziehungsweise Herkunftsländern mit Gewalt und begehen dort auch terroristische Anschläge gegen den jeweiligen Staat und dessen Sicherheitskräfte. Bei diesen Angriffen werden immer wieder auch Zivilistinnen und

Zivilisten verletzt oder getötet. Dagegen betrachten die Akteure des auslandsbezogenen Extremismus Deutschland als **Rückzugsraum**, von dem aus der bewaffnete Kampf in der Heimat propagandistisch sowie durch den Nachschub von Geld, Material oder neu rekrutierten Freiwilligen unterstützt wird.

Aber auch in diesem Rückzugsraum kommt es in Deutschland zu Straf- und Gewalttaten von Akteuren des auslandsbezogenen Extremismus. Diese reichen von versammlungstypischen Straftaten wie dem Zeigen verbotener Symbolik und Widerstand gegen Polizeikräfte über Sachbeschädigungen an (halb-)staatlichen Einrichtungen der Herkunftsländer bis hin zu gewaltsamen Auseinandersetzungen und Angriffen beim Aufeinandertreffen mit politischen Gegnern. Zusätzlich wird von »Grauen Wölfen« und palästinensischen Akteuren ein starker Antisemitismus verbreitet und auch antisemitische Gewalttaten verübt.

Eine parteiübergreifende Mehrheit im Bundestag verstärkte im Spätsommer 2023 die Forderung nach einem Verbot der »Grauen Wölfe« und ihrer Organisationen in der »Ülkücü«-Bewegung in Deutschland. Bereits Ende 2020 hatten CDU/CSU, SPD, Grüne und FDP im Bundestag in einem gemeinsamen Antrag unter anderem von der Bundesregierung gefordert, »gegen die Vereine der ›Ülkücü‹-Bewegung Organisationsverbote zu prüfen«. »Substanzielle Fortschritte in der Prüfung des Organisationsverbots« durch das Bundesministerium des Innern und für Heimat habe es nach Angaben des CDU-Bundestagsabgeordnete Christoph de Vries seit 2020 immer noch nicht gegeben.[385] Die Bundestagsabgeordnete der Partei Die Grünen, Lamya Kaddor, Islamwissenschaftlerin sprach sich explizit für ein Verbot aus: »Ein Verbot der Ülkücü-Bewegung (›Graue Wölfe‹) als eine der größten, nationalistisch-rechtsextremistischen Bewegungen in Deutschland wäre aus meiner Sicht konsequent und richtig.«[386] Die FDP-Bundestagsabgeordnete Linda Teuteberg warnte zudem davor, dass die Ülkücü-Bewegung »die deutsche Gesellschaft und Politik insbesondere durch legalistische Vereinigungen und Aktivitäten gezielt zu beeinflussen versucht«.

» Wer mit der menschenverachtenden Ideologie der »Grauen Wölfe« sympathisiere oder sie aktiv verbreite, kann weder für Integration noch im interreligiösen Dialog Gesprächspartner des demokratischen Rechtsstaates sein.[387]

Trotz dieser parteiübergreifenden Mehrheit im Bundestag hat das Bundesinnenministerium die Ülkücü-Bewegung und ihre Vereinigungen bisher nicht verboten. Der französische Innenminister dagegen hat die »Grauen Wölfe« bereits im November 2020 in Frankreich verboten.

8
Gefahren durch Organisierte Kriminalität

» Organisierte Kriminalität stellt eine erhebliche Bedrohung für Gesellschaft, Wirtschaft und Staat dar, ihre Bekämpfung ist und bleibt deshalb ein Schwerpunkt der polizeilichen Arbeit in Bund und Ländern. Gleichzeitig verändert sich die OK fortlaufend und nutzt sich ihr bietende neue Handlungsoptionen und Aktionsräume. Es ist daher wichtig, Trends möglichst früh zu erkennen, um diesen mit gezielten polizeilichen Bekämpfungsansätzen begegnen zu können«[388], Holger Münch, Präsident des Bundeskriminalamtes, bei der Vorstellung des aktuellen Bundeslagebildes Organisierte Kriminalität des BKA im Oktober 2023.

Aktuelle mediale Formulierungen zur Organisierten Kriminalität (OK) wie »Europa wird zur Kokain-Drehscheibe: Auch Hamburger Hafen betroffen«[389], »Hamburg Drogenkrieg: Die Polizei ist nicht ausreichend ausgestattet«[390], Hamburg: »Hier eskaliert die Gewalt auf offener Straße. Dann ist das Krieg für mich«[391], Clankriminalität, die Remmos »der Staat stellt sich selber ein Bein«[392], »Berlin im Griff der Clans«[393], »Der Staat hechelt hinterher«[394], »Kriminelle Clans glauben, sie stünden über dem Recht«[395] wirken journalistisch zugespitzt, zitieren jedoch häufig Polizeibeamtinnen und -beamte und die Staatsanwaltschaft und verweisen auf die reale Faktenlage.

Der durch die Organisierte Kriminalität in Deutschland verursachte und polizeilich registrierte Schaden lag im Jahr 2022 – dem Berichtsjahr des aktuellen Bundeslagebildes Organisierte Kriminalität des BKA – bei 1,3 Milliarden Euro. Das BKA betont in der Vorbemerkung des aktuellen Bundeslagebildes Organisierte Kriminalität, dass dieses Lagebild lediglich eine Beschreibung des Hellfeldes, also der polizeilich bekannt gewordenen Kriminalität darstelle, so dass die Art und der Umfang des Dunkelfeldes nicht erfasst seien.[396] Das Dunkelfeld besteht also aus der Kriminalität, die polizeilich nicht bekannt wird, und ist potenziell groß.

Der durch Organisierte Kriminalität verursachte Schaden von mindestens 1,3 Milliarden Euro stellt den zweithöchsten Wert in den vergangenen zehn Jahren dar. Die kriminellen Erträge bezifferte das BKA auf 1,1 Milliarden Euro. Vorläufige Vermögenssicherstellungen erfolgten in Höhe von 228 Millionen Euro.

Insgesamt ermittelten die deutschen Polizeien im Jahr 2022 7.256 Tatverdächtige im Bereich der Organisierten Kriminalität.

Dabei war etwa die Hälfte aller erfassten OK-Gruppierungen (46 Prozent) im Bereich der **Rauschgiftkriminalität** tätig. Damit blieb der Rauschgifthandel und Rauschgiftschmuggel das Hauptbetätigungsfeld von OK-Gruppierungen in Deutschland, gefolgt von Wirtschaftskriminalität mit 17,4 Prozent und Eigentumskriminalität mit 9,2 Prozent.

In fast drei Viertel (72 Prozent) der in Deutschland geführten OK-Ermittlungsverfahren wurde eine internationale Tatbegehung oder eine Kooperation mit OK-Gruppierungen aus dem Ausland festgestellt.

Im Jahr 2022 wurden in Bund und Ländern 46 OK-Verfahren erfasst, die der **Clankriminalität** zugeordnet werden konnten. Ein Blick auf die Gewalttaten zeigt nach Angaben des BKA, dass OK-Gruppierungen zunehmend bereit sind, mit teilweise drastischen Mitteln ihre Macht zu demonstrieren, um beispielsweise Zeugen einzuschüchtern oder Gelder einzutreiben. So stellten die deutschen Polizeien im Jahr 2022 16 vollendete und 22 versuchte Tötungsdelikte durch OK-Gruppierungen fest. Darüber hinaus wurden 21 versuchte und 76 vollendete Körperverletzungsdelikte verzeichnet, bei denen es sich in der Regel um gefährliche oder schwere Körperverletzungen handelte. Im Jahr 2022 konnten die deutschen Strafverfolgungsbehörden den Tatverdächtigen von OK-Gruppierungen insgesamt 275 Schusswaffen konkret zuordnen. Darüber hinaus stellten die Strafverfolgungsbehörden 106 Schusswaffen sicher, die keinem Tatverdächtigen eindeutig zugeordnet werden konnten, aber Mitgliedern der OK-Gruppierungen zur Verfügung standen.[397]

Im April 2024 veröffentliche EUROPOL erstmals Zahlen zu den 800 gefährlichsten Netzwerken Organisierter Kriminalität in Europa. Diese etwa 800 OK-Gruppierungen haben nach Angaben von EUROPOL mehr als 25.000 Mitglieder. Zum Bedrohungspotenzial dieser europäischen OK-Gruppierungen erklärte EUROPOL: »Das schwere und organisierte Verbrechen ist allgegenwärtig und stellt weiterhin eine große Bedrohung der inneren Sicherheit der Europäischen Union dar.«[398] Die EUROPOL-Analyse erläutert, dass diese 800 europäischen OK-Gruppierungen »hochprofessionell, international operierend, flexibel, kontrollierend und zerstörerisch« seien. Profite aus Drogen- und Waffenhandel würden in ganz Europa in Immobilien, Supermärkte oder Hotels investiert. Das Hauptdeliktsfeld dieser OK-Gruppierungen ist der **Drogenhandel**, jede zweite OK-Gruppierung sei darin verwickelt, vorwiegend geht es um Kokain, aber auch um synthetische Drogen und Cannabis. Weitere OK-Delikte sind Betrug, Einbrüche und Diebstahl, Menschenhandel sowie Schmuggel von Menschen. Nach Angaben von EUROPOL stellt die Infiltrierung der legalen Geschäftswelt eine große Bedrohung für die öffentliche Sicherheit Europas dar. 86 Prozent der 800 europäischen OK-Gruppierungen nutzen legale Geschäftsstrukturen für die Geldwäsche, eine große Mehrheit arbeitet mit Korruption und Gewalt.[399]

In den letzten Monaten und Jahren wurde in der Debatte um Organisierte Kriminalität und Clankriminalität in Deutschland häufig vor »schwedischen Verhältnissen« gewarnt.[400] Nach Angaben der schwedischen Kriminalpolizei haben etwa 60.000 Menschen in Schweden eine Verbindung zu kriminellen Gangs, Clans bzw. Banden. Von diesen 60.000 Menschen seien etwa 14.000 Menschen aktiv in OK-Gruppierungen. Schweden sieht sich seit mehreren Jahren mit dieser Form von Kriminalität konfrontiert, die regelmäßig zu tödlichen Schüssen und vorsätzlich herbeigeführten Explosionen im öffentlichen Raum führt. Dabei geht es im Wesentlichen um Markthoheiten im lukrativen Drogenhandel. Unter den Tätern und Opfern sind dabei häufig junge Männer und auch Minderjährige mit Migrationshintergrund.»Wir sehen, dass die kriminellen Netzwerke sehr umfassend sind, was das Bild bestätigt, dass es sich um ein weitverbreitetes und sehr ernsthaftes Gesellschaftsproblem handelt«, erklärte die schwedische nationale Polizeichefin Petra Lundh.[401]

8.1 Die Akteure

Mitglieder von OK-Gruppierungen schließen sich aus unterschiedlichen Gründen zusammen. Sowohl polizeiliche Erkenntnisse als auch Forschungserkenntnisse zu OK-Gruppierungen belegen nach Angaben des BKA, dass sie sich häufig aufgrund bestehender Gemeinsamkeiten – wie z. B. vertrauensvolle Freundschaft, familiäre Verbundenheit, Sprache, soziokulturelle Prägung oder Identifikation mit kriminellen Subkulturen – zusammenschließen. Nach Angaben des BKA sind relevante Gruppierungen der OK: Rockergruppen und rockerähnliche Gruppierungen, die Italienische Organisierte Kriminalität (IOK), die Russisch-Eurasische Organisierte Kriminalität (REOK) sowie die Clankriminalität.

Rockergruppen und rockerähnliche Gruppierungen

Eine Rockergruppe ist nach Angaben des BKA

>> ein Zusammenschluss mehrerer Personen mit strengem hierarchischem Aufbau, einer engen persönlichen Bindung der Gruppenmitglieder untereinander, einer sehr geringen Bereitschaft, mit der Polizei zu kooperieren sowie selbst geschaffenen strengen Regeln und Satzungen. Die Zusammengehörigkeit der Gruppenmitglieder einer Rockergruppe wird durch das Tragen gleicher Kleidung oder Abzeichen nach außen dokumentiert. Rockerkriminalität umfasst in der Analyse des BKA alle Straftaten von einzelnen oder mehreren Mitgliedern einer Rockergruppe, die hinsichtlich der Motivation für das Verhalten im direkten Zusammenhang mit der Zugehörigkeit zu dieser Gruppe und der Solidarität zu sehen sind. Rockerkriminalität wird über die Motivation für die begangenen Straftaten, die in direktem Zusammenhang mit dem **Motorradclub** steht, definiert.[402]

In Bezug auf Rockergruppen: In Deutschland existieren rund 680 Chapter/Charter mit ungefähr **7.800 Mitgliedern** von Rockergruppen. Dazu zählen u. a. örtliche Zusammenschlüsse der international bekannten **Outlaw Motorcycle Gangs** (OMCG), **Bandidos MC** (BMC), **Gremium MC** (GMC) und **Hells Angels MC** (HAMC) sowie deren Supporterclubs. Außerdem existieren weitere Rockerclubs, die zumeist nur regional agieren. Kriminalität, die durch Mitglieder dieser Gruppen begangen wird, reicht nach Angaben des BKA von Rauschgiftdelikten über Gewaltdelikten bis hin zu Kriminalität im Zusammenhang mit dem Nachtleben oder der Wirtschaft.[403]

Die **Outlaw Motorcycle Gangs (OMCG)** entstanden Mitte des 20. Jahrhunderts aus einer Gruppe ehemaliger Mitglieder der U.S. Air Force, den «Pissed Off Bastards of Bloomington«, die sich später in

»Hells Angels MC« umbenannten und Vorbild für alle danach entstandenen Gruppierungen waren.

Die Strukturen der unterschiedlichen Clubs sind nahezu identisch. Sie sind klar hierarchisch gegliedert und weisen ein strenges Reglement mit teilweise drastischen Strafandrohungen bei Regelverstößen auf. Die kleinste Organisationseinheit ist der Ortsverein. Dieser wird bei BMC, OMC und GMC als «Chapter«, beim HAMC als «Charter« bezeichnet. Der Chaptername bezieht sich in Deutschland meistens auf eine Region oder eine Stadt, in der der Club ansässig ist. Die Chapter sind in ihrer jeweiligen Region mehr oder weniger unabhängig, haben aber starke nationale und internationale Bindungen innerhalb der Gesamtorganisation.[404]

Die zunächst legalen (Vereins-)Strukturen und die internationale Vernetzung von Rockergruppierungen bergen nach Angaben des BKA große Potenziale für eine kriminelle Nutzung. Macht- und Territorialinteressen werden gegenüber konkurrierenden Rockerclubs mit hoher krimineller Energie durchgesetzt. Rockergruppierungen sind aber auch in bestimmten legalen Geschäftsbereichen wie dem Sicherheitsgewerbe, im Rotlichtbereich und mit Tattooshops aktiv, so das BKA aktuell.[405]

In Deutschland werden in den letzten Jahren immer mehr Ermittlungsverfahren (im Hellfeld) gegen Rockergruppierungen sowie gegen Angehörige von Rockergruppierungen geführt, in denen festgestellt wurde und wird, dass kriminelle Rockergruppierungen auch mit anderen Akteuren der Organisierten Kriminalität kooperieren. Der Schwerpunkt liegt hierbei im Bereich Gewaltkriminalität sowie bei Verstößen gegen das **Betäubungsmittelgesetz** und das **Waffengesetz**.[406]

Der allergrößte Teil der von Angehörigen von Rockervereinigungen begangenen Straftaten liegt im Bereich der Rohheitsdelikte (gefährliche Körperverletzung, einfache Körperverletzung, räuberische Erpressung, Erpressung, Bedrohung). Der Hintergrund dieser Straftaten liegt häufig in traditionellen Feindschaften zwischen den Rockerclubs begründet. Die Schwelle zum Einsatz von teilweise massiver Gewalt bis hin zur Begehung von Tötungsdelikten ist nach Angaben des BKA in diesem Milieu niedrig. Auch vor dem Gebrauch von Stich- und Schusswaffen – unter Inkaufnahme von Verletzungen unbeteiligter Dritter – wird nicht zurückgeschreckt. Im Verlauf von Konflikten zwischen zwei Gruppierungen kann sich die Gewalt rasch aufschaukeln und bis hin zu vorsätzlichen Tötungen führen. Dies stellt eine erhebliche Gefahr für den öffentlichen Raum, für die Öffentliche Sicherheit, dar.[407]

Auch im Phänomenbereich der Rockerkriminalität ist nach Auffassung des BKA von einem erheblichen Dunkelfeld auszugehen. Der Verhaltenskodex der Rockergruppierungen verbietet ermittlungsfördernde Verhaltensweisen, insbesondere die Zusammenarbeit mit Ermittlungsbehörden. Die nicht vorhandene Aussagebereitschaft von Mitgliedern von Rockergruppierungen sowie Einschüchterungen und Bedrohungen von Zeugen führen seit Jahren dazu, dass Straftaten von Rockergruppierungen den Strafverfolgungsbehörden nur in Teilen bekannt werden, analysiert das BKA.[408]

Italienische Organisierte Kriminalität

Deutschland wird in der Analyse des BKA von Angehörigen bzw. Unterstützern der Italienischen Organisierten Kriminalität vor allem in den Bereichen der Rauschgift-, Fälschungs-, Eigentums- und Wirtschaftskriminalität als Aktionsraum genutzt, dient aber darüber hinaus auch als Flucht-, Ruhe-, Rückzugs- und Investitionsraum. Die einzelnen Gruppierungen der Italienischen OK weisen einen hohen **Organisations- und Professionalisierungsgrad** auf.

Die vier klassischen Gruppierungen der Italienischen Organisierten Kriminalität in Deutschland sind nach Angaben des BKA die sizilianische Mafia, beispielsweise die Cosa Nostra, die neapolitanische Camorra, die `Ndrangheta aus Kalabrien sowie apulische Gruppierungen, beispielsweise die Sacra Corona Unita.

Die **Cosa Nostra** ist die älteste und traditionellste Gruppierung der sizilianischen Mafia. Eines ihrer Hauptbetätigungsfelder ist der internationale Rauschgifthandel. Einen Schwerpunkt legt sie auf den Aufbau von legalen Geschäftsstrukturen zur Geldwäsche. Seit den 1970er Jahren operiert die Costa Nostra auch in Deutschland. Deliktische Schwerpunkte sind dabei vor allem Raub- bzw. Banküberfälle und illegale Tätigkeiten in der Bauwirtschaft.[409]

Neben der Cosa Nostra existieren noch weitere sizilianische Gruppierungen wie die Stidda und die Clans Cursoti und Laudani, die auf dem Gebiet der Schutzgelderpressung und im Rauschgifthandel tätig sind. Vor allem die Stidda hatte in der Vergangenheit starke Verbindungen nach Deutschland, erläutert das BKA.

Die aus dem Großraum Neapel stammende **Camorra** besteht aus Clans und Familien, die häufig in Gebietsstreitigkeiten und interne Auseinandersetzungen verwickelt sind. Anders als bei der sizilianischen Mafia und der `Ndrangheta pflegen einige Camorra-Bosse einen eher auffälligen Lebensstil. Tätigkeitsfelder der Camorra sind vor allem Rauschgifthandel, Zigarettenschmuggel, illegale Müllentsorgung sowie Produkt- und Markenpiraterie und Geldfälschung, so das BKA. In Deutschland ist die Camorra seit den 1980er Jahren schwerpunktmäßig im Rauschgifthandel sowie bei Betrugsdelikten und Produktfälschungen tätig.[410]

Die kalabrische **`Ndrangheta** ist derzeit die relevanteste Mafia-Gruppierung in Deutschland. Wegen ihrer direkten Kontakte zu den Produzenten nimmt sie eine dominante Stellung auf dem europäischen Kokainmarkt ein und versucht, ihr Territorium auszuweiten und

Einfluss auf kalabrische Migrantengemeinschaften auszuüben. Das BKA analysiert, so wie italienische und Sicherheitsbehörden anderer europäischer Staaten, dass die `Ndrangheta wiederholt unter Beweis gestellt hat, dass sie fähig ist, Wirtschaft und Politik in Italien zu infiltrieren. Durch taktisch kluge Investition ihres immensen Vermögens aus krimineller Herkunft in legale Wirtschaftszweige hat sie es in Italien geschafft, eine Art Monopol in ausgewählten Bereichen wie zum Beispiel dem Baugewerbe, dem Immobiliensektor und dem Transportsektor zu erreichen. Dies schadet der freien Wirtschaft und der inneren Sicherheit immens. Die `Ndrangheta ist neben Italien vor allem in Spanien, Frankreich, in Deutschland, den Niederlanden, der Schweiz, Kanada, den USA sowie Kolumbien und Australien tätig.[411]

Zu den aktuellen Zahlen der Italienischen Organisierten Kriminalität in Deutschland: Obwohl die Anzahl der OK-Gruppierungen, die der IOK zugeordnet werden, im Vergleich zum Jahr 2021 um 12,5 Prozent gestiegen ist, sank die Anzahl der Tatverdächtigen um 34,2 Prozent. Von den 210 Tatverdächtigen, die Gruppierungen der IOK zugeordnet wurden, waren 147 italienische Staatsangehörige, aber alle Gruppierungen der IOK waren italienisch dominiert, führt das BKA aus.

Russisch-Eurasische Organisierte Kriminalität

Das verbindende Element der Russisch-Eurasischen Organisierten Kriminalität (REOK) ist nach Angaben des BKA in den kulturellen Gemeinsamkeiten der Nachfolgestaaten der Sowjetunion zu sehen. Ein maßgeblicher Bestandteil der REOK ist die Ideologie der traditionell als »Diebe im Gesetz« bezeichneten kriminellen Autoritäten, erläutert das BKA im Oktober 2023. Die »Diebe im Gesetz« orientieren sich an einem eigenen Normen- und Wertesystem und sind einem eigenen Kodex verpflichtet. Mit dieser Ideologie sind die aus den lokalen Banden des postsowjetischen Russlands der 1990er

Jahre hervorgegangenen kriminellen Organisationen, die sog. **Syndikate**, eng assoziiert.[412] Der Bereich der Russisch-Eurasischen Organisierten Kriminalität umfasst alle kriminellen und damit zusammenhängenden legalen und illegalen wirtschaftlichen Aktivitäten, die unter diesem »Leitbild« zusammengefasst werden können. Ein zentrales Element stellt die sog. Diebeskasse – der »Obshyak« – dar. Hierbei handelt es sich um eine aus inkriminierten Geldern gespeiste Gemeinschaftskasse, auf die von den Gruppenmitgliedern je nach Hierarchie und besonderen Umständen zurückgegriffen werden kann. Alle Mitglieder bzw. Ebenen der streng hierarchisch aufgebauten und nach innen und außen abgeschotteten Organisationen sind verpflichtet, in diese Gemeinschaftskasse einzuzahlen, erläutert das BKA aktuell.[413]

Clankriminalität

Mord, Drogen, Raubüberfälle, Schutzgelderpressungen: Kriminelle Familienclans haben in Deutschland in den letzten Jahren Rockerbanden und die Mafia aus den Schlagzeilen verdrängt. Vom Raub einer 100 Kilo schweren Goldmünze in Berlin bis zu Schießereien auf offener Straße und Gewalt gegen Polizisten und Verwaltungsbeamte: Immer häufiger geraten Akteure der Clankriminalität in die Berichterstattung. Bei fast allen Razzien im Bereich krimineller Familienclans in den vergangenen Monaten in Deutschland stieß die Polizei auf Illegales. Bei diesen Razzien ging es unter anderem um illegalen Waffenbesitz, Drogenhandel, Schwarzarbeit, Steuerbetrug, Diebstahl, Körperverletzung und Erpressung.

Das BKA definiert Clankriminalität wie folgt:

> **》** Ein Clan ist eine informelle soziale Organisation, die durch ein gemeinsames Abstammungsverständnis ihrer Angehörigen bestimmt ist. Sie zeichnet sich insbesondere durch eine hierarchische Struktur, ein ausgeprägtes Zugehörigkeitsgefühl und ein gemeinsames Nor-

men- und Werteverständnis aus. Clankriminalität umfasst das delinquente Verhalten von Clanangehörigen. Die Clanzugehörigkeit stellt dabei eine verbindende, die Tatbegehung fördernde oder die Aufklärung der Tat hindernde Komponente dar, wobei die eigenen Normen und Werte über die in Deutschland geltende Rechtsordnung gestellt werden können. Die Taten müssen im Einzelnen oder in ihrer Gesamtheit für das Phänomen von Bedeutung sein.[414]

Bei der Betrachtung des Phänomens Clankriminalität im Bundeslagebild OK müsse hervorgehoben werden, dass ausschließlich kriminelle Clanangehörige im polizeilichen Fokus stehen und nicht per se der gesamte Clan, erläutert das BKA. Die Ausprägungen der Clankriminalität inkludieren neben dem Bereich der OK auch ein Vielfaches an Straftaten aus dem Bereich der Allgemeinkriminalität sowie Verstöße gegen das Ordnungswidrigkeitengesetz, erklärt das BKA aktuell. So werde im Bundeslagebild OK die Organisierte Clankriminalität betrachtet, die lediglich eine Teilmenge der strafbaren Handlungen krimineller Clanangehöriger darstelle, so dass die dort betrachteten OK-Gruppierungen neben der Definition Clankriminalität auch die OK-Definition erfüllen. Die Definition von Clankriminalität fokussiere auf das delinquente Verhalten einzelner Personen und lasse Raum zur Erkennung verschiedener Ausprägungen von Clankriminalität, so das BKA. Im polizeilichen Fokus stünden vor allem kriminelle Clanangehörige der **Mhallamiye** oder solchen mit arabisch-/türkeistämmiger Herkunft. Im Jahr 2022 gab es 46 OK-Verfahren im Zusammenhang mit Clankriminalität.[415]

Dutzende kriminelle Familienclans existieren in Deutschland, teilweise sind sie für spektakuläre Straftaten verantwortlich. Seit 2018 gehen die Behörden verschiedener Bundesländer, vor allem in Nordrhein-Westfalen (NRW), härter gegen kriminelle Familienclans vor. Im Kontext einer bundesweit und international konzertierten Aktion wurden allein in Deutschland Anfang Juni 2021 im Zusammenhang mit Clankriminalität mehr als 150 Objekte in Deutschland durchsucht.

In Berlin, Nordrhein-Westfalen, Bremen und Niedersachsen stellen die Polizei- und Ordnungsbehörden seit Jahren fest, dass Mitglieder krimineller Familienclans durch aggressives Auftreten, Ordnungsstörungen und Straftaten die Bevölkerung – teilweise in größeren Gruppenverbänden – einschüchtern und versuchen, bestimmte regionale Räume augenscheinlich für sich zu reklamieren. So berichten polizeiliche Einsatzkräfte seit einigen Jahren von einer offenen Feindseligkeit, einer hohen und unmittelbar geäußerten Aggressivität, Respektlosigkeit und Gewalteskalation, die das Ziel verfolgen, behördliche Maßnahmen zu beeinflussen oder zu unterbinden.[416]

Die Gegenmaßnahmen der vor allem betroffenen Bundesländer Nordrhein-Westfalen, Berlin, Bremen und Niedersachsen weisen Gemeinsamkeiten, aber auch klare Unterschiede in ihrer Intensität und Konsequenz auf. Die staatlichen Maßnahmen gegen Clankriminalität sind entscheidend abhängig vom jeweiligen Innenministerium des betroffenen Bundeslandes und auch dem Parteiprogramm derjenigen Partei, die den Innenminister bzw. die Innenministerin in jenem Bundesland stellt.

Nachdem die Gefahr der Organisierten Kriminalität durch Clankriminalität über viele Jahre politisch und medial kaum thematisiert wurde, erklärte das Innenministerium des Landes Nordrhein-Westfalen unter Führung von Herbert Reul (CDU), das Thema Clankriminalität zu einer Priorität der Innenpolitik, der Öffentlichen Sicherheit. Permanente Razzien, Hausdurchsuchungen und Kontrollen (als »Null-Toleranz-Strategie« bezeichnet, bzw. auch als »Strategie der 1000 Nadelstiche«) sollen in Nordrhein-Westfalen die Clanstrukturen schwächen. Eine weitere Gegenmaßnahme der letzten Jahre bestand und besteht darin, kriminell erlangtes **Vermögen abzuschöpfen**. Sachwerte, wie beispielsweise Immobilien, bei denen der

Verdacht besteht, dass sie mit Geld aus illegalen Geschäften bezahlt wurden, dürfen von den Behörden beschlagnahmt werden. Gleiches gilt, wenn der Verdacht der Geldwäsche besteht.

Die Polizei in Nordrhein-Westfalen geht seit Beginn der ersten Amtszeit des Innenministers Reul gezielt, mit einer klar erkennbaren Strategie, gegen Clankriminalität vor. Der Hauptaktionsraum von Clankriminellen in NRW ist nach Angaben des LKA NRW das Ruhrgebiet. Die meisten Straftaten wurden laut »Lagebild Clankriminalität« 2021 in Essen verzeichnet, gefolgt von Recklinghausen, Gelsenkirchen, Duisburg und Bochum. Seit Beginn der Offensive gegen kriminelle Clans im Juli 2018 seien bei mehr als 2.000 Razzien über 5.000 Objekte kontrolliert und 3.200 Strafanzeigen aufgenommen worden, hieß es bei der Vorstellung des Lagebilds im April 2022. 2021 war die statistisch erfasste Clankriminalität in NRW dem Lagebild zufolge leicht rückläufig. Die Zahl der erfassten Straftaten durch kriminelle Clanangehörige sank um 5,8 Prozent auf 5.460. Gleichzeitig sei das Volumen beschlagnahmten Vermögens von knapp vier auf über **zehn Millionen Euro** mehr als verdoppelt worden. Jedes fünfte Ermittlungsverfahren im Bereich der organisierten Kriminalität habe 2021 Clan-Bezüge gehabt.[417]

Um eine nachhaltige Bekämpfung von Clankriminalität zu gewährleisten, zählt die **Durchführung von Finanzermittlungen** zum Standardrepertoire. Die Analyse der Finanzströme trägt zum Erkennen der Strukturen, zur Aufdeckung der Tatbeiträge und zur Identifizierung der im Verborgenen agierenden Profiteure bei. Eine erfolgreiche Vermögensabschöpfung soll den kriminellen Netzwerken die Möglichkeit zur Geldwäsche, zur Realisierung von Gewinnen und zur Reinvestition in neue Aktivitäten entziehen. Nach Angaben des LKA NRW ist eine »effektive Bekämpfung der Clankriminalität nur durch die Vernetzung und Kooperation mit den zuständigen Sicherheits-, Ordnungs-, Verwaltungs- und Strafverfolgungsbehörden möglich«.[418] Ein Beispiel für sich entwickelnde institutionalisierte

Zusammenarbeitsformen im Kampf gegen die Clankriminalität ist die vom Innenministerium NRW eingerichtete »Sicherheitskooperation Ruhr zur Bekämpfung der Clankriminalität« (»Siko Ruhr«). Ein weiterer Sektor ist die Prävention und hierbei die Entwicklung von Aussteigerprogrammen und präventiven Modellen, die vor allem Kindern und Jugendlichen Wege aus dem Clanmilieu aufzeigen soll.[419]

Zusammenfassend lässt sich festhalten, dass die vorrangig von Clankriminalität betroffenen Bundesländer – Berlin, NRW, Niedersachsen sowie Bremen – in den letzten Monaten und Jahren unterschiedliche Konzepte und Maßnahmen entwickelt haben, um Clankriminalität, ihren Strukturen und Akteuren zu begegnen. Das Land NRW, das Innenministerium, seine Polizeibehörden gelten dabei in Deutschland als Vorreiter von effektiven Maßnahmen gegen die Clankriminalität. Die an den staatlichen Gegenmaßnahmen beteiligten Behörden müssen ihre Strategien, Taktiken und Mittel regelmäßig und frühzeitig auf ihre Wirksamkeit überprüfen. Noch mehr Fahndungsdruck und eine noch intensivere Zusammenarbeit von Polizei, Justiz und Politik sind nötig, um die Clankriminalität zurückzudrängen. Ein Schlüssel dazu ist die Bündelung von Kompetenzen und Ressourcen und ein intensiverer regelmäßiger Informationsaustausch aller beteiligten staatlichen Akteure sowie die Stärkung der wissenschaftlichen Analysekompetenz in diesem Kriminalitätsbereich. Erste Erfolge im Kampf gegen die Clankriminalität sind im Bundesland NRW zu verzeichnen, aber der Prozess steht immer noch relativ stark am Anfang.[420]

8.2 Deliktsbereiche, Taktiken der Organisierten Kriminalität

Die Erscheinungsformen von Organisierter Kriminalität (OK) sind vielfältig. Typische Deliktsbereiche der OK sind:

- Internationaler Rauschgifthandel und -schmuggel
- Schutzgelderpressung und Korruption
- Illegale Prostitution und Zuhälterei
- Menschenhandel und Schleusungen
- Illegaler Waffenhandel
- Fälschungsdelikte
- Illegaler Handel mit Medikamenten bzw. Surrogaten
- Geldwäsche

Die Hauptdeliktsbereiche der OK waren im Jahr 2022 der Rauschgifthandel/-schmuggel mit 295 Verfahren, Kriminalität im Zusammenhang mit dem Wirtschaftsleben mit 111 Verfahren, Eigentumskriminalität mit 59 Verfahren, Schleusungskriminalität mit 49 Verfahren, Steuer- und Zolldelikte mit 33 Verfahren, Geldwäsche mit 19 Verfahren, Gewaltkriminalität mit 18 Verfahren, Cybercrime mit 17 Verfahren, die Bildung einer kriminellen Vereinigung mit 14 Verfahren, Menschenhandel und Ausbeutung mit acht Verfahren, Fälschungskriminalität mit sieben Verfahren, Korruption mit vier Verfahren, Kriminalität im Zusammenhang mit dem Nachtleben mit zwei Verfahren, Umweltkriminalität mit zwei Verfahren sowie Waffenhandel/-schmuggel mit einem Verfahren.[421]

Rauschgifthandel und -schmuggel

Der Rauschgifthandel und -schmuggel stellt für die allermeisten Akteure von Organisierter Kriminalität in Deutschland einen entscheidenden Bereich ihrer kriminellen Aktivitäten dar.

Der Schmuggel von Kokain von Südamerika nach Europa boomt wie nie. Allein im Jahr 2022 wurden nach Schätzung der peruanischen Drogenbehörden weltweit knapp drei Millionen Tonnen reines Kokain hergestellt. In Antwerpen wurden im Jahr 2023 Jahr rund 120 Tonnen Kokain sichergestellt, in Rotterdam waren es knapp 60 Tonnen, in Hamburg circa 35 Tonnen. Die Zahlen steigen seit Jahren. »Das ist eine ernste Bedrohung«, erklärte Hamburgs Erster Bürgermeister Peter Tschentscher im April 2024.[422]

Der größte Anteil des Kokains kommt **über Hamburg nach Deutschland**. 20 Tonnen wurden von deutschen Fahndern im Jahr 2022 in Deutschland sichergestellt, im Jahr 2023 waren es bereits 35 Tonnen. Auch hier ist die Thematik Hellfeld-Dunkelfeld besonders heikel. »Trotz der umfassenden Funde bleiben die Preise stabil. Das zeigt uns, dass wir nur einen kleinen Bruchteil der Ware abfangen können«, erklärte ein Kriminalbeamter des BKA im Frühjahr 2024.[423]

Weltweit werden nur in drei Ländern große Mengen Koka zur Herstellung von Kokain angebaut, in Kolumbien, Peru und Bolivien. Peru ist nach Kolumbien das wichtigste Anbauland. Während Kokain aus Kolumbien vor allem in die USA geschmuggelt wird, werden über 80 Prozent des peruanischen Kokains nach Europa transportiert. Europa ist nach den USA der größte Markt für Kokain.

In Rotterdam und Antwerpen sind die Behörden seit Jahren mit den Folgen der großen Mengen Kokain, das dorthin geschmuggelt wird, konfrontiert. Die OK-Gruppen in den Niederlanden und in Belgien bekriegen sich untereinander, nehmen Politik, Staatsanwaltschaft oder Journalisten ins Visier, die die Organisierte Kriminalität bekämpfen wollen. Da die belgischen und niederländischen Behörden in den letzten Jahren den Verfolgungsdruck erhöht haben, wurde der Hamburger Hafen zum Ausweichziel. Dem Hamburger Bürgermeister Peter Tschentscher wurde die Dimension der Drogenkriminalität nach eigenen Angaben erst so richtig klar, als er vor zwei

Jahren mit der Hafenvertretung in Rotterdam und Antwerpen über eine Landstrompflicht für die Schiffe verhandeln wollte und man ihm erklärte: »Wir haben hier gerade ganz andere Probleme.« Bundesinnenministerin Faeser sprach im Frühjahr 2024 in Bezug auf die Drogenkriminalität in Belgien und den Niederlanden von einer »unfassbaren Gewaltspirale«, die »in Deutschland unbedingt verhindert« werden müsse.[424]

Im Herbst 2022 gab es Meldungen darüber, dass die niederländische Kronprinzessin Catharina-Amalia ihr Studentenleben in Amsterdam aufgeben musste, weil die Drogenmafia sie entführen wollte. Die niederländische Drogenmafia kontrolliert etwa ein Drittel des Kokainhandels in Europa. Sie soll verantwortlich sein für das Attentat auf den Investigativ-Journalisten Peter de Vries sowie zahlreiche weitere Morde. Peter Schouten, Anwalt und Freund des ermordeten de Vries, steht selbst auf einer Todesliste der Drogenmafia und benötigt daher Personenschutz, erklärte zu den Entführungsplänen: »Angst ist auch eine Währung«. Warum die niederländische Kronprinzessin im Visier der niederländischen Organisierten Kriminalität stehe, erklärte er: »Sie wollen zeigen, dass sie sehr mächtig sind und dass niemand sicher ist vor ihnen.«[425]

Im Zusammenhang mit einem weiteren Prozess zum Mord am niederländischen Investigativ-Journalisten Peter de Vries sprach die niederländische Regierung von der »Drogenmafia als einer Hydra«. Der Kampf gegen diese Hydra, erklärte der damalige Ministerpräsident Mark Rutte, sei »schwer und wird lange dauern«.[426]

Kriminalbeamte warnen vor der **Gewaltbereitschaft** der Drogenbanden und den hohen Gewinnen, die auch genutzt werden, um Hafenmitarbeiter in Hamburg, Rotterdam und Antwerpen zu bestechen.[427]

Folgendes Beispiel, das vom BKA angeführt wird, zeigt das **Gewaltniveau**, das mittlerweile in Deutschland im Bereich der Organisierten Kriminalität – hier: in der Rauschgiftkriminalität – erreicht wurde. In einer Shisha-Bar kam es im Juli 2022 in Hamburg-Hohenfelde zu einer öffentlichkeitswirksamen Hinrichtung eines Mannes. Unvermittelt nachdem zwei männliche Tatverdächtige die Bar betreten hatten, richtete der erste eine Pistole auf den 27 Jahre alten Gast und schoss diesem in Brust und Kopf, er starb noch vor Ort. Der zweite Tatverdächtige sicherte die Tat ab, beide flüchteten. Dem Mord war ein Konflikt zwischen dem Opfer und einem weiteren Tatverdächtigen vorausgegangen. Der Getötete soll einem Rauschgifthändler eine Marihuana-Lieferung im Wert von mehreren hunderttausend Euro unterschlagen haben. Nachdem dies bekannt wurde, beauftragte der Rauschgifthändler die beiden oben genannten Täter mit der Exekution. Darüber hinaus wurden vermeintliche Komplizen des Opfers bedroht und eingeschüchtert. Im Zuge der Ermittlungen wurden fünf Schusswaffen sowie eine Kriegswaffe sichergestellt.[428]

Zur Bewaffnung der OK-Rauschgift-Gruppierungen führt das BKA aus, dass das illegale **Mitführen von Waffen** – im öffentlichen Raum eines Rechtsstaats ist das legale Mitführen von Waffen einem sehr kleinen Personenkreis vorbehalten – bei OK-Gruppierungen im Bereich Rauschgifthandel/-schmuggel deutlich angestiegen ist. Das illegale Mitführen von Waffen im öffentlichen Raum dient der Androhung bzw. Anwendung von Gewalt, zur Einschüchterung der Opfer, der Beeinflussung von Zeugen, zum Eintreiben von Schulden und zur Machtdemonstration, betont das BKA.[429] In einem Rechtsstaat muss das Gewaltmonopol bei der Exekutive, den Polizeibehörden, liegen, bei keinem anderen!

Mit der Formulierung »**Narco-Staat**« (aus dem Spanischen narcotráfico = Drogenhandel) werden Staaten verbunden, deren politische Institutionen in illegalen Drogenhandel verstrickt sind und damit die Voraussetzungen dafür schaffen, dass der Drogenhandel sich zu einem wesentlichen Wirtschaftsfaktor des Landes entwickelt. In einem »Narco-Staat« sind Mitglieder und Beamte der Regierung ein Teil des Drogenhandels. Dieser Begriff wurde zum Ende der 1980er Jahre für die Kokain-Produzentenländer Peru, Kolumbien und Bolivien verwendet.

Zu Beginn des Jahres 2024 warnte Femke Halsema, Bürgermeisterin von Amsterdam, wiederholt davor, dass die Niederlande sich zu einem Narco-Staat entwickelten.[430] Drogenbanden würden in Amsterdam Geschäfte machen, ihr Geld waschen und miteinander konkurrieren. Mit den Folgen, dass wie in einem »Narco-Staat« Morde im Mafiastil verübt werden, ein Journalist auf offener Straße erschossen wird und ein Justizminister aus Sicherheitsgründen untertauchen musste. Im Rahmen von Geldwäsche fließen die Gewinne des Drogenhandels in die legale Wirtschaft, vor allem in Restaurants und Immobilien. Damit konkurriert die Organisierte Kriminalität mit legalen Geschäftszweigen, die nicht auf illegale Mittel zurückgreifen.

Dass eine Legalisierung von Cannabis sich auf die Organisierte Kriminalität auswirkt, hätte der Politik bekannt sein müssen, erklärte der Bund Deutscher Kriminalbeamter nach der Gewalteskalation der **Mocro-Mafia** (Hintergrund Marokko) in Nordrhein-Westfalen im Juli 2024.[431] Im Juli 2024, wenige Wochen nach der von der Bundesregierung beschlossenen Legalisierung von Cannabis, kam es zu Gewalt und Sprengstoffanschlägen in einem bis dahin nicht bekanntem Ausmaß. Zwischen dem 29.6. und Anfang Juli 2024 wurden in verschiedenen Städten Nordrhein-Westfalens **Sprengstoffexplosionen**, mutmaßlich von der niederländischen Mocro-Mafia, verübt. Auch wurden in Köln zwei Personen einer rivalisierenden Drogen-Gruppierung gekidnappt und mussten von einem Spezialeinsatzkommando aus dem Keller einer Villa befreit werden. Nachdem eine Drogen-Gruppierung 300 Kilogramm Marihuana im Wert von 1,5 Millionen Euro aus einem Lager der Mocro-Mafia im rheinischen

Hürth geraubt hatte, eskalierte die Gewalt, wie es bisher nur aus den Niederlanden bekannt war. Der Innenminister von NRW, Herbert Reul, erklärte dazu: »Was wir jetzt sehen, ist eine neue Qualität im Kampf um den Markt um Drogen. Dabei hilft es auch nicht, dass manche Betäubungsmittel bagatellisiert werden.«[432] Dies stellt eine klare Kritik am Cannabis-Legalisierungsgesetz dar. Seit der Einführung des Gesetzes sprechen Experten von einem explosionsartigen Anstieg der Nachfrage von Marihuana.

In den vergangenen 20 Jahren schossen die **chemischen Rauschgiftlabore** in den Niederlanden wie Pilze aus dem Boden. So gilt eine Provinz in Limburg weltweit als das Silicon Valley der Ecstasy-Produktion. Inzwischen exportieren die Drogen-Gangs ihr Know-how auch nach NRW. Bereits vor drei Jahren berichtete der Leitende Kriminaldirektor Achim Schmitz vom Landeskriminalamt NRW, dass Rauschgiftfahnder Drogenküchen und Rezepte zur Herstellung oder Pflege der Pflanzen gefunden haben, die von Experten aus den Niederlanden stammen. Auch Morde gehören zum Repertoire der Mocro-Mafia. »In den Niederlanden sind wir mittlerweile bei 20 bis 30 Liquidationen im Jahr auf offener Straße«, erklärt Robin Hoffmann, Kriminologe an der Universität Maastricht. Die Gewaltspirale in den Niederlanden grassiert bereits seit 2013. Der Aufstieg der niederländischen Drogen-Mafia hängt nach Ansicht des Kriminologen Hoffmann vor allem mit der freizügigen Drogenpolitik der Niederlande zusammen. Nach der Legalisierung bauten Drogen-Gruppierungen ein gut organisiertes Vertriebsnetz auf. Der Umstieg von Cannabis auf Kokain erfolgte schnell. Ähnliche Entwicklungen zeigen sich in Deutschland bereits wenige Wochen nach dem Gesetz der Bundesregierung zur Cannabis-Legalisierung.[433]

Geldwäsche

Geldwäsche dient dazu, kriminelle Gewinne durch Verschleierung der wahren Herkunft der Gelder in den legalen Wirtschaftskreislauf einzuspeisen. Zu welchem Anteil inkriminierte Gelder in Deutschland gewaschen werden, ist nach Angaben des BKA nicht (eindeutig) bekannt. Daher könne das Volumen der Geldwäsche, ähnlich wie die Höhe der Umsätze der OK, nur geschätzt werden. Finanzströme zu verfolgen und die illegale Herkunft der Gelder beweiskräftig zu belegen, erfordere oft große Anstrengungen der Strafverfolgungsbehörden, führt das BKA aktuell aus. Vor allem der Austausch von Bargeld und beweglichen Gegenständen erfolgt häufig ohne jegliche Dokumentation und ist der Täterseite somit nur schwer nachzuweisen. Seit dem Jahr 2022 ist es den Behörden aufgrund von Anpassungen in der Datenerhebung für das Bundeslagebild OK möglich, die Formen der **Geldwäscheaktivitäten** von OK-Gruppierungen genauer darzustellen und das finanzielle Volumen dieser Aktivitäten zu beziffern. Angaben hierzu sind jedoch immer nur dann möglich, wenn sie im Rahmen eines Ermittlungsverfahrens festgestellt wurden und benannt werden konnten, erläutert das BKA. In vielen Fällen sind die Formen der Geldwäscheaktivitäten jedoch unbekannt, räumt das BKA ein. Ebenso verhält es sich mit dem Volumen der Geldwäscheaktivitäten, das in vielen Fällen auf Schätzungen basiert. Im Jahr 2022 wurden in 31,8 Prozent aller OK-Verfahren (203 OK-Verfahren) insgesamt 245 Geldwäscheaktivitäten festgestellt. Zusätzlich wurden in 130 von 639 OK-Verfahren (20,3 Prozent) konkrete Ermittlungen wegen Verdachts der Geldwäsche gemäß § 261 StGB geführt. Diese Ermittlungen erfolgten vor allem in den Hauptdeliktsbereichen Rauschgifthandel/-schmuggel (63 Verfahren), Kriminalität im Zusammenhang mit dem Wirtschaftsleben (21) sowie Geldwäsche (14).[434]

Eigentumskriminalität

Zum Deliktsbereich Eigentumskriminalität gehören u. a. »Kfz-Sachwertdelikte« (KfZ-Kriminalität), Blitzeinbrüche (häufig in Juweliergeschäfte), Ladungsdiebstahl (Cargo-Kriminalität), Informations- und Kommunikationstechnik sowie Geldautomatensprengungen.

Für eine deutschlandweite Serie von über 70 Geldautomaten-Sprengungen ist eine international agierende Tätergruppierung in unterschiedlicher Besetzung verantwortlich. Seit November 2021 ermittelten die Staatsanwaltschaft Bamberg und das Bayerische LKA zu über 30 dieser Fälle in den Bundesländern Bayern, Baden-Württemberg und Thüringen. Bei den Tatverdächtigen handelt es sich um in den Niederlanden und Belgien wohnhafte niederländische und afghanische Staatsangehörige, die ihre Straftaten in Deutschland begehen. Am Tatort agieren aktiv zwei bis drei Täter, welche die Geldautomaten aufhebeln, die Sprengmittel einbringen und entzünden. Für die Sprengung verwenden die Täter Festsprengstoff (Blitzknallsatz). Mindestens zwei hochmotorisierte Sportwagen wurden extra für die Tatbegehung angeschafft und mit in Deutschland gestohlenen Kennzeichen versehen. Bei der Tat mitgeführte Mobiltelefone und SIM-Karten werden anschließend entsorgt. Oft suchen die Tatverdächtigen nach der Tatbegehung Unterschlupf z. B. in Scheunen im nahen Umfeld der Tatorte und in Autobahnnähe, um dort zunächst Fahndungsmaßnahmen abzuwarten. Die Tatverdächtigen operieren von mindestens zwei Standorten in Roermond/Niederlande aus. Im Jahr 2022 erbeutete die Gruppierung bei 29 Taten in Bayern 2,95 Mio. Euro. Anfang 2023 konnten mehrere Tatverdächtige in den Niederlanden und in Belgien von der dortigen Polizei festgenommen werden.[435]

8.3   Fazit

Das Bundeskriminalamt erklärt seit Jahren regelmäßig, dass Organisierte Kriminalität eine erhebliche Bedrohung für unsere Gesellschaft, Wirtschaft und unseren Staat darstellt. Der durch die Organisierte Kriminalität in Deutschland verursachte und polizeilich registrierte Schaden lag im Jahr 2022 – gemäß dem Berichtsjahr des aktuellen Bundeslagebildes Organisierte Kriminalität des BKA – bei

1,3 Milliarden Euro. Dies ist das Hellfeld. Der tatsächliche Schaden, der allerdings im Dunkelfeld liegt, könnte deutlich höher sein. Organisierte Kriminalität gefährdet also unsere Wirtschaft, kostet unseren Staat entgangene Steuereinnahmen in enormer Höhe, die wiederum für sinnvolle Maßnahmen – beispielsweise Investitionen in Schulen, Bildung, unsere Wirtschaft, niedrigere Energiepreise, Steuerentlastungen, weniger bürokratische Hürden, etc. – fehlen.

Hinzu kommt, dass die Akteure der Organisierten Kriminalität im öffentlichen Raum mit Waffen auftreten, Körperverletzungs- und Tötungsdelikte begehen. In den letzten Jahren kommt es regelmäßig zu Tötungen im öffentlichen Raum, die den Charakter von Hinrichtungen haben. Organisierte Kriminalität gefährdet unsere Öffentliche Sicherheit also auf verschiedenen Ebenen. Sie macht den öffentlichen Raum unsicherer und stärkt Strukturen, die den Staat verhöhnen, den Staat betrügen und damit die Volkswirtschaft schwächen.

Ebenso muss erwähnt werden, womit die Organisierte Kriminalität am meisten Profite macht: Mit dem Handel und Schmuggel von Rauschgift. Diese Drogen machen zahlreiche Menschen krank und töten. Die EU geht davon aus, dass es in den EU-Mitgliedsländern im Jahr 2022 mindestens 6.392 Todesfälle im Zusammenhang mit einer Drogenüberdosis gab. Das entspricht EU-weit einer Todesrate von 22,5 Toten pro einer Million Einwohner unter den 15- bis 64-Jährigen. Trauriger Spitzenreiter war erneut Deutschland mit 1.631 dokumentierten Fällen. 83 Prozent davon waren Männer. Die Zahl der erfassten Drogentoten in der EU steigt seit Jahren – und es handelt sich nur um eine Mindestschätzung. Nicht alle EU-Länder erfassen alle Todesfälle infolge einer Drogenüberdosis. Hinzu kommen Tausende bis Hunderttausende Menschen, die an den Folgen von durch Drogen verursachten Erkrankungen sterben.[436]

Hamburg ist seit einiger Zeit das Tor für südamerikanische Drogen. Von dort aus gelangen diese Drogen in wenigen Stunden in alle Regionen Deutschlands.

Wie kann die Organisierte Kriminalität bekämpft werden?

Die personelle und materielle Ausrüstung der zuständigen Behörden muss sofort massiv verbessert werden. Das muss politisch gewollt sein und im Haushalt der Bundes- und Landesregierungen müssen Prioritäten gesetzt werden. Organisierte Kriminalität tötet Menschen, direkt und unmittelbar, mittelbar durch die Langzeitfolgen von Drogen. Organisierte Kriminalität gefährdet die Sicherheit des Öffentlichen Raumes und sie kostet unseren Staat und unsere Wirtschaft Schadenssummen in Milliardenhöhe. Die Innenministerien müssen prüfen, ob ihre Behörden mehr rechtlichen Spielraum brauchen. Das Innenministerium des Landes Nordrhein-Westfalen hat im Kampf gegen die Clankriminalität in vielen Bereichen gezeigt, dass Erfolge und Fortschritte möglich sind.

Hinzu kommt bei der Organisierten Kriminalität, dass das Dunkelfeld aufgehellt werden muss. Offensichtlich tappen unsere Behörden bildlich gesprochen noch viel zu oft im Dunkeln. Finanzflüsse müssen aufgedeckt, Schmuggelrouten, Schmuggeltechniken, Schmuggelketten aufgedeckt und unterbrochen werden.

Die schlechte Nachricht zum Schluss: Die dramatische Lage in den Häfen von Rotterdam und Antwerpen zeigt, was auf den Hamburger Hafen zukommt. Die Macht der Organisierten Kriminalität in Belgien, Niederlanden, Frankreich, Schweden und anderen Ländern hat ein Ausmaß erreicht, das in Teilen von Städten das **Gewaltmonopol des Staates** in Frage stellt. So weit darf es bei uns nicht kommen. Allerdings sind wir in manchen Straßen, manchen Vierteln – noch nicht in ganzen Städten – auf dem Weg dorthin.

9
Gefahren durch Cybercrime, Cyberattacken und Desinformationskampagnen

» Insgesamt zeigte sich im aktuellen Berichtszeitraum eine angespannte bis kritische Lage. Die Bedrohung im Cyberraum ist damit so hoch wie nie zuvor. Wie schon in den vergangenen Jahren wurde eine hohe Bedrohung durch Cyberkriminalität beobachtet. Ransomware blieb die Hauptbedrohung«, Bundesamt für Sicherheit in der Informationstechnik (BSI) zur Bedrohungslage der Cybersicherheit in Deutschland, Oktober 2023.[437]

9.1 Cybercrime in Deutschland

Nach Angaben des **Bundeskriminalamtes** brachten allein im Jahr 2023 über 800 deutsche Unternehmen und Institutionen in Deutschland **Ransomware-Angriffe** zur Anzeige. Zu Schadprogrammen zählen alle Computerprogramme, die schädliche Operationen selbst ausführen oder andere Programme befähigen, dies zu tun. Schadprogramme gelangen unter anderem im Anhang von oder über Verlinkungen in E-Mails auf einen Computer. Ein Ransomware-Angriff ist eine Form der digitalen Erpressung. Cyberkriminelle nutzen zum Beispiel Anwenderfehler wie falsche Bedienung, Fehlkonfigurationen, veraltete Softwareversionen oder mangelhafte Datensicherungen aus, um Systeme tiefgreifend zu infiltrieren und Daten zu verschlüsseln. Für die Entschlüsselung verlangen die Cyberkriminellen danach ein Lösegeld. Häufig wird diese Erpressung noch mit der Drohung einer Veröffentlichung zuvor gestohlener Daten kombiniert, was als **Double Extortion** bezeichnet wird.[438]

Im Jahr 2023 stiegen die weltweiten Ransomware-Zahlungen auf über eine Milliarde US-Dollar. **DDoS-Angriffe** (Distributed Denial-of-Service; eine Vielzahl von verschiedenen Angriffssystemen bombardieren einen Server gezielt mit so vielen Anfragen, dass er die Menge der Anfragen nicht mehr bewältigen kann und im schlimmsten Fall zusammenbricht) waren und sind nach Angaben des BKA das »Mittel der Wahl« zahlreicher Hacker-Gruppierungen. Die Ziele der Cyberkriminellen sind äußerst vielfältig und heterogen. Neben finanzstarken Unternehmen stehen seit Jahren auch Einrichtungen und Institutionen mit hoher Öffentlichkeitswirksamkeit im Fokus. Aber auch leicht verwundbare kleine und mittelständische Unternehmen sind stark betroffen.[439]

Durch den Diebstahl von Daten und durch **Industriespionage** sowie **Sabotage** entstanden der deutschen Wirtschaft im Jahr 2023 205,9 Milliarden Euro Schaden, 72 Prozent davon direkt durch Cyberangriffe. Das ergab eine aktuelle Bitkom-Umfrage (mehr als 1.000 deutsche Firmen wurden von Bitkom befragt). Immer mehr Cyberangriffe kommen aus Russland und China. 61 Prozent der betroffenen Unternehmen sahen die Cyberkriminellen als bandenmäßig im Bereich **Organisierte Kriminalität** (OK) verortet. Im Jahr 2022 lag der Anteil der OK noch bei 51 Prozent, im Jahr 2021 bei 29 Prozent.[440]

In den Jahren 2022 und 2023 waren immer häufiger auch **Kommunalverwaltunge**n und kommunale Betriebe von Cyberangriffen betroffen. Bürgerinnen und Bürger sind dabei oftmals auch unmittelbar betroffen, entweder weil bürgernahe Dienstleistungen oft über Wochen nicht zur Verfügung stehen oder weil persönliche Daten in die Hände von Cyberkriminellen gelangen, erklärt das Bundesamt für Sicherheit in der Informationstechnik aktuell.[441]

Das Bild der Spitze des Eisberges trifft besonders auf Cybercrime in Deutschland zu. Seit Jahren räumt das BKA zu Beginn des jeweiligen Bundeslagebildes Cybercrime ein, dass das **Dunkelfeld im Bereich Cybercrime** in Deutschland »weit überdurchschnittlich ausgeprägt«, also sehr hoch ist. Hinzu kommt, dass die Aufklärungsquote von Cybercrime in Deutschland im Jahr 2023 nach Angaben des BKA bei 32 Prozent lag.[442]

Bitkom-Präsident Wintergerst forderte in Bezug auf die Problematik Hellfeld-Dunkelziffer eine Meldepflicht für Firmen im Fall von Cyberangriffen. 82 Prozent der befragten Unternehmen gaben an, dass sie in den vergangenen zwölf Monaten häufiger angegriffen wurden. Immer mehr Cyberangriffe kamen im Jahr 2023 nach Angaben von Bitkom aus Russland und China. Dies decke sich mit den Erkenntnissen des Verfassungsschutzes, erklärte der Vizepräsident des Bundesamtes für Verfassungsschutz, Sinan Selen, bei der Vorstellung der Umfrage. 75 Prozent der befragten deutschen Firmen halten die deutschen Sicherheitsbehörden gegen Angriffe aus dem Ausland für machtlos.[443]

Die aktuelle Bedrohungslage der Cybersicherheit in Deutschland beschreibt das **Bundesamt für Sicherheit in der Informationstechnik (BSI)** aktuell als »angespannt bis kritisch«, die Bedrohung des Cyberraums in Deutschland sei damit »so hoch wie nie zuvor«. Die Angriffsmittel (Schadprogramm-Varianten und Botnetze) und die Angriffsarten (Ransomware, Advanced Persistent Threats, Distributed Denial of Service, Spam und Phishing) werden vom BSI identisch wie vom BKA analysiert.

Die **Underground Economy** ist der primäre Umschlagplatz für illegale Waren und unrechtmäßig erlangte Daten, wie beispielsweise

kompromittierte Zahlungs- und Zugangsdaten, sowie für verschie-
denste **Cybercrime-as-a-Service-Angebote** (Spezialisierung einzelner »Teiltatbeiträge« des Phänomenbereichs Cybercrime). Die Angebote der Underground Economy spielen nach Angaben des BKA
weiterhin eine wichtige Rolle für den Bereich Cybercrime, weil sie
oftmals Ausgangspunkt für die Begehung weiterer Cybercrime-De-
likte darstellen. Auch der Ausbau des arbeitsteiligen Cybercrime-as-
a-Service-Modells setzt sich seit Jahren weiter fort.[444]

Cybercrime ist für die Cyberkriminellen seit Jahren ein lukratives
Geschäft. Ein kriminelles Geschäft, das so hohe Gewinne abwirft,
dass Cyberkriminelle länder- und branchenübergreifend zusammenarbeiten und bestimmte Aufgaben outsourcen. So werden einzelne Schritte von Cybercrime als »Dienstleistungen« angeboten, die
deutschen Behörden sprechen daher von «Cybercrime-as-a-Service«.

Das Bundeslagebild Cybercrime 2023 zeigt, dass immer mehr Cyber-
straftaten in Deutschland vom Ausland aus verübt werden. Im Vergleich zum Vorjahr **stieg die Zahl um 28 Prozent.**

Die Bedrohungslage im Bereich der Cybersicherheit ist aktuell von
einer sehr hohen Dynamik geprägt. Die rasante Entwicklung im
Bereich der Künstlichen Intelligenz (KI) beweist, wie schnell technische Neuerungen fortschreiten können. Diese bringt neben großen
Chancen für die Digitalisierung auch ein großes Bedrohungspotenzial mit sich.

9.2 Akteure und Taktiken

Das BKA betont aktuell, dass die polizeiliche Datenbasis, aber auch
die Feststellungen verschiedener IT-Security-Dienstleister für das Berichtsjahr 2023 eine weiterhin steigende Tendenz bei Cyberangrif-

fen sowohl in **quantitativer als auch in qualitativer** Hinsicht zeigten. Auch im Jahr 2023 wurden durch Cyberangriffe sehr hohe Schadenssummen erzeugt. Für den den deutschen Unternehmen entstandenen Gesamtschaden von 205,9 Milliarden Euro durch Diebstahl, Industriespionage und Sabotage waren 72 Prozent (148,2 Milliarden Euro) auf Cyberangriffe zurückzuführen. Die Schäden durch Erpressung mit gestohlenen oder verschlüsselten Daten beliefen sich im Berichtsjahr 2023 auf 16,1 Mrd. Euro, was einem **Anstieg von 50,5 Prozent** entspricht.[445]

Der Vorjahrestrend zu vermehrten **Angriffen auf Bildungseinrichtungen** setzte sich auch im Jahr 2023 fort. Auch der **Finanzsekto**r stand verstärkt im Fokus (pro-russischer) Hacker, wodurch es zu einer Vielzahl an DDoS-Angriffen auf Webseiten von deutschen Banken kam. Zudem blieben Zugangsdaten zu Online-Banking weiterhin ein beliebtes Ziel von **Phishing**. So gelangten Privatpersonen über einen Link in einer Phishing-SMS, die augenscheinlich von einer seriösen Bank stammte, auf eine der Bank nachgeahmten Webseite. Nach dem Eintragen ihrer Zugangsdaten zum Online-Banking und einer weiteren SMS, mit der TANs abgegriffen wurden, kam es zu unrechtmäßigen Überweisungen von den betroffenen Bankkonten und zur Aufladung fremder PayPal-Accounts.

Einrichtungen des Gesundheitswesens waren auch im Jahr 2023 häufige Ziele von Angriffen und stets mit einem großen Schadenspotenzial verbunden. Beispielsweise waren wegen eines im Dezember 2023 stattgefundenen Ransomware-Angriffs in mehreren deutschen Krankenhäusern die Arbeiten auf den Intensivstationen und Radiologie-Abteilungen eingeschränkt. Außerdem war in mehreren deutschen Krankenhäusern die Kommunikation per Telefon und E-Mail zeitweise nicht möglich.[446]

Durch eine Schwachstellenausnutzung in der Software eines IT-Dienstleisters kam es Mitte des Jahres 2023 zu einer Vielzahl von

Angriffen auf große deutsche Banken und Versicherungen. U. a. wurden bei den betroffenen Banken vertrauliche Kundendaten entwendet, darunter Namen und Kontodaten, die später im Darknet veröffentlicht wurden.[447]

Im Jahr 2023 kam es zu einem vermehrten Aufkommen von DDoS-Angriffen auf **Verkehrsverbünde und Flughäfen.**

Cyberkriminelle erlangen besonders häufig über Phishing, Social Engineering oder kompromittierte Zugangsdaten **Zutritt in ihre Zielsysteme.** Die Vermittlung solcher kriminell erlangten Zugänge an andere Cyberakteure erfolgt durch sogenannte Initial Access Broker. Diese bieten ihre Dienstleitung in der Regel mehreren Akteuren an. Infektionen können über mehrere Monate unbemerkt bleiben und in diesem Zeitraum verkauft werden.

Malware entwickelt sich seit Jahren als wichtiges Mittel von Cyberkriminellen weiter. Vor allem im Bereich der Ransomware-Entwicklung wird dabei häufig von vorangegangenen Ransomware-Varianten Gebrauch gemacht. Besonders über eine gewisse Zeit etablierte Varianten wie Babuk Locker, Conti, LockBit oder HIVE bilden oft die Grundlage für neue Varianten. Die Leaks von Quellcodes ermöglichen es auch weniger versierten Akteuren, Ransomware einzusetzen. Die Wiederverwendung bereits existierender Quellcodes, an welchen teilweise einige Anpassungen vorgenommen werden, führt zu neuen und leicht verfügbaren Ransomware-Varianten.[448]

Um **Computersysteme infiltrieren** zu können, benötigen die Angreifer Schwachstellen in Softwareprodukten – z. B. in der IT-Infrastruktur – sowie in Hardwareprodukten. Schwachstellen entstehen z. B. durch Fehler in der Programmierung, durch schwache Default-Einstellungen von IT-Produkten im Produktivbetrieb, aber auch durch fehlkonfigurierte Sicherheitseinstellungen. Mit der Ausweitung des

Internet of Things sind zusätzlich auch noch Schwachstellen in vernetzten Geräten aufgetreten.[449]

Bei **Hardware-Schwachstellen** bestehen verschiedene Angriffsmöglichkeiten. Einerseits sind die Funktionsweisen der Transistoren das Ziel, die in integrierten Schaltungen verbaut werden, damit auch die Mikroarchitektur von Prozessoren. Andererseits entstehen bei IT-Produkten im Rahmen der Lieferkette und der Produktion Angriffsmöglichkeiten. Weil die Schwachstellen in bereits verbauter Hardware in der Regel nicht einfach behoben werden können, ist der mögliche Nutzen für einen potenziellen Angreifer sehr hoch, erklärt das BSI aktuell. Seitdem im Jahr 2017 die Angriffe Meltdown und Spectre bekannt wurden, gab es immer weitere Versionen dieser Angriffe. 2022 wurden beispielsweise die Angriffe Retbleed, Spectre-BHB, Squip und Pacman veröffentlicht. Gegen diese Schwachstellen existieren quasi keine Gegenmaßnahmen, so das BSI aktuell.[450]

In Bezug auf Erkenntnisse zur Gefährdungslage der IT-Sicherheit in der Gesellschaft führt das BSI aktuell aus, dass die **missbräuchliche Nutzung von Identitätsdaten** für Verbraucherinnen und Verbraucher aktuell eine weit verbreitete Gefahr darstellt. So standen Datenleaks in vielen Fällen in Verbindung mit Ransomware-Angriffen, bei denen Cyberkriminelle große Datenmengen von Organisationen exfiltrierten, um später mit deren Veröffentlichung zu drohen, sofern keine Löse- oder Schweigegeldzahlung erfolgt. Datenleaks waren aber auch auf mangelnde Schutzmaßnahmen für Login-Daten bei Onlinediensten oder Schwachstellen in IT-Produkten, wie beispielsweise im Onlineshopping, zurückzuführen. So konnten mehrere Angreifer Onlineshops kompromittieren und dabei Daten wie Kundennamen, Rechnungs- und Lieferadressen, Telefonnummern, Bestelldetails und auch Zahlungsdaten stehlen.[451]

9.3   Cyberattacken

Cyberattacken können verschiedene Funktionen haben:

- Im Sinne von Spionage können sie dazu dienen, Informationen auf illegalem Wege zu erlangen, die von großer Bedeutung für die Politik, die Wirtschaft, den Energiesektor, Streitkräfte, Wissenschaft und Forschung sind.
- Im Sinne von Sabotage können Cyberattacken Hardware, Daten, Netzwerke, Kritische Infrastruktur (KRITIS) angreifen und teilweise oder vollständig zerstören.

Cyberattacken sind nach Angaben des Bundesamtes für Verfassungsschutz

> » gezielt durchgeführte Angriffe gegen einen Computer oder ein Computernetzwerk, um so eine Störung von Betriebsabläufen, einen Abfluss von Informationen, eine Zugangsverweigerung oder eine Manipulation, Beschädigung oder Zerstörung von Hardware, Daten, Netzwerken oder technischen Systemen herbeizuführen.«

Cyberattacken stellen neben der Spionage mit menschlichen Quellen, die häufig komplizierter und unzuverlässiger ist, ein wesentliches Mittel von ausländischen Geheimdiensten dar, um an relevante, sensible Daten zu gelangen. Cyberattacken sind, anders als Spionage mit menschlichen Quellen, orts- und personenunabhängig und bereits ein einzelner gelungener Angriff kann einen Zugriff auf enorme Datenmengen ermöglichen.[452]

Claudia Plattner, die neue Präsidentin des Bundesamtes für Sicherheit in der Informationstechnik (BSI), erklärte Anfang Januar 2024 in Bezug auf Sabotage-Cyberattacken, die Frage sei »nicht *ob*, sondern *wann* Deutschland auch großflächig, tiefgreifend und nachhaltig von einem Cyberangriff getroffen wird.«[453] Darauf müsse sich

Deutschland *jetzt* vorbereiten. Damit sich Deutschland gegen immer professioneller agierende Cyberangreifer, die ungehindert modernste Technologien einsetzen und sich arbeitsteilig und modular organisieren, wehren könne, benötige Deutschland »professionell agierende Cyberverteidiger, die, maximal unterstützt und mit modernsten Technologien ausgestattet, *alle* effizient und vertrauensvoll zusammenarbeiten«, so BSI-Präsidentin Plattner im Januar 2024. Mit »alle« meinte sie »nicht nur die Sicherheitsbehörden und die Politik, sondern auch die Unternehmen, die Institutionen der Verwaltung, die Wissenschaft und alle weiteren Könnerinnen und Könner im Digitalisierungs- und Cyberraum«.[454]

Cyberattacken sind nach aktuellen Angaben des Bundesministeriums des Innern und für Heimat mittlerweile fester Bestandteil nachrichtendienstlicher Methoden der Spionage. Das digitale Zeitalter eröffne auch für **Spionage durch Cyberattacken** neue Möglichkeiten und Wege und stelle damit für die Spionageabwehr neue Herausforderungen dar. Bereits seit 2005 stellen die deutschen Sicherheitsbehörden Cyberattacken gegen Bundesbehörden, Politik und deutsche Wirtschaftsunternehmen fest. Diese finden auf hohem technischem Niveau statt und gefährden daher massiv die Informationssicherheit in diesen Bereichen, so das BMI aktuell. Cyberattacken können zur Spionage, zum **Ausspähen von Daten, zur Einflussnahme beispielsweise durch Desinformation sowie zur Sabotage, also zum Stören von Abläufen,** genutzt werden. Die Nachhaltigkeit und Zielauswahl von Cyberattacken gegen Deutschland zeigen klar den Versuch, die deutsche Politik und Bundesverwaltung strategisch auszuspionieren. Cyberspionageangriffe gefährden aber auch in hohem Maße den Erfolg und die Entwicklungsmöglichkeiten von deutschen Unternehmen, so das BMI aktuell.[455]

Die Gefahr von **Sabotage** gilt vor allem für **Kritische Infrastrukturen** (KRITIS), beispielsweise für Energieversorgungsunternehmen. Bei einem erfolgreichen Cyberangriff besteht ein umfassender und schneller Zugriff auf große Datenmengen. Cyberspionageangriffe sind auch deswegen so gefährlich, weil sie von den Betroffenen oftmals nicht oder erst zu einem späteren Zeitpunkt erkannt werden. Die Schadmails werden von den Cyberangreifern häufig so gestaltet, dass sie zu den Interessen oder Aufgaben der Opfer passen und daher keinen Argwohn erregen. Oftmals werden dabei klassische Trojaner-E-Mails eingesetzt. Der Anhang dieser Trojaner-E-Mails enthält oft ein Schadprogramm, das durch das bloße Öffnen des Anhangs aktiv wird.

Abwehrfähigkeit

Bundesinnenministerin Nancy Faeser prägte im Frühjahr und Sommer 2023 den Begriff »Zeitenwende in der Inneren Sicherheit«.[456] Nötig wäre eine solche »Zeitenwende«, denn die Bedrohung durch Cyberattacken, Desinformationskampagnen und Spionage hat (spätestens) mit dem Beginn des Ukrainekrieges ein nie dagewesenes Maß erreicht.

Die wesentliche Herausforderung besteht aktuell darin, **hybride Bedrohungen** – Cyberattacken, Spionage, Sabotage und Desinformationskampagnen – sowie die dahinterstehenden Akteure zu erkennen und abzuwehren, Maßnahmen zu koordinieren und die Resilienz von Staat und Gesellschaft zu stärken. Nach eigenen Angaben koordiniert das Bundesinnenministerium innerhalb der Bundesregierung den Umgang mit hybriden Bedrohungen. Das BMI arbeitet seit Mitte 2022 an einer Grundgesetzänderung, um das Bundesamt für Sicherheit in der Informationstechnik (BSI) zu einer Zentralstelle im Bund-Länder-Verhältnis auszubauen. Diese steht jedoch weiter aus.

Die BSI-Präsidentin Plattner erklärte Anfang Januar 2024, dass in einem Cyber-Krisenfall **drei Punkte entscheidend** seien: »Sofort alle Informationen verfügbar zu haben, schnell ins Handeln zu kommen und ergriffene Maßnahmen übergreifend zu koordinieren.« Dafür sei Deutschland »heute noch nicht aufgestellt, für den Krisenfall sind wir hier noch nicht ausreichend gerüstet«, so die BSI-Präsidentin: »Wir haben nicht das eine Lagebild, das gesamtstaatliche Informationen bündelt. Wir haben auch nicht das eine Lagezentrum, von dem aus schnell auch über föderale Grenzen hinweg abgestimmt gehandelt werden kann.«[457] »Und wenn die Lichter ausgehen, müssen wir auch gemeinsam sofort handeln können«, mahnte Plattner an. In entscheidenden Aspekten sei eine »regelmäßige beziehungsweise dauerhafte oder gar institutionalisierte Unterstützung der Länder durch das BSI ist bis zum heutigen Tage verfassungsrechtlich ebenso wenig möglich wie eine Koordinierung der Zusammenarbeit zwischen Bund und Ländern«, führte Plattner das aktuell große Problem weiter aus: »Zusammenarbeiten dürfen wir aktuell lediglich im Wege der Amtshilfe – und das nur ausnahmsweise und punktuell.«[458]

Die deutsche **Cyberabwehr** erscheint also aktuell als **lediglich bedingt abwehrbereit**. Ein großer institutioneller Wurf, eine neue Behörde zur Abwehr von Cyberattacken und Desinformationskampagnen, wäre absolut notwendig. Eine »Zeitenwende in der Inneren Sicherheit« ist von der Bedrohungslage her seit dem Frühjahr 2022 – mit Beginn des russischen Angriffskrieges – tatsächlich eingetreten, von außen aufgezwungen. Jedoch ist eine wirksame sicherheitspolitische Antwort auf institutioneller Ebene – von den politisch Verantwortlichen initiiert – bisher ausgeblieben.[459]

Eine Woche vor **der Europawahl 2024** wurde die Partei CDU Opfer einer Cyberattacke. Das Bundesministerium des Innern und für Heimat bestätigte einen »schwerwiegenden Hackerangriff« auf das Netzwerk der Partei. Die Sicherheitsbehörden seien »intensiv damit befasst, den Angriff abzuwehren, aufzuklären und weiteren Schaden abzuwenden«, erklärte ein Sprecher des BMI.[460] Nach Angaben einer CDU-Sprecherin wurde die IT-Infrastruktur als Vorsichtsmaßnahme in Teilen vom Netz genommen und isoliert. Das Bundesamt für Verfassungsschutz wollte noch am gleichen Wochenende eine Warnung an alle Parteien des Deutschen Bundestages herausgeben, erklärte ein Sprecher des BMI: »Unsere Sicherheitsbehörden haben alle Schutzmaßnahmen gegen digitale und hybride Bedrohungen hochgefahren und klären zu Gefahren auf. Wir sehen erneut, wie notwendig dies gerade vor Wahlen ist.«[461] Auch die Partei SPD war im Jahr 2023 Opfer einer Cyberattacke geworden. Damals wurden E-Mail-Konten der Parteizentrale gehackt. Die Bundesregierung macht für den damaligen Angriff eine Einheit des russischen Militärgeheimdienstes verantwortlich. Opfer jener Cyberattacke im Jahr 2023 waren neben der Partei SPD auch deutsche Unternehmen aus den Bereichen Logistik, Rüstung, Luft- und Raumfahrt und IT-Dienstleistungen.

Welche Reichweite solche Cyberattacken haben können, zeigt ein aktuelles Beispiel aus Großbritannien. Bei einem Angriff auf das **britische Verteidigungsministerium** gelang Hackern im Frühjahr 2024 möglicherweise der Zugriff auf sensible Daten von Angehörigen der britischen Streitkräfte. Die Cyberattacke soll sich gegen ein Gehaltsabrechnungssystem gerichtet haben, in dem sich Namen und Bankdaten aktueller sowie ehemaliger Angehöriger der britischen Streitkräfte, etwa 270.000 Menschen, befinden. Betroffen waren demnach Namen und Bankdetails sowie in einigen Tausend Fällen auch die Privatadressen. Die britische Regierung vermutete chinesische Akteure hinter der Cyberattacke.[462]

Akteure und Taktiken

Cyber-Angreifer nutzen einen sogenannten **Angriffsvekto**r, um in ein Computersystem einzudringen und dort Schadsoftware zu installieren. Dessen Erfolg hängt von den im Opfersystem vorhandenen Sicherheitslücken ab. Der am häufigsten verwendete Angriffsvektor ist das **Spear-Phishing**. Dabei erhalten Betroffene eine vermeintlich authentische E-Mail, die beispielsweise ein Dokument als Anhang hat oder über einen Hyperlink auf eine Webseite verweist. Das Öffnen des Anhangs oder das Anklicken der Webseite löst dann den ersten Schritt der Infektion mit einer Schadsoftware aus.[463]

Um ihre Identität zu verschleiern, setzen Geheimdienste für ihre Angriffe im Cyberraum verschiedene Gruppierungen ein. Diese werden als **Advanced Persistent Threat** (APT) bezeichnet. Die Cyberattacken im Rahmen dieser Bedrohungen (threats) sind aufwändig vorbereitet, hochentwickelt (advanced) und dauern lange an (persistent). Ein APT-Angriff soll nach Möglichkeit unentdeckt bleiben, um vertrauliche Daten des kompromittierten Systems über einen längeren Zeitraum auszuspähen oder anderen Schaden zu verursachen, zum Beispiel im KRITIS-Bereich, erklären die Verfassungsschutzbehörden aktuell.[464]

Im geheimdienstlichen Zusammenhang können Cyberattacken aber auch zur politischen Einflussnahme, für Desinformationsaktivitäten im Rahmen von »Hack and Leak«- beziehungsweise »Hack and Publish«-Operationen genutzt werden. Aufgrund ihrer Qualität und ihres Umfangs gehen von geheimdienstlich gesteuerten Cyberangriffen erhebliche Gefahren für die betroffenen IT-Infrastrukturen aus, da sie selbst von Personen mit ausgeprägtem Sicherheitsbewusstsein oftmals nicht erkannt werden, warnt das Bundesamt für Verfassungsschutz. Bei »**Hack and Leak**«-Operationen kompromittieren die Cyberangreifer als erstes das Computernetzwerk des Opfers und leiten erbeutete Daten aus. Als nächstes werden die gestohlenen Daten dann teilweise verfälscht und gezielt veröffentlicht, um die öffentliche Wahrnehmung im eigenen Sinne zu beeinflussen. Dabei wird häufig auf einen strategisch günstigen Zeitpunkt für die Veröffentlichung gewartet, zum Beispiel im Vorfeld von Wahlen oder von parlamentarischen Abstimmungen. Die Veröffentlichung erfolgt meistens nicht durch die Cyberangreifer selbst, sondern über Dritte (beispielswiese über Webseiten oder Akteure in Sozialen Medien), um eine Zuordnung zu erschweren. »**Hack and Publish**«-Operatio-

nen laufen so ab, dass die Cyber-Angreifer legitime Nachrichtenseiten kompromittieren, um anschließend darüber Fake News zu verbreiten. Die auf den legitimen Nachrichtenseiten veröffentlichten Fake News werden oft auch parallel über andere Verbreitungswege, wie beispielsweise Blogs, soziale Medien oder E-Mails an Medienunternehmen verbreitet und so weitläufig gestreut.[465]

Die deutschen Verfassungsschutzbehörden stellen fest, dass Cyberattacken, Desinformationskampagnen sowie Proliferation (Beschaffen von Produkten und Wissen zur Herstellung von Massenvernichtungswaffen) erhebliche negative Auswirkungen für Deutschland haben. Außenpolitische Verhandlungspositionen und der gesellschaftliche Zusammenhalt können durch Cyberattacken geschwächt, die freie Meinungs- und Willensbildung gestört werden. Spionage und Cyberattacken verursachen zudem erhebliche betriebs- und volkswirtschaftliche Schäden.

Als aktuelle Hauptakteure von Cyberattacken und Desinformationskampagnen gegen Deutschland nennen die deutschen Verfassungsschutzbehörden Russland, China, die Islamische Republik Iran sowie die Türkei.[466]

Die deutschen Verfassungsschutzbehörden erläutern aktuell, dass die **russischen Geheimdienste** Cyberattacken gegen Deutschland sehr umfangreich nutzen. Dabei seien die von den deutschen Behörden festgestellten Cyberattacken – auch hier gibt es die Diskrepanz zwischen dem Hellfeld und der Dunkelziffer – häufig auf Informationsbeschaffung ausgerichtet, aber auch Sabotage und Desinformation seien Teil der russischen Cyberattacken.[467]

Russische Cyberattacken richten sich vor allem gegen Regierungsstellen, Parlamente, Politikerinnen und Politiker sowie gegen Streitkräfte, Medien, supranationale Organisationen, politische Stiftungen und internationale Wirtschaftsunternehmen sowie Wissenschafts- und Forschungseinrichtungen Deutschlands sowie andere EU- und NATO-Mitgliedsstaaten.

Sowohl der russische Inlandsgeheimdienst **FSB** als auch der militärische Auslandsgeheimdienst **GRU** und der zivile Auslandsgeheimdienst **SWR** führen, auch mithilfe verschiedener Hackergruppierungen, **Cyberattacken gegen Deutschland** durch, die sich teilweise durch eine hohe technische Qualifikation auszeichnen, schätzt das Bundesamt für Verfassungsschutz aktuell ein. Russische Cyberangreifer beherrschen eine große Bandbreite unterschiedlicher, teils schwierig aufzuklärender Angriffsmethoden und das Bundesamt für Verfassungsschutz betont hierbei, dass es von »einer hohen Dunkelziffer nicht erkannter, qualitativ sehr hochwertiger Cyberangriffe« ausgehe.[468]

Die russische Gruppierung »**Ghostwriter**« ist seit etwa 2017 in baltischen Staaten, in Polen und der Ukraine aktiv, spätestens seit dem Beginn des russischen Angriffskrieges gegen die Ukraine 2022 auch in Deutschland. Vor allem zu Beginn des Ukrainekrieges berichteten ukrainische Behörden regelmäßig über Schadsoftware- und Phishing-Angriffe des Akteurs gegen die Ukraine. Im Jahr 2022 waren dann auch wiederholt E-Mail-Konten von deutschen Politikerinnen und Politikern, auch im Bundestag, betroffen. Das Ziel der Cyberattacken der Gruppierung »Ghostwriter« bestand darin, Passwörter zu erbeuten, um dann Zugang zu persönlichen Informationen zu erlangen.

APT 29 (auch bekannt unter den Namen Cozy Bear oder The Dukes) ist eine russische Hackergruppe, die seit mindestens 2008 operiert und bereits Ziele in Deutschland angegriffen hat. APT 29 geht taktisch klug und technisch sehr gut ausgerüstet vor. Der Schwerpunkt der Cyberattacken von APT 29 liegt auf Informationsbeschaffung, vor allem im Kontext zum Ukrainekrieg sowie der Reaktionen westlicher Staaten wie Deutschland. Schon vor Beginn des Ukrainekrieges waren Außenministerien von EU- und NATO-Staaten mit Phishing-E-Mails (Kampagne Diplomatic Orbiter) angegriffen worden.

Im Januar 2023 griffen russische Hacker – mutmaßlich die **Gruppierung APT 28**, auch bekannt als Sofacy, Fancy Bear, Pawn Storm oder Sednit – E-Mail-Konten der Partei SPD an. Die Bundesregierung machte im Mai 2024 dann »eindeutig« eine **Einheit des russischen Militärgeheimdienstes GRU dafür verantwortlich**. »Staatliche russische Hacker haben Deutschland im Cyberraum angegriffen«, erklärte Außenministerin Annalena Baerbock im Mai 2024 und kündigte Konsequenzen an. Nach Angaben von Baerbock waren die Ermittlungen der Bundesregierung unter Federführung des Auswärtigen Amts zu jener Cyberattacke im Mai 2024 abgeschlossen: »Wir können diesen Angriff vom letzten Jahr heute eindeutig der Gruppe APT 28 zuordnen, die vom russischen Geheimdienst GRU gesteuert wird. Das ist völlig inakzeptabel und wird nicht ohne Konsequenzen bleiben.«[469] Welche Konsequenzen das sein könnten, erklärte Außenministerin Baerbock nicht.

Die Gruppierung APT 28 ist nach Angaben der deutschen Verfassungsschutzbehörden seit spätestens 2004 weltweit vor allem im Bereich Cyberspionage aktiv. APT 28 habe in der Vergangenheit auch Desinformations- und Propagandakampagnen im Cyberraum geführt und zähle »zu den aktivsten und gefährlichsten Cyberakteuren weltweit«. Das Bundesamt für Verfassungsschutz rechnet APT 28 klar dem russischen Militärnachrichtendienst GRU zu. APT 28 wurde bereits im Jahr 2015 für eine große Cyberattacke auf den Bundestag verantwortlich gemacht und später in den USA für eine Attacke auf die US Democratic Party vor der Präsidentschaftswahl 2016. An den Ermittlungen der Bundesregierung waren mit dem Bundesamt für Verfassungsschutz, dem Bundesnachrichtendienst und dem Militärischen Abschirmdienst alle deutschen Nachrichtendienste beteiligt. Die Cyberattacke auf die SPD soll nach bisherigen Erkenntnissen Teil einer Kampagne der APT 28 in mehreren europäischen Ländern gewesen sein, die gegen Regierungsstellen und Unternehmen gerichtet ist, die mit Energieversorgung, IT, Rüstung oder Luft- und Raumfahrt befasst sind.[470]

Die **NATO** äußerte sich kurz vor der deutschen Außenministerin »zutiefst besorgt« über zunehmende russische Cyberattacken. Sie sprach von »feindlichen Aktivitäten«, die gegen Deutschland, Estland, Lettland, Litauen, Polen, Tschechien und Großbritannien gerichtet seien.

>> Diese Vorfälle sind Teil einer sich verstärkenden Kampagne von Aktivitäten, die Russland im gesamten euro-atlantischen Raum ausführt, auch im Bündnisgebiet und über Proxies (Stellvertreter). Dazu gehören Sabotageakte, Gewaltakte, Cyber- und elektronische Störungen, Desinformationskampagnen und andere hybride Operationen«, erklärte die NATO. »Diese russischen Angriffe stellen nach Angaben der NATO »eine Bedrohung für die Sicherheit der Bündnispartner« dar.[471]

Die **APT-Gruppierung Snake** (trägt auch die Namen Uroburos und Turla) ist eine sehr klandestin vorgehende, technisch höchst versierte Gruppierung. Sie ist womöglich die am längsten aktive – wahrscheinlich seit Anfang des 21. Jahrhunderts – und technisch kompetenteste Hackergruppierung, die aktuell existiert und greift auch Deutschland an. Die britische Behörde für Cybersicherheit, NCSC, geht davon aus, dass Snake »wahrscheinlich von Russland aus« agiert. Der estnische Geheimdienst ist konkreter und erwartet, dass die Hackergruppierung Snake vom russischen Inlandsgeheimdienst FSB gesteuert wird.[472] Die Cyberattacken der Gruppierung Snake werden sehr zielgerichtet und passgenau ausgeführt. Angriffsziele sind vor allem Außenministerien, Botschaften, andere Regierungseinrichtungen und Organisationen wie die UNO, NATO und EU. Weitere wichtige Aufklärungsziele von Snake sind weltweit unter anderem Streitkräfte, Polizei- und Grenzschutzbehörden sowie Technologieunternehmen.

Destruktive Cyberattacken richteten sich immer wieder auch gegen deutsche Websites, beispielsweise von **Flughäfen, Banken und Behörden.** Dazu nutzten russische und prorussische Hacker nach Angaben der deutschen Verfassungsschutzbehörden DDoS-Angriffe. Teilweise waren die betroffenen Websites deutscher Flughäfen, Banken und Behörden vorübergehend nicht mehr erreichbar.

Im April 2023 wurde bekannt, dass der deutsche Rüstungskonzern Rheinmetall erneut Ziel einer Cyberattacke wurde. Rheinmetall ist Deutschlands größter Rüstungskonzern. Bei Militärfahrzeugen und im Munitionsgeschäft zählt das Unternehmen zu den drei größten Herstellern der westlichen Welt.[473]

Eine weltweite Welle von Cyberattacken mit Erpressungssoftware legte zu Beginn des Jahres 2023 zahlreiche Unternehmen und öffentliche Einrichtungen in Europa und Nordamerika lahm. Nach Angaben des Bundesamtes für Sicherheit in der Informationstechnik (BSI) könnten Hunderte deutsche Firmen betroffen sein. Gemäß BSI lag der geographische Schwerpunkt der Cyberattacken auf Frankreich, den USA, Deutschland und Kanada.[474]

Die **Firma NTC Vulkan** kooperiert nach Angaben deutscher und internationalen Medien mit den wichtigsten russischen Geheimdiensten FSB, GRU und SWR. In den im Frühjahr 2023 medial ausgewerteten »Vulkan Files« werden Angriffsziele benannt, zum Beispiel das »Lahmlegen von Kontrollsystemen von Eisenbahn-, Luft- und Schiffstransport« und die »Störung von Funktionen von Energieunternehmen und kritischer Infrastruktur.«[475] Mehrere westliche Geheim- und Nachrichtendienste halten die »Vulkan Files« für authentisch. Der Vorsitzende des Parlamentarischen Kontrollgremiums des Deutschen Bundestages, Konstantin von Notz, geht von »Hunderten solcher Cyberwaffen« aus, die gerade entwickelt würden. Die »Vulkan Files« legen zudem nahe, dass die als »Sandworm« weltweit bekannte gewordene Spezialeinheit 74455 des russischen Militärgeheimdienstes GRU mit der IT-Firma NTC Vulkan kooperiert hat. »Sandworm« soll unter anderem verantwortlich sein für Angriffe auf ukrainische Firmen im Juni 2017. Die Schadsoftware geriet außer Kontrolle und befiel weltweit Tausende Computer, auch in den USA, und verursachte Schäden in dreistelliger Millionenhöhe. Mehrere »Sandworm«-Hacker sind deswegen in den USA angeklagt worden.[476]

Im Zusammenhang mit dem russischen Angriffskrieg gegen die Ukraine zählte das **CyberPeace-Institut in Genf** für das Jahr 2022 mehr als 850 Cyberattacken. Diese wurden demnach von pro-russischen und pro-ukrainischen Hackern gegen Ziele in der Ukraine, Russland und rund drei Dutzend anderen Ländern ausgeführt, darunter auch 23 in Deutschland. **Pro-russische Hackernetzwerke** würden durch immer stärkere Vernetzung immer unberechenbarer, erklärte die Chefanalystin des Instituts, Emma Raffray Anfang 2023. Bei den Flughäfen seien Websites vorübergehend gestört worden. Allein im September 2022 wurden an zwei Tagen fünf Cyberattacken mit 18 Zielen in Deutschland registriert.[477]

Die **Geheimdienste Chinas** sind mit umfangreichen Befugnissen ausgestattet und dienen maßgeblich dem Machterhalt der Kommunistischen Partei Chinas. Auch in den Jahren 2022 und 2023 verübten mutmaßlich staatliche oder staatlich gesteuerte chinesische Cyberangreifer gezielt Cyberattacken auf deutsche Unternehmen, Behörden und Privatpersonen sowie auch gegen politische Institutionen.

9.4 Desinformationskampagnen

Vor allem russische, aber auch andere Geheimdienste, führen Desinformationskampagnen gegen Deutschland sowie andere EU- und NATO-Mitgliedsstaaten durch. Solche Desinformationskampagnen sollen gemäß dem Bundesamt für Verfassungsschutz politische und gesellschaftliche Spannungen verstärken und das Vertrauen der Bevölkerung in staatliche Stellen unterminieren.

Russische Desinformationskampagnen gegen Deutschland und andere europäische Staaten sind kein neues Phänomen, haben allerdings seit dem Beginn des russischen Angriffskrieges gegen die Ukraine eine neue Qualität und Quantität angenommen.

Als für die Bekämpfung russischer Desinformationskampagnen zuständige Organe beschreibt die Bundesregierung das Auswärtige Amt, das Bundespresseamt sowie das Bundesministerium des Innern und für Heimat und seine nachgeordneten Behörden (vor allem das Bundesamt für Verfassungsschutz), die das Internet hinsichtlich dort kursierender **falscher oder irreführender Informationen** beobachten.[478] Die Bundesregierung betreibe nach eigenen Angaben eine »proaktive faktenbasierte und zielgruppengerechte Kommunikation zur aktuellen Lage und zu den ergriffenen Maßnahmen«. Neben »angemessenen reaktiven Maßnahmen, wie der Richtigstellung von Falschinformationen«, stünden »Prävention und der Aufbau von gesamtstaatlicher und gesellschaftlicher Resilienz« im Fokus.[479] Hierzu führte die Bundesministerin des Innern und für Heimat, Nancy Faeser, im Mai 2022, in der ersten Hochphase russischer Desinformationskampagnen gegen Deutschland seit Beginn des russischen Angriffskrieges gegen die Ukraine, aus: »Der Kampf gegen Desinformation ist eine zentrale Herausforderung zum Schutz unserer Verfassung – deshalb dürfen wir diesen Schutz nicht nur als behördliche Aufgabe des BfV verstehen. Verfassungsschutz ist eine umfassende Aufgabe von Staat und Gesellschaft.«[480] Bundesinnenministerin Faeser bewertete es als Erfolg, dass die EU wenige Tage nach Beginn des Krieges Sanktionen gegen die russischen Medien **Russia Today und Sputnik** verhängte und damit die Reichweite russischer staatsnaher Medien eingeschränkt habe. Dabei räumte Faeser jedoch ein, dass seit den EU-Sanktionen gegen diese staatsnahen russischen Medien pro-russische Desinformation und Propaganda verstärkt über Accounts in den sozialen Medien verbreitet werde. Außerdem werde versucht, »die Nutzerinnen und Nutzer auf alternative Plattformen wie zum Beispiel Telegram umzuleiten.«[481] Von Telegram aus kann die russische Propaganda leicht von anderen Akteuren, Gruppen und Einzelpersonen verbreitet werden.[482]

Eine Datenauswertung des WDR, des NDR und der Süddeutschen Zeitung zeigte jedoch bereits im April 2022, dass Facebook nicht gegen die russischen **Desinformationskampagnen** in Deutschland ankommt. Eine Vielzahl von Fake News, beispielsweise über die Massaker und Gräueltaten russischer Soldaten an Ukrainerinnen und Ukrainern von Butscha, verbreiteten sich im April 2022 auf Facebook rasant. Videos mit Fake News russischer Desinformationskampagnen wurden in Deutschland hunderttausende Male angeschaut.[483]

Zur Facebookseite der russischen Botschaft in Deutschland, die seit dem Beginn des Krieges unbehelligt Desinformation, Propaganda und Fake News in Deutschland verbreiten kann, kamen zahlreiche kleine Accounts aus dem **verschwörungsideologischen Millieu**, beispielsweise die Facebookseite »Anonline«. Diese wurde unmittelbar nach dem Beginn des russischen Angriffskrieges gegründet. Nach vier Wochen und 250 Pro-System-Putin-Posts folgten ihr in Deutschland im April 2022 über zehntausend Menschen. Insgesamt wurden von »Anonline« gepostete Videos mehr als zwei Millionen Mal gesehen. Facebookseiten wie diese gibt es viele und ihre Followerzahlen verzehnfachten sich teilweise innerhalb einer Woche nach dem Beginn des Angriffskrieges.[484] Hier scheinen die zuständigen deutschen Ministerien und Behörden noch keine wirksamen Gegen-mittel gefunden zu haben.

Das Bundesinnenministerium zeigte sich Ende August 2022 beun-ruhigt über **gefälschte und täuschend echt aussehende Medien-Websites** mit pro-russischen Desinformationen rund um den Ukra-ine-Krieg. So teilte ein Sprecher des Bundesministeriums des Innern und für Heimat mit: »Wir haben mit Sorge zur Kenntnis genommen, dass über Fake-Accounts in bestimmten sozialen Medien täuschend echt aussehende, allerdings gefälschte Webauftritte von etablierten Nachrichtenseiten verlinkt werden. Dort werden demnach erfunde-ne Nachrichten und gefälschte Videos – Teil der russischen Desinfor-mationskampagnen – verbreitet. Diese verfolgen das Ziel, Vertrauen in Politik, Gesellschaft und staatliche Institutionen zu untergraben«, erklärte der Sprecher des Bundesinnenministeriums.[485]

Das ZDF sprach Ende August 2022 von der größten Desinformations-kampagne in Deutschland bisher: Nachgemachte Medienseiten als Teil einer großflächig angelegten russischen Desinformationskam-pagne verbreiten – mutmaßlich vom »System Putin« orchestriert – Propaganda, hunderte Fake-Accounts teilen sie massenhaft in sozialen Medien. Die Versuche, die öffentliche Meinung in Deutsch-land mit pro-russischer Propaganda zu beeinflussen, erreichten eine zuvor nicht gekannte Dimension. Bei dieser neuen, großflächig an-gelegten Desinformationskampagne Russlands wurden massenwei-se Webseiten großer Medienmarken wie Bild, Welt, t-online und Spiegel täuschend echt nachgebaut, um genau solche Fake News und Fake-Videos in die Welt zu setzen. Ein Heer von extra angeleg-ten Fake-Accounts verbreitete in einem zweiten Schritt diese Falsch-nachrichten in den sozialen Medien.[486]

Konstantin von Notz, stellvertretender Fraktionsvorsitzender der Grünen und Vorsitzender des Parlamentarischen Kontrollgremiums, der einen sehr umfassenden und profunden Informationsstand bezüglich Informationen der deutschen Nachrichtendienste zu den russischen Desinformationskampagnen besitzt, sagte bereits Ende August 2022, die Dimension von Desinformationskampagnen zur intransparenten Manipulation demokratischer Diskurse habe ein »besorgniserregendes Ausmaß« angenommen. Neben Sicherheitsbehörden und Plattformbetreibern sei auch die Politik gefragt, so von Notz: »Wir brauchen neue und bessere Strukturen zur Erkennung und Abwehr dieser hybriden Bedrohungen.«[487]

Das Auswärtige Amt soll Ende Januar 2024 eine **russische Desinformationskampagne** auf der Onlineplattform X (ehemals Twitter), aufgedeckt haben. Ziel der Kampagne war es offenbar, den **Unmut gegen die deutsche Bundesregierung zu verstärken** und die Unterstützung für die Ukraine zu unterminieren. Experten hätten im Auftrag des Auswärtigen Amts die Plattform X mit einer speziellen Software analysiert und seien dabei auf ein massives Netzwerk falscher Nutzerkonten gestoßen, die deutschsprachige Inhalte verbreiteten. Allein im Untersuchungszeitraum vom 20.12.2023 bis zum 20.1.2024 identifizierten die Experten demnach mehr als 50.000 gefälschte Nutzerkonten, die insgesamt mehr als eine Million deutschsprachige Tweets abgesetzt haben.[488]

>> Desinformation ist zu einem globalen Bedrohungsfaktor geworden. Sie wird von denjenigen, die unsere Werte nicht teilen, gezielt eingesetzt, um ganze Gesellschaften zu destabilisieren - nicht nur in westlichen Demokratien, sondern überall«, erklärte ein Sprecher des Auswärtigen Amts.

Bundesinnenministerin Nancy Faeser betonte Anfang des Jahres 2024, entschlossen gegen Desinformation vorgehen zu wollen. Die »jetzt offengelegte Lügenkampagne« zeige das »Ausmaß russischer Desinformation in Deutschland. Wir wissen, dass Putins Propaganda-Apparat seit Jahren Desinformation verbreitet, um das Vertrauen in unsere Demokratie zu erschüttern, Wut zu schüren und die öffentliche Meinung zu manipulieren«, erklärte Faeser. Sie forderte die EU auf, Maßnahmen gegen russische Desinformationskampagnen zu ergreifen.[489]

In Deutschland wächst die Sorge vor Desinformationskampagnen und der Verbreitung von **Fake News**. Nach einer aktuellen Umfrage der Bertelsmann Stiftung aus dem Frühjahr 2024 sehen 81 Prozent der Befragten darin ein ernstes Problem für die Gesellschaft. Sie erkennen in Desinformationskampagnen eine Gefahr für die Demokratie und den Zusammenhalt in Deutschland.[490]

Als Hauptquelle für die Verbreitung von Falschinformationen im Internet identifizierten die Befragten vor allem die verschiedenen sozialen Medien: So gaben 59 Prozent an, durch Kommentare oder Beiträge in sozialen Netzwerken wie Facebook oder X (ehemals Twitter) darauf aufmerksam geworden zu sein. 37 Prozent nannten dasselbe bei Kommentaren unter Artikeln auf Blogs oder Nachrichtenseiten und 33 Prozent bei Fakenews-Beiträgen direkt in Artikeln auf Blogs oder Nachrichtenseiten. Für die Verbreitung von Des- und Falschinformationen werden nach Angaben der Umfrage vor allem Protest- und Aktivistengruppen verantwortlich gemacht (66 Prozent). 60 Prozent machen Influencer in sozialen Medien und Blogger dafür verantwortlich. 53 Prozent sehen ausländische Regierungen für Desinformationskampagnen verantwortlich.[491]

Ein aktuelles Beispiel einer **Desinformationskampagne**, die nach französischen Regierungsangaben von russischen Akteuren ausgegangen sein soll: Seit dem Frühjahr 2024 geht die französische Regierung davon aus, dass russische Akteure im Sommer 2023 die Hysterie in den sozialen Netzwerken um Bettwanzen in Paris – überall seien diese aufgetreten: in Hotels, Schulen, in Kinos und U-Bahnen; einschlägige Fotos und Clips in den sozialen Medien schienen die Plage zu belegen – zu verantworten hätten.[492]

Wegen der Informationslage »Bettwanzenplage in Paris« und dem Hintergrund, dass Paris im Sommer 2024 Gastgeber der Olympischen Spiele sein würde und mit hunderttausenden Hotelgästen rechnete, wurde das Thema »Bettwanzenplage in Paris« im französischen Parlament debattiert und die Regierung berief eine Krisensitzung ein. Zahlreiche Hotels engagierten Schädlingsbekämpfer mit speziell trainierten Hunden, Klassenräume und Kinosäle wurden geräumt und vorsorglich gesäubert. Vom französischen Verkehrsministerium angeordnete Untersuchungen der Metro-Bahnen ergaben allerdings: Keine Spur von Bettwanzen.

Seit Beginn des Ukraine-Kriegs hätten **russische Destabilisierungsversuche** in Frankreich zugenommen, so der französische Europaminister Jean-Noël Barrot Anfang März 2024, mit dem Ziel, die öffentliche Unterstützung für die Ukraine zu untergraben. In Sozialen Netzwerken, so Barrot, sei verbreitet worden, dass die vermeintliche Bettwanzenplage vor allem mit der Ankunft ukrainischer Flüchtlinge in Frankreich zusammenhänge. Das Thema sei »in den Onlinediensten aufgeblasen worden durch Konten, die mit Russland in Verbindung stehen«, so Barrot.[493]

9.5 Fazit

Die Bedrohung im Cyberraum ist in Deutschland aktuell so hoch wie nie zuvor. Diese dramatische Lage beschreiben das Bundesamt für Sicherheit in der Informationstechnik (BS) sowie das Bundeskriminalamt bereits seit Monaten bis Jahren mit klaren Worten. Dass unser Cyberraum bedroht ist, scheint für viele Menschen in unserem Land nicht so klar und spürbar zu sein. Anders als beispielsweise Gewalt im öffentlichen Raum, wie Messergewalt. Ein durch Cybercrime und Cyberattacken bedrohter Cyberraum **gefährdet unsere Wirtschaft und damit unseren Wohlstand.**

Die für den Schutz der Cybersicherheit zuständigen Behörden sind so gut wie die ihnen übergeordneten Behörden bzw. die verantwortlichen Politikerinnen und Politiker es wollen. Der gesetzliche Rahmen müsste in verschiedenen Bereichen so verändert werden, dass unsere Sicherheitsbehörden und das BSI wehrhafter und wehrfähiger werden. Diese Erkenntnis müsste von den zuständigen Ministerien in den parlamentarischen Raum gebracht werden. Klarer, organisierter, besser konzeptionell ausgearbeitet – und dies jetzt.

Außerdem haben sowohl die Unternehmen und öffentliche Einrichtungen die Verantwortung, die modernsten und besten Schutzmaßnahmen zu ergreifen. Die Schutzmaßnahmen gegen Cybergefahren müssen (leider) sehr regelmäßig auf den Prüfstand gestellt und angepasst werden. Das kostet Zeit, Kraft und viel Geld. Dies nicht zu tun, hieße allerdings Risiken einzugehen, die im Endeffekt noch viel teurer sind.

Auch wir als Bevölkerung können und müssen unseren Teil dazu beitragen, dass wir einen sicheren Cyberraum haben, zum Beispiel gute und aktuelle Software einsetzen, die unsere digitalen Geräte schützt. Wir sollten uns regelmäßig bei zuverlässigen Quellen informieren. Die Medien sollten uns dabei helfen, auf einem aktuellen Stand zum Schutz vor Cybergefahren zu sein.

Aufgrund der oben dargestellten Bedrohungen im Bereich der Desinformationskampagnen sollten umgehend folgende Maßnahmen von der Bundesregierung, den zuständigen Ministerien und deren Behörden gegen Desinformationskampagnen getroffen werden:

Ein staatliches Zentrum bzw. ein Beauftragter für die Analyse von Desinformationskampagnen und Fake News sowie das Veröffentlichen von Counter-Narratives sollte umgehend beauftragt werden, als Bindeglied zwischen den Medien, den Sozialen Medien und den Behörden.

Die Forschung zum Themenbereich Desinformationskampagnen, Fake News, Narrative, Strategien und Akteure sowie Counter-Narratives muss dringend und schnellstmöglich intensiviert werden und dafür benötigt es eine bundesweite Strategie und Konzeption.

Medienkompetenz muss ein großer zukünftiger Schwerpunkt an den Schulen werden und sollte danach im Rahmen von politischer Bildung durch Angebote zu lebenslangem Lernen, für alle Altersgruppen, ergänzt werden. Es geht hier um lebenslange Resilienz gegen Desinformationskampagnen, Fake News und Propaganda, um das Stärken bzw. **Aufbauen einer demokratischen Resilienz.** Dass auf TikTok auch Gefahren drohen, ist vielen Eltern und jungen Menschen längst klar. Dort finden sich, neben vielen harmlosen Inhalten, auch extremistische Ideologieelemente, über Propaganda, werden die User manipuliert.

Eine **europaweite Vernetzung** des oben vorgeschlagenen staatliches Zentrum bzw. eines Beauftragten für die Analyse von Desinformationskampagnen und Fake News sowie das Veröffentlichen von Counter-Narratives sowohl mit der EU selbst, als auch mit den einzelnen EU-Staaten müsste sofort initiiert werden. Gerade im Bereich der nordeuropäischen Länder wie Finnland und der osteuropäischer Länder wie Tschechien und Polen gibt es best practice und lessons learned, da diese Staaten schon seit vielen Jahren russischen Desinformationskampagnen ausgesetzt sind.

10
Gefahren durch Spionage und Sabotage

>> Das Niveau der Spionageaktivitäten gegen Deutschland steht dem während des Ost-West-Konflikts bis 1990 in nichts nach. Wir haben es mit einem klaren Systemwettbewerb zu tun!«, Thomas Haldenwang, Präsident des Bundesamtes für Verfassungsschutz, 2024.[494]

Seit dem Beginn des Ukrainekrieges im Februar 2022 ist die Bedrohung durch Spionage ein zusätzlicher Faktor, der die Öffentliche Sicherheit Deutschlands gefährdet. Das Niveau von Spionageaktivitäten, die vor allem, aber nicht ausschließlich, von Russland, China und dem Iran ausgehen, hat ein Niveau erreicht, das seit dem Ende des Ost-West-Konfliktes 1989/1990 unerreicht war.

Unter **Spionage** verstehen die deutschen Verfassungsschutzbehörden

>> die Erkundung der politischen Faktoren sowie der wirtschaftlichen, wissenschaftlichen und militärischen Potenziale eines anderen Staates durch ausländische Nachrichtendienste oder in deren Auftrag – zumeist mit verdeckten Mitteln und Methoden. Soweit Spionage gegen die Bundesrepublik Deutschland gerichtet ist, kommt eine Strafbarkeit gemäß § 93 ff. StGB in Betracht.[495]

Das Bundesministerium des Innern und für Heimat sowie das Bundesamt für Verfassungsschutz stellen aktuell fest, dass die **Hauptakteure** der gegen Deutschland gerichteten Spionage, für geheimdienstlich gesteuerte Cyberattacken, Proliferation und Einflussnahme – mit jeweils unterschiedlichen Schwerpunkten – **Russland, China, Iran und die Türkei** sind.

Gegen die deutsche Politik, deutsche Behörden und deutsche Unternehmen gerichtete Spionageaktivitäten ausländischer Geheimdienste werden aktuell vielgestaltiger und ausgefeilter, umfassen menschliche Quellen genauso wie Cyberattacken (siehe Kapitel 9), erklärt das Bundesamt für Verfassungsschutz und bewertet die augenblicklichen Spionagetätigkeiten als »ernsthafte Bedrohung für Deutschland und deutsche Interessen.«[496] Deutschland als einflussreiches Mitglied der Europäischen Union, als Mitglied der NATO und in anderen internationalen Organisationen, ist Ziel vielfältiger politischer Spionage. Die geopolitischen und geoökonomischen Umbrüche infolge des russischen Angriffskriegs gegen die Ukraine sowie Chinas offensive Geheimdienstaktivitäten stellen ein neues Bedrohungsniveau dar. Zudem stehen auch deutsche Unternehmen und Forschungseinrichtungen weiterhin im Fokus von Wirtschafts- und Wissenschaftsspionage und auch strategisch motivierter ausländischer Direktinvestitionen.

Die gegen Deutschland gerichteten Felder von Spionage durch ausländische Geheimdienste sind zahlreich. Das klandestine Vorgehen ausländischer Geheimdienste gegen Deutschland dient der **Informationsbeschaffung**, der **illegitimen politischen Einflussnahme** durch Desinformation, dem **illegalen Erwerb von Waffen und Know-how** sowie der **Vorbereitung von Sabotage**. Durch das Fortschreiten der Digitalisierung und neuer Technologien haben Geheimdienste weltweit seit Beginn des 21. Jahrhunderts neue, mehr und qualitativ sehr hochwertige Mittel, um Deutschland durch Spionage anzugreifen.

Andere Staaten haben ein großes Interesse an Know-how aus Deutschland. Daher forschen ausländische Geheimdienste auch deutsche Unternehmen, Forschungseinrichtungen und Hochschulen aus. Diese Form der Spionage wird als Wirtschafts- beziehungsweise **Wissenschafts- und Technologiespionage** beschrieben.

10.1 Akteure, Taktiken und aktuelle Fälle

Die Hauptakteure der gegen Deutschland gerichteten Spionage sind nach Angaben der deutschen Verfassungsschutzbehörden Russland, China, Iran und die Türkei. Hinzu kommen weitere Akteure, zu denen die zuständigen deutschen Behörden im Augenblick aber kaum bis nichts öffentlich erklären.

Spionageaktivitäten ausländischer Geheimdienste gehen häufig von deren **Legalresidenturen** aus. Diese sind in ganz Deutschland verteilt und beispielsweise in offiziellen diplomatischen und konsularischen Vertretungen untergebracht. Die ausländischen Geheimdienstangehörigen versuchen unter Ausnutzung ihrer diplomatischen Abdeckung mit konspirativen Methoden, aber auch mittels harmlos wirkender Kontaktpflege – sogenannter Gesprächsabschöpfung –, Informationen zu politischen, militärischen, wirtschaftlichen und wissenschaftlichen Themen zu erlangen. Neben der Informationsbeschaffung aus den Legalresidenturen führen die ausländischen Geheimdienste Operationen durch, die aus den Zentralen der Geheimdienste erfolgen bzw. direkt von dort gesteuert werden. Hierzu zählt auch der **Einsatz sogenannter Illegaler**. Im Ausland nehmen die Geheimdienste gezielt deutsche Staatsangehörige ins Visier, die sich für längere Zeit beruflich oder privat dort aufhalten oder regelmäßig dorthin reisen. Dazu zählen vor allem Angehörige diplomatischer Vertretungen und anderer Behörden oder Firmen, aber auch Wissenschaftlerinnen und Wissenschaftler oder Studierende. Die ausländischen Geheimdienste nutzen dazu die breite Palette der Überwachungsmöglichkeiten, von Grenzkontrollen über die Beobachtung von Auslandsvertretungen bis hin zu den Kontrollmöglichkeiten in Wirtschaft und Wissenschaft.

Spionage durch Russland

Die Aktivitäten russischer Geheimdienste in Deutschland bewegten sich bereits in den Monaten und Jahren vor dem Beginn des Ukrainekrieges auf hohem Niveau. Dieses Niveau wurde seither noch übertroffen. Die russischen Spionageaktivitäten erstrecken sich mit unterschiedlicher Intensität auf die **Zielbereiche Politik, Wirtschaft, Wissenschaft, Technik** (u. a. Rüstung und Energie) sowie die **Bundeswehr und Sicherheitsbehörden**. Der primäre Fokus russischer Geheimdienste liegt auf deutschen Politikfeldern wie der Außen- und Wirtschaftspolitik, aber auch auf der deutschen Innenpolitik in Bezug auf parteipolitische Strukturen und Entwicklungsprozesse.

Schon vor Beginn des Angriffskriegs Russlands gegen die Ukraine waren Deutschland durch russische Spionageaktivitäten erhebliche außen- und sicherheitspolitische sowie wirtschaftliche Schäden entstanden, stellt das Bundesamt für Verfassungsschutz aktuell fest. Aufgrund des seit Kriegsbeginn noch deutlich intensivierten Aufklärungsinteresses russischer Geheimdienste, der offensiveren Desinformationsaktivitäten sowie der Cyberangriffe auf deutsche Behördennetze, Politik, Wirtschaft und Wissenschaft ergibt sich nunmehr eine weiter angestiegene Gefährdung.

Nach Angaben der deutschen Verfassungsschutzbehörden betreibt Russland gegen Deutschland **politische, militärische und wirtschaftliche Spionage**, hinzu kommt die Aufklärung **Kritischer Infrastrukturen** (KRITIS) für potenzielle Sabotageakte.

Die Aufgabentrennung der russischen Geheimdienste in Innere und Äußere Sicherheit, zivil und militärisch, ist deutlich weniger ausgeprägt als bei westlichen Geheim- bzw. Nachrichtendiensten, was unsere deutschen Nachrichtendienste vor Probleme stellt.

Russland verfügt über mehrere Geheimdienste, darunter über den **FSB** (Federalnaja Sluschba Besopasnosti, auf Deutsch »Föderaler Dienst für Sicherheit«), dem 2003 die FAPSI (Federalnoje Agentstwo Prawitelstwennoi Swjasi i Informazii, auf Deutsch »Föderale Agentur für Regierungsfernmeldewesen und Information«) mit circa 120.000 Mitarbeiterinnen und Mitarbeitern angegliedert wurde. Auch der **FPS** (Federalnaja Pogranitschnaja Sluschba, auf Deutsch: »Föderaler Dienst für Grenzschutz«) wurde im Jahr 2002 Teil des FSB. Die **GRU** (Glawnoje Raswedywatelnoje Uprawlenije, auf Deutsch: »Hauptverwaltung für Aufklärung«) ist der militärische Geheimdienst und der **SWR** (Sluschba wneschnei raswedki, auf Deutsch »Dienst für Außenaufklärung«) der Auslandsgeheimdienst Russlands.

Der **FSB** ist grundsätzlich der Inlandsgeheimdienst Russlands. Sein Zuständigkeitsbereich erstreckt sich jedoch auf die **gesamte Staatssicherheit,** die zivile und militärische Spionageabwehr, die Kontrolle der Internetkommunikation, die Bekämpfung von Terrorismus und Organisierter Kriminalität. Der FSB ist einer der Hauptnachfolger des früheren KGB. Er hat die Aufgabe, Oppositionelle und Regierungskritiker zu überwachen und im Zweifel – mit unterschiedlichen Mitteln – zu neutralisieren. Tatsächlich betreiben einzelne Abteilungen des FSB, vor allem die 5. Direktion, auch gezielt Spionage in den ehemaligen Sowjetrepubliken, somit auch seit Jahren in der Ukraine. Hier gibt es also Überschneidungen mit der Arbeit des Auslandsgeheimdienstes SWR.

Der russische Präsident Putin war von 1998 bis 1999 selbst Direktor des FSB und es scheint gesichert, dass er auch als russischer Präsident operative Entscheidungen des FSB trifft, darunter beispielsweise dessen Aufgabe, als Terroristen definierte Menschen zu töten. Die Macht des FSB in Russland, aber auch innerhalb der russischen

Geheimdienste, wurde in den vergangenen Jahren durch mehrere Reformen immer stärker ausgeweitet. Seit Jahren versucht der FSB, die Ukraine gezielt zu destabilisieren, beispielsweise durch die Bestechung ukrainischer Politiker, damit diese eine Annäherung der Ukraine an den Westen torpedieren.

Aktuell mehren sich internationale Berichte darüber, dass **Agenten des FSB** auch im Krieg gegen die Ukraine eingesetzt werden. Nach verschiedenen Angaben soll der russische Präsident Putin bis Mitte April 2023 über 150 FSB-Agenten aus Ärger über den bisherigen Kriegsverlauf entlassen haben, einige von ihnen seien festgenommen worden, darunter Sergej Beseda, der bisherige Direktor der 5. Direktion des FSB, zuständig für Spionage in den ehemaligen Sowjetrepubliken. Agenten des FSB sollen auch an den Massakern in der ukrainischen Stadt Butscha beteiligt gewesen sein, als Teil des Besatzungsregimes.

Im November 2018 feierte die **GRU** (Glawnoje Raswedywatelnoje Uprawlenije, Deutsch für »Hauptverwaltung für Aufklärung«) ihr 100-jähriges Jubiläum. Wie der gesamte Sicherheitsapparat Russlands hat die GRU ihre Wurzeln tief im kommunistischen Staat der Bolschewiki nach der Oktoberrevolution 1917. Während der mächtige KGB jahrzehntelang In- und Auslandsgeheimdienst, Personenschutz, Grenztruppen und technische Abteilungen mit mehreren hunderttausend Mitarbeiterinnen und Mitarbeitern vereinte, war und ist die GRU den russischen Streitkräften, dem russischen Verteidigungsministerium unterstellt. Als 2012 Sergej Schojgu Verteidigungsminister wurde, machte er sich daran, die GRU aufzuwerten. Personell soll die GRU mit rund 12.000 Mitarbeiterinnen und Mitarbeitern ungefähr die gleiche Mitarbeiterinnen- und Mitarbeiterzahl wie der Auslandsgeheimdienst SWR haben. Eine Besonderheit der GRU war und ist, dass sie nicht nur im Ausland aufklärt, sondern auch die Spionageabwehr der russischen Streitkräfte verantwortet. Während der Tschetschenienkriege übernahm die GRU »Spezialaufgaben« (häufig gezielte Tötungen), in Dubai soll die GRU im Jahr 2009 den Anführer tschetschenischer Rebellen, Sulim Jamadajew, in einer Kommandoaktion getötet haben. Auch bei der russischen Annexion der Krim 2014 wurde ein Teil der »grünen Männchen«, Soldaten ohne Kombattantenstatus, später als GRU-Soldaten identifiziert. In den letzten Jahren wurden geheimdienstliche Cyberangriffe der GRU ein weiteres wichtiges Standbein.

Der **SWR** ist zuständig für die zivile Auslandsspionage in den Bereichen Wirtschaft, Wissenschaft, Technologie und Politik, u. a. mit Hilfe von angeworbenen Agenten im Ausland, auch innerhalb ausländischer Nachrichtendienste. Der SWR ist außerdem für die Gegenspionage zuständig. Er hat circa 12.000 bis 15.000 Mitarbeiterinnen und Mitarbeiter. Hauptamtliche SWR-Mitarbeiterinnen und Mitarbeiter im Ausland tarnen sich oftmals als Diplomaten oder Journalisten. Anlässlich eines im russischen Staatsfernsehen übertragenen Besuchs des Hauptquartiers des SWR Ende Juni 2022 erklärte der russische Präsident Putin die Industriespionage – vor allem in der westlichen Welt – angesichts der Sanktionen gegen Russland seit dem Angriffskrieg gegen die Ukraine zur Priorität für den SWR.

Hier werden kurz aktuelle Fälle von russischer Spionage gegen Deutschland dargestellt:

Am 21.12.2022 wurde der **hochrangige Mitarbeiter des BND**, Oberst Carsten L., Referatsleiter (Bundesbesoldungsordnung A16) in der Abteilung Technische Aufklärung des BND, aufgrund eines Haftbefehls des Ermittlungsrichters des Bundesgerichtshofs vom 16.12.2022 in Berlin von Beamten des mit den Ermittlungen beauftragten Bundeskriminalamtes festgenommen. Die Abteilung Technische Aufklärung des BND ist für etwa die Hälfte von mehreren hundert Meldungen, die der BND pro Tag erstellt, verantwortlich, so dass dieser Abteilung und dem Referat, das Carsten L. bis zu seiner Festnahme leitete, eine entscheidende Rolle im BND zukam.[497]

Russische Geheimdienstmitarbeiter wollten von Carsten L. unter anderem wissen, wie viele US-amerikanische Mehrfachraketenwerfer des Typs HIMARS an die ukrainischen Streitkräfte geliefert wurden und ob deren GPS-Funktionen aktiviert seien. Auch Fragen zum von Deutschland gelieferten Luftabwehrsystem Iris-T sollen sie Carsten L. gestellt haben.[498]

Der Beschuldigte ist nach Angaben des Generalbundesanwalts des Landesverrats dringend verdächtig. In dem Haftbefehl wird Carsten L. nach Angaben des Generalbundesanwalts im Wesentlichen folgender Sachverhalt zur Last gelegt: Im Jahr 2022 soll er Informationen, die er im Zuge seiner beruflichen Tätigkeit als BND-Mitarbeiter erlangt hatte, an einen russischen Geheimdienst übermittelt haben. Bei dem Inhalt handelt es sich um ein Staatsgeheimnis im Sinne des § 93 StGB.

Auf die Spur des mutmaßlichen »**Maulwurfs**« kam der BND Anfang des Jahres 2022 durch den Hinweis eines ausländischen Partnernachrichtendienstes, Russlands Geheimdiensten und Streitkräften seien BND-Geheimnisse zugänglich gemacht worden. Der BND startete daraufhin interne Ermittlungen. Der Präsident des BND, Bruno Kahl, äußert sich wie folgt zu diesem aktuellen Verratsverdacht eines seiner Referatsleiter: »Ich entsinne mich noch an den ersten Moment, wo mein Vizepräsident mir sagte: Wir müssen mit unserem Partner reden, der hat schlechte Nachrichten für uns. Und ab dem Moment war man natürlich angespannt, und dann gab es ein Mosaiksteinchen nach dem anderen, bis wir dann wussten, es gibt Verrat. Das ist so mit das Unangenehmste, was einem Nachrichtendienst passieren kann. Wir werden uns systematisch angucken müssen, was bei uns falsch gelaufen ist. Wir haben ja sowohl im Operativen als auch in der Sicherheit Regeln, die beachtet werden müssen. Und hier sind einige verletzt worden. Es sind Fehler gemacht worden, und wer den Schaden hat, braucht dann für den Spott nicht mehr zu sorgen.«[499]

Dieser aktuelle **Spionage-Skandal im BND** offenbart eklatante Fehler, ja ein eklatantes Versagen des BND, u. a. im Bereich der Eigensicherung.

Am 9.8.2023 wurde ein **Offizier der Bundeswehr** in Rheinland-Pfalz festgenommen, die Anklage des Generalbundesanwaltes lautet »Spionage für Russland«. Es handelt sich um Hauptmann Thomas H., einen Berufsoffizier der Bundeswehr, der bis dahin beim Bundesamt für Ausrüstung, Informationstechnik und Nutzung der Bundeswehr (BAAINBw) gearbeitet hatte und über sensible Informationen im Bereich Militärtechnik, Rüstung, mit Relevanz für russische Geheimdienste und den Ukrainekrieg, verfügte. Der Generalbundesanwalt hatte Hinweise erhalten, dass sich Thomas H. von sich aus – also als **Selbstanbieter** –, der russischen Botschaft in Berlin angeboten hat, Russland für den Ukrainekrieg relevante Rüstungsinformationen zu beschaffen. Ab Mai 2023 soll Thomas H. freiwillig und aus eigenem Antrieb heraus mehrfach dem russischen Generalkonsulat in Bonn und der russischen Botschaft in Berlin Informationen angeboten haben. Diese Informationen sollten dann an einen russischen Nachrichtendienst weitergeleitet werden. Im März 2024 erhob die Bundesanwaltschaft wegen mutmaßlicher geheimdienstlicher Agententätigkeit Anklage gegen Thomas H. Ende Mai 2024 wurde das Urteil gesprochen. Er war vor dem Oberlandesgericht Düsseldorf geständig und wurde wegen Spionage für Russland zu dreieinhalb Jahren Haft verurteilt. Damit ist er auch aus der Bundeswehr entlassen.

Das russische Staatsfernsehen veröffentlichte Anfang März 2024 den Mitschnitt einer vertraulichen **Telefonkonferenz von vier Bundeswehr-Generälen**. Diese hatten online über einen möglichen Einsatz deutscher Taurus-Marschflugkörper in der Ukraine gegen russische Truppen gesprochen. Die Online-Besprechung der vier Generäle der deutschen Luftwaffe sollte eine Unterrichtung von Bundesverteidigungsminister Boris Pistorius vorbereiten und fiel in die Phase der politischen Diskussion, auch im Bundestag, ob die Bundesregierung Taurus-Lieferungen an die Ukraine beschließen solle. Pistorius sprach nach der Veröffentlichung des dienstlichen Gesprächs der vier Bundeswehrgeneräle durch russische Staatsmedien von einem »hybriden Angriff zur Desinformation«. Es ist Teil eines Informationskriegs, den Putin führt«, sagte der Minister mit Blick auf das System Putin.[500]

Stephan Kramer, der Präsident des Amtes für Verfassungsschutz Thüringen, mahnte daraufhin eine deutliche Änderung der deutschen Strategie zur Spionageabwehr an:

>> Wenn wir nicht schnellstens einen lange überfälligen Bewusstseinswechsel bekommen und endlich verstehen, dass wir hybriden Bedrohungen und Angriffen als Staaten und Gesellschaften ausgesetzt sind, dann werden wir alsbald noch Schlimmeres erleben als dieses aktuelle Leak und etwaige Peinlichkeiten.

Abgesehen davon würden die Nachrichten- und Geheimdienste von Partnerstaaten der EU und der NATO ihrerseits Konsequenzen aus den deutschen Problemen mit Spionage ziehen und manche Informationen nicht mehr mit deutschen Stellen teilen, so Kramer. Dies sei »eine folgerichtige Konsequenz«, um die eigenen Interessen und Menschenleben nicht zu gefährden. »Das würde ich ebenso in einer solchen Lage tun.«[501] Der Präsident des Amtes für Verfassungsschutz Thüringen bemängelte weiter, dass es in Deutschland in vielen Bereichen an der »notwendigen Sensibilität und Professionalität im Umgang mit dem Thema Sicherheit und Geheimschutz« fehle. Das erwarte er allerdings von Leuten, die »mindestens mit sicherheitsrelevanten Fragen und Bereichen zu tun haben«, sagte der Verfassungsschützer. Kramer sieht allerdings auch Handlungsbedarf bei den Entscheidungsträgern im politischen Bereich. Bei vielen fehle noch immer das Bewusstsein dafür, »dass wir seit Jahren ein Ziel von Spionage, Ausforschung und Sabotage sowohl digital wie analog sind«. Verschiedene Parlamentarier seien sich »ganz offensichtlich nicht bewusst, dass manche ihrer Äußerungen oder Sensationsmeldungen über den Zustand oder die Arbeit der Sicherheitsbehörden oder zu unseren Verteidigungsfähigkeiten nicht nur für Schlagzeilen und Reichweite sorgen, sondern auch dem Gegner Informationen liefern, die massiv unsere Sicherheitsinteressen beschädigen.«[502]

Mitte April 2024 ließ der Generalbundesanwalt **zwei Russlanddeutsche** in Bayreuth festnehmen, die der Spionage für Russland und potenziell auch Sabotage gegen Deutschland verdächtigt werden. Die beiden Männer sollen für Russland spioniert und mögliche Anschlagsziele in Deutschland ausgekundschaftet haben. Den beiden Russlanddeutschen ging es nach Angaben des Generalbundesanwalts um Sabotageaktionen, die insbesondere dazu dienen sollten, »die aus Deutschland der Ukraine gegen den russischen Angriffskrieg geleistete militärische Unterstützung zu unterminieren.« Die Männer seien dringend verdächtig, in einem besonders schweren Fall für einen ausländischen Geheimdienst tätig gewesen zu sein, teilte der Generalbundesanwalt beim Bundesgerichtshof mit. Dem Älteren von beiden, Dieter S., wird auch die Verabredung zur Herbeiführung einer Sprengstoffexplosion und zur Brandstiftung sowie Agententätigkeit zu Sabotagezwecken und sicherheitsgefährdendes Abbilden militärischer Anlagen vorgeworfen. Konkret soll sich Dieter S. mit einer weiteren Person, die Kontakt zu einem russischen Geheimdienst hat, seit mindestens Oktober 2023 über mögliche Sabotageaktionen in Deutschland ausgetauscht haben. Dieter S. soll sich seinem Kontakt gegenüber bereit erklärt haben, Sprengstoff- und Brandanschläge vor allem auf militärisch genutzte Infrastruktur und Industriestandorte in Deutschland zu begehen. Dieter S. sammelte dem Generalbundesanwalt zufolge Informationen über potenzielle Anschlagsziele, darunter auch Einrichtungen der US-Streitkräfte. Er soll zwischen Dezember 2014 und September 2016 in der Ostukraine als Kämpfer einer bewaffneten Einheit der »Volksrepublik Donezk« tätig gewesen sein, einer Einheit, die auch Gewalt gegen die ukrainische Zivilbevölkerung verübte.[503] Der zweite Beschuldigte, Alexander J., half ihm demnach spätestens ab März 2024 dabei. Zu den ausgekundschafteten Orten gehören nach Informationen der Nachrichtenagentur dpa der US-Stützpunkt Grafenwöhr sowie andere militärische Einrichtungen in Bayern. Einige der ins Visier genommenen Objekte soll Dieter S. vor Ort ausgespäht und fotografiert haben, beispielsweise Militärtransporte. »Wir wissen, dass der russische Machtapparat auch unser Land in den Fokus nimmt«, erklärte Bundesjustizminister Marco Buschmann (FDP) dazu. Auf diese Bedrohung müsse Deutschland wehrhaft und entschlossen reagieren. Bundesinnenministerin Nancy Faeser (SPD) sprach von »einem besonders schweren Fall der mutmaßlichen Agententätigkeit für Russland«. Sie betonte: »Wir werden die Ukraine weiter massiv unterstützen und uns nicht einschüchtern lassen.«[504]

Der Vorsitzende des Parlamentarischen Kontrollgremiums im Bundestag, Konstantin von Notz (Grüne), sprach direkt nach den Festnahmen der beiden der Spionage und Sabotage verdächtigen Deutschrussen von einem »hochalarmierenden Vorgang. Es wäre schlicht ungeheuerlich, wenn Russland in Deutschland solche Aktionen tatsächlich plant und konkret umzusetzen sucht«, erklärte der stellvertretende Grünen-Fraktionschef. »Als Rechtsstaat und wehrhafte Demokratie müssen wir die Aufklärung mit aller Entschlossenheit betreiben.«[505] Die Mitglieder des Parlamentarischen Kontrollgremiums hätten die Bundesregierung »sehr deutlich aufgefordert, den vielfachen Hinweisen auf derartige, sehr weitgehende Spionage- und Einflussoperationen nachzugehen, die Tragweite der Bedrohung zu erkennen und entsprechend zu reagieren«, erklärte von Notz. Deutschland müsse sich »zukünftig deutlich robuster, resilienter und wehrhafter aufstellen.«[506]

Auch der Vize-Vorsitzende des Geheimdienste-Kontrollgremiums, Roderich Kiesewetter (CDU), forderte Konsequenzen:

»Es zeigt sich, dass wir vergleichsweise schlecht bei der Spionageabwehr aufgestellt sind und es in vielen Bereichen noch wenig Sensibilität für die Gefährdung durch Russland nahestehende Bürger gibt«, erklärte Kiesewetter.[507]

Am 27.5.2024 fragte die Wochenzeitschrift »Der Spiegel« »Sind deutsche Behörden zu sorglos im Umgang mit sensiblen Informationen?« und zitierte den Justizminister Marco Buschmann (FDP), der davon ausgehe, »dass wir auch in den nächsten Monaten weitere Enttarnungen vornehmen werden.«[508]

Spionage durch China

Die Geheimdienste Chinas sind nach Angaben der deutschen Verfassungsschutzbehörden mit umfangreichen Befugnissen ausgestattet und dienen maßgeblich dem **Machterhalt der Kommunistischen Partei Chinas.** Sie spielen sowohl eine entscheidende Rolle beim Ziel, den globalen Führungsanspruch Chinas durchzusetzen als auch die chinesische Volkswirtschaft zu einer führenden Industrienation umzubauen und die Markt- und Technologieführerschaft in entscheidenden Sektoren zu erlangen.

Der Bedarf der chinesischen Regierung und ihrer Behörden an Informationen über die EU, die United Nations sowie westliche Staaten wie Deutschland wächst seit Jahren stetig. Die **Hauptziele** chinesischer Spionage in Deutschland sind **Politik und Verwaltung, Wirtschaft, Wissenschaft und Technik sowie die Bundeswehr.** Für die Umsetzung seiner ambitionierten Industriepolitik nutzt China Spionage in Wirtschaft und Wissenschaft, versucht, ganz oder teilweise deutsche Unternehmen der Spitzentechnologie zu kaufen, und wirbt gezielt Wissensträgerinnen und -träger an. Auch die Bundeswehr, ihre Bewaffnung und Ausbildung, ist im Fokus chinesischer Spionage.[509]

Die chinesischen Geheimdienste kontrollieren auch die in Deutschland ansässige **chinesische Auslandsgemeinde,** so erklärt das Bundesamt für Verfassungsschutz aktuell. Durch die enge institutionelle Anbindung von chinesischen Unternehmen, Studierendenorganisationen sowie kulturellen Vereinen und Instituten soll ein linientreues Verhalten sichergestellt und die»chinesische Einheitsfront im Ausland« gestärkt werden. Der engen Anbindung der in Deutschland lebenden Chinesinnen und Chinesen dienen auch die sogenannten **Übersee-Polizeistationen** (ÜPS). Dabei handelt es sich nicht um offizielle diplomatische Einrichtungen, sondern um informelle Übersee-Dependancen lokaler chinesischer Polizeieinheiten aus typischen Auswandererregionen Chinas. Diese werden nicht von chinesischen Polizeibeamten, sondern von linientreuen Auslandschinesen – teilweise mit deutscher Staatsangehörigkeit – geleitet, erläutern die deutschen Verfassungsschutzbehörden. Dabei handelt sich um illegitime Parallelstrukturen, die China zur Ausspähung und Beeinflussung der chinesischen Bürgerinnen und Bürger in Deutschland nutzen könnte.[510]

Die chinesische Regierung verfolgt weiterhin ein sehr ambitioniertes und strategisch-langfristiges Programm, um in zukunftsweisenden Bereichen der Hochtechnologie Anschluss an die führenden, westlichen Industrienationen zu finden. Die chinesische Regierung strebt spätestens für das Jahr 2049 – zum 100. Jahrestag der Gründung der Volksrepublik China – eine **globale Technologieführerschaft** an. Im Fokus stehen vor allem Emerging Technologies wie Quantentechnologie, Künstliche Intelligenz, Hyperschalltechnik, Überwachungstechnologie sowie Biotechnologie, denen militärisch eine immer größere Bedeutung zukommt.[511]

Im Jahr 2022 war Deutschland innerhalb der EU erneut eines der wichtigsten Ziele legaler chinesischer Investitionen, um direkt und schnell Zugriff auf Technologien, Know-how oder geistiges Eigentum zu ermöglichen. **Direktinvestitionen** eröffnen China auch das

Tor zu politischer Einflussnahme, Spionage und Sabotage. Direktinvestitionen in Bereichen wie insbesondere sensible Technologien oder Kritischen Infrastrukturen können darüber hinaus Risiken für die öffentliche Sicherheit in Deutschland bergen, warnt das Bundesamt für Verfassungsschutz. Das Ausmaß dieser chinesischen Aktivitäten könne zudem zu einer Gefährdung der Wettbewerbsfähigkeit des Industrie- und Technologiestandorts Deutschland und zur Aushebelung marktwirtschaftlicher Gesetzmäßigkeiten führen.

Das chinesische **Unternehmen Huawei** baut noch immer mit am neuen Mobilfunknetz in Deutschland. 5G könnte damit Hacking und Spionage durch China begünstigen. Seit Jahren erklären die Mobilfunkkonzerne unisono, dass 5G eine neue Qualitätsstufe darstellen wird. Im Jahr 2024 nimmt dieses neue, sehr viel schnellere Netz langsam Gestalt an. Die Versorgung mit 5G in Deutschland ist laut Bundesnetzagentur bei rund 90 Prozent angekommen. Das heißt: Auf 90 Prozent der Fläche gibt es mindestens einen Anbieter, der dort schon mit 5G funkt, etwa die Deutsche Telekom, O2 Telefónica oder Vodafone. Automatisierte Fabriken, autonom fahrende Autos, smarte Städte mit vernetzten Ampeln, die auf den Verkehr reagieren; die allermeisten Zukunftstechnologien hängen davon ab, ob es Datenverbindungen gibt, die schnell, massenhaft verfügbar und zu 100 Prozent stabil sind. Bei der Sicherheit vor Hacking und Spionage gibt es jedoch große Zweifel. Denn beim Aufbau der 5G-Netze in Deutschland wird sehr viel chinesische Technik eingesetzt, vor allem die von Huawei. Dieser Konzern steht im Verdacht, sehr eng mit der chinesischen Regierung zu kooperieren. Ein weiterer Vorwurf besteht darin, dass Huawei in die Technik, die es nach Deutschland liefert, sogenannte Backdoors einbaut, also Hintertüren, durch die chinesische Hacker in die deutschen Netze und ihre Daten gelangen könnten.[512]

Nach Angaben von Cyberexperten unterstützen chinesische Technikunternehmen die chinesische Regierung samt Geheimdiensten und müssen dies tun. Eine wichtige Rolle bei der Hacking-Strategie chinesischer Geheimdienste spielt eine Verordnung, die dafür sorgt, dass in anderen Ländern neu entdeckte **Software-Schwachstellen** direkt an chinesische Behörden gemeldet werden müssen. So müsste also Huawei, wenn es eine Schwachstelle im 5G-Netz der Deutschen Telekom entdeckt, diese zuerst an eine chinesische Behörde melden. Cyberexperten skizzieren zwei weitere Probleme: einerseits könnte Huaweis 5G-Technik von chinesischen Geheimdiensten für Spionage in Deutschland genutzt werden. Andererseits könnte China die 5G-Komponenten von Huawei nutzen, um unsere Mobilfunk-Kommunikation zu sabotieren. Andere europäische Staaten haben deutlich andere Strategien als Deutschland und verwenden kaum chinesische 5G-Technik. Deutschland soll jedoch knapp 60 Prozent seiner 5G-Infrastruktur von nicht vertrauenswürdigen Zulieferern habe aufbauen lassen. Bisher hat die Ampel-Koalition keine klare Linie zu diesem Problem: Bundesinnenministerin Nancy Faeser (SPD) wollte im Herbst 2023, dass ab dem Jahr 2026 nur noch ein Viertel der Bauteile bei den Sendeanlagen von chinesischen Herstellern kommt. In manchen Regionen Deutschlands sollten Huawei und der andere chinesische Anbieter ZTE komplett ausgeschlossen werden, beispielsweise in der Hauptstadt Berlin und in der Region Köln-Bonn. Allerdings konnte sich die Innenministerin mit ihren Plänen innerhalb ihrer Ampel-Koalition offenbar nicht durchsetzen.[513]

Kurz zusammengefasst: Wegen dieser umfassenden Strategie Chinas zur Informationsgewinnung stellt das Land den bedrohlichsten Akteur im Bereich der Wirtschafts- und Wissenschaftsspionage sowie bei ausländischen Direktinvestitionen in Deutschland dar.[514]

Die chinesische Spionage gegen Deutschland zielt daneben auch darauf ab, **Informationen über politische Meinungsbildung, Entscheidungsprozesse sowie Positionen der deutschen Regierung** zu Fragen der deutschen und europäischen Außenpolitik mit Auswirkungen auf die chinesische Regierung zu erlangen.

Ende April 2024 gab es polizeiliche Zugriffe auf eine Frau und zwei Männer im hessischen Bad Homburg und in Düsseldorf. Generalbundesanwalt Jens Rommel wirft den drei Personen vor, sich der »**geheimdienstlichen Agententätigkeit**« für China strafbar gemacht zu haben. Sie sollen eine Tarnfirma gegründet, und wissenschaftliche Kooperationen mit deutschen Universitäten beabsichtigt haben, um so an militärisch wichtige Informationen zu kommen und diese an China weiterzugeben. Konkret soll der Hauptbeschuldigte Thomas R. gemeinsam mit einem Ehepaar aus Düsseldorf diese Aktivitäten betrieben haben. Im Hintergrund, heißt es aus Ermittlerkreisen, habe ein Agent des chinesischen Ministeriums für Staatssicherheit gestanden.[515] Die drei Personen sollen dabei gewusst haben, dass sie für den MSS arbeiten. Ihre Kooperationspartner an deutschen Universitäten seien aber offenbar ahnungslos gewesen. Mit einer Technischen Universität in Ostdeutschland soll es bereits zu einer Kooperation gekommen sein, weitere Projekte seien in Vorbereitung gewesen sein, wurde in Ermittlerkreisen bekannt. Auch hochgradig sensible Informationen sollen bereits an China geliefert worden sein. Unter anderem über einen Hochleistungsmotor, der für Kampfschiffe, also für die chinesische Kriegsmarine geeignet ist. Zudem soll es zu einer Lieferung von so genannten »Dual Use«-Gütern gekommen sein. »Dual Use«-Güter können sowohl zivil als auch militärisch genutzt werden und sind daher besonders problematisch.

Ende April 2024 erließ der Generalbundesanwalt Haftbefehl gegen Jian G., einen Mitarbeiter des AfD-Politikers Maximilian Krah, dem Spitzenkandidaten der Partei für die Europawahl. Jian G. soll für China spioniert haben und sitzt nun in Untersuchungshaft. Nach Angaben des Generalbundesanwalts setzte ein Ermittlungsrichter einen Haftbefehl wegen geheimdienstlicher Agententätigkeit gegen Jian G. in Vollzug. Jian G. soll dem Generalbundesanwalt zufolge **Informationen aus dem EU-Parlament** an chinesische Dienste weitergegeben haben. Der AfD-Abgeordnete Krah war zum Zeitpunkt der Festnahme seines Mitarbeiters im Europaparlament Mitglied in den

Ausschüssen für internationalen Handel, aber auch in den Unterausschüssen für Menschenrechte sowie Sicherheit und Verteidigung. Außerdem war er Teil der Delegation für Beziehungen zu den USA.[516]

Spionage durch den Iran

Die (geo-)politische Lage im Nahen und Mittleren Osten, die Ablehnung des Staates Israel sowie die Demonstrations- und Protestbewegung in Iran prägen die geheimdienstlichen Aktivitäten des Iran. Die Theokratie Iran versteht sich als Regionalmacht – mit einer ausgeprägten antiwestlichen und antiisraelischen Stoßrichtung. Daher hat das iranische Regime Interesse an **Informationen über die Politik westlicher Staaten allgemein,** konkret über die über die deutsche Außen- und Sicherheitspolitik in Bezug auf den Nahen und Mittleren Osten. Die Bekämpfung oppositioneller Gruppierungen und Einzelpersonen im Ausland stellt den Schwerpunkt iranischer geheimdienstlicher Aktivitäten dar. Diese gelten aus Sicht der Machthaber des Iran als Gefährdung für den Fortbestand des Regimes. Neben den USA hat Iran den Staat Israel und dessen Unterstützer zu seinen Feinden erklärt. Daher gehören auch geheimdienstliche Ausspähungsaktivitäten gegen (pro-)israelische sowie (pro-)jüdische Ziele in Deutschland seit Jahren zum Tätigkeitsfeld der iranischen Spionage.

Die gegen Deutschland gerichteten Spionageaktivitäten gehen vor allem vom iranischen **Geheimdienst VAJA** (auf Farsi: Vezarat-e Ettela'at-e Jomhouri-ye Eslami-ye Iran) und den »Iranischen Revolutionsgarden« aus. Ihre umfangreichen Ausspähungsaktivitäten richten sich vor allem gegen (pro-)israelische beziehungsweise (pro-)jüdische Ziele. Geheimdienstliche Akteure des Iran setzen gemäß dem Bundesamt für Verfassungsschutz auch staatsterroristische Mittel zur Durchsetzung ihrer Ziele ein. Maßgebliche staatsterroristische Ziele sind die Einschüchterung und Neutralisierung Oppositioneller, aber auch die Bestrafung von »Verrätern« oder »Überläufern«.

Staatlich gesteuerte iranische Cyberakteure nutzen seit spätestens dem Jahr 2013 auch Cyberangriffe zur Informationsgewinnung. Diese richten sich unter anderem gegen Israel und die USA sowie Ziele im Mittleren und Nahen Osten. In Deutschland fokussiert sich die iranische Cyberspionage vor allem auf Institutionen im Bereich Bildung und Forschung.[517]

Das iranische Regime ist seit Jahren einer der maßgeblichen Protagonisten des globalen Antisemitismus und der Hauptfinanzier der antiisraelischen palästinensischen Terrororganisationen Hamas und Islamischer Jihad sowie der libanesisch-schiitischen Miliz Hisbollah.

Im Zuge der Anti-Israel bzw. Pro-Palästina-Demonstrationen im Herbst und Winter 2023 beobachteten die deutschen Verfassungsschutzbehörden den **Einfluss iranischer Geheimdienste**. Was sich nach außen als Pro-Palästina-Demo zeigte, war und ist daher in Wirklichkeit oftmals eine Parade von Iran-Sympathisanten. Gezeigt werden auf solchen Demonstrationen die Konterfeis des Gründers der Iranischen Republik, Ayatollah Khomeini, von Irans Oberstem Führer Ali Chamenei und von Imam Muhammed Avci, der bis zu seinem Tod vor wenigen Jahren in Offenbach wirkte. Hinter der Frankfurter Veranstaltung, die regelmäßig am Samstag nach dem Al-Quds-Tag abgehalten wird, steht ein Netzwerk der türkischsprachigen, schiitischen Ehl-i Beyt-Gemeinden, die der hessische Verfassungsschutz dem extremistischen Bereich zuordnet. Diese Gemeinden, mitbegründet von Imam Muhammed Avci, gehören zur Islamischen Gemeinschaft der Schiiten in Deutschland (IGS), die seit 2009 die politisch-ideologische Einflussnahme auf einzelne schiitische Verbände steuert und mit dem Regime in Teheran in enger Verbindung steht. Auf der Abschlusskundgebung Anfang April 2024 wurde in einer Rede auf Deutsch und Englisch von »Massenmord an Palästinensern« gesprochen, den die Bundesregierung verteidige. »Sämtliche Unterstützung für den Apartheidstaat Israel müssen beendet werden«, lautete eine Forderung. Die Jüdische Gemeinde

Frankfurt und der Zentralrat der Juden in Deutschland hatten die Demonstration schon vorher kritisiert. Mit dem Al-Quds-Tag hielte »blanker Antisemitismus und Israel-Hass wieder Einzug auf unseren Straßen«, warnte die Jüdische Gemeinde.[518]

Im Frühjahr 2024 **warnte der Mossad**, Israels Auslandsgeheimdienst, die Sicherheitsbehörden in Deutschland, Dänemark und den Niederlanden **vor iranischen Sabotage-Agenten**. Mehrere Spezialkommandos aus Teheran seien in Westeuropa im verdeckten Einsatz, um jüdische Anschlagsziele auszukundschaften, analysierte der Mossad. Im Falle einer militärischen Eskalation der aktuell sehr angespannten Lage zwischen dem Iran und Israel sollen die konspirativ ausgespähten jüdischen Objekte in Westeuropa in einer Vergeltungsaktion iranischer Geheimdienste angegriffen und zerstört werden. Zu den bevorzugten Anschlagszielen möglicher iranischer Racheaktionen zählen unter anderem Israels Botschaft, israelische Konsulate, Synagogen und jüdische Bildungseinrichtungen. Nach Erkenntnis deutscher Sicherheitsbehörden wirbt der iranische Geheimdienst in Deutschland und europäischen Nachbarländern auch Muslime aus anderen Staaten an, die mit Observationsaufträgen losgeschickt werden. Besonders geeignet für eine Anwerbung seien aktuell vor allem Pakistanerinnen und Pakistaner.[519]

Spionage durch die Türkei

Die türkischen Geheimdienste spielen gemäß der Analyse des Bundesamtes für Verfassungsschutz eine **zentrale Rolle** im türkischen Staat. Sie dienen der türkischen Regierung, dem Staatspräsidenten Erdogan und dessen Partei AKP zur Durchsetzung der Regierungspolitik, der Aufrechterhaltung der inneren Sicherheit und nicht zuletzt der Informationsbeschaffung, um politische Entscheidungen vorzubereiten, erläutert das Bundesamt für Verfassungsschutz. **Türkische Geheimdienste** spähen in Deutschland Vereinigungen und Einzelpersonen aus, die tatsächlich oder mutmaßlich in Opposition zur türkischen Regierung stehen. Im Fokus der türkischen Geheimdienste in Deutschland sind aber Organisationen, die die Türkei als extremistisch oder terroristisch einstuft. Dazu gehören beispielsweise die »Arbeiterpartei Kurdistans« (PKK) und die Bewegung um Fethullah Gülen.

Nach Angaben des Bundesamtes für Verfassungsschutz bestehen in Deutschland für türkische Geheimdienste wegen der großen türkeistämmigen Gemeinde und der Vielzahl türkischer Organisationen und Institutionen sowie der großen Zahl diplomatischer Vertretungen günstige Gelegenheiten zur Informationsbeschaffung.[520]

Immer wieder werden Kritiker des türkischen Präsidenten im Ausland an türkische Geheimdienste gemeldet. Bei der Einreise in die Türkei droht dann regelmäßig die Verhaftung wegen Terrorismus. So werden auch in Deutschland lebende Türkeistämmige ausspioniert und die Informationen an türkische Geheimdienste weitergeleitet. »Denunziationen wegen oppositioneller Tätigkeiten und dadurch ausgelöste Ermittlungen türkischer Strafbehörden sind ein großes Problem für hier lebende Menschen mit Türkei-Bezug. Denn Meinungsäußerungen, die hier völlig legal sind, können bei der nächsten Reise in die Türkei unerwartete Konsequenzen haben. Menschen, die sich nach deutschen Maßstäben vollkommen rechtskonform verhalten, müssen wegen solcher Denunziationen befürchten, an der Grenze abgewiesen oder, noch schlimmer, bei der Einreise verhaftet zu werden«, erklärte die Bundestagsabgeordnete Gökay Akbulut (Die Linke) im März 2024.[521]

So intensiv wie sonst nur der Iran lässt die türkische Regierung durch ihre Geheimdienste **vermeintliche oder tatsächliche Oppositionelle** unter »ihren Bürgern« in Deutschland ausforschen. Geheimdienste nehmen in der türkischen Sicherheitsarchitektur eine entscheidende Stellung ein. Sie dienen Staatspräsident Recep Erdogan und dessen Partei AKP nicht nur zur Informationsbeschaffung über Organisationen, die auch von den deutschen Sicherheitsbehörden als extremistisch eingestuft werden, wie beispielsweise der PKK. Es geht auch um Gruppen oder Einzelpersonen, die von türkischen Geheimdiensten als problematisch eingestuft werden, bzw. gar zu Staatsfeinden oder »Terroristen« erklärt werden. Weil in Deutschland außerhalb der Türkei die größte türkische Diaspora-Gemeinde lebt, bleibt Deutschland eines der prioritären Ausforschungsziele für türkische Geheimdienste. »Das geht einher mit Versuchen von staatlicher Einflussnahme auf die politische Willensbildung der türkeistämmigen Gemeinschaft«, erklärt Jürgen Kayser, Präsident des Landesamtes für Verfassungsschutz Nordrhein-Westfalen.[522]

10.2   Sabotage

» Sabotage ist die bewusste Beeinträchtigung von militärischen oder politischen Prozessen oder von Produktionsabläufen. Dazu kann das Beschädigen oder Zerstören wichtiger Anlagen und Einrichtungen beispielsweise im Bereich Kritischer Infrastrukturen (KRITIS) zählen (z. B. Kraftwerke, Verkehrsverbindungen oder Kommunikationsanlagen).

Zum Sabotageschutz gehört der **Schutz von KRITIS** wie beispielsweise der Energie- und Wasserversorgung, Informationstechnik und Telekommunikation. Um lebens- und verteidigungswichtige Einrichtungen vor Sabotagehandlungen zu bewahren, ist es wichtig, zu gewährleisten, dass an besonders sicherheitssensitiven Stellen solcher Einrichtungen keine Personen beschäftigt sind, bei denen Sicherheitsrisiken vorliegen. Dies ist der Aufgabenbereich des personellen Geheim- und Sabotageschutzes der Sicherheitsbehörden. Ein vitales Instrument des präventiven personellen Sabotageschutzes ist die **Sicherheitsüberprüfung,** von den Verfassungsschutzbehörden durchgeführt, um die Gefahr vor Sabotagehandlungen durch Innentäter zu reduzieren. Innentäter sind Personen, die als Mitarbeiterinnen und Mitarbeiter der zu schützenden Einrichtung die Möglichkeit haben, Sabotagehandlungen durchzuführen. Dazu gehören auch Mitarbeiterinnen und Mitarbeiter von Fremdfirmen, die an einer sicherheitsempfindlichen Stelle in der zu schützenden Einrichtung tätig sind. Sabotagehandlungen können auch durch fremde Geheimdienste geplant und durchgeführt werden.[523]

Sabotage stellt für viele relevante Bereiche eine ernst zu nehmende Gefahr dar. Politik und Verwaltung, das öffentliche Leben, aber auch Unternehmen und Forschungseinrichtungen können betroffen sein. Staatliche Akteure aus dem Ausland, aber auch Extremisten aus dem Inland könnten relevante Einrichtungen und Anlagen ins Visier nehmen, um diese zu schädigen. Ziele von Sabotage könnten beispielsweise sein: Die Störung Kritischer Infrastrukturen, wie z. B. Internet, Energie-, Treibstoff- und Wasserversorgung. Hinzu kommt aber auch eine potenzielle Störung von Arbeitsabläufen und Kommunikation in Politik und Verwaltung sowie die Störung von Betriebsabläufen in Wirtschaftsunternehmen.

Deutsche Unternehmen und Forschungseinrichtungen können sich mit Sicherheitsmaßnahmen vor diesen Gefahren schützen. Die deutschen Verfassungsschutzbehörden sind für die Abwehr von Spionage und Sabotage durch ausländische Nachrichtendienste sowie von Extremismus zuständig und stehen als vertraulicher Ansprechpartner zur Verfügung.

Die Gefahr von **Sabotage durch Cyberattacken** gilt vor allem für Kritische Infrastrukturen (KRITIS), beispielsweise für Energieversorgungsunternehmen. Bei einer erfolgreichen Cyberattacke besteht ein umfassender und schneller Zugriff auf große Datenmengen. Cyberspionageattacken sind auch deswegen so gefährlich, weil sie von den Betroffenen oftmals nicht oder erst zu einem späteren Zeitpunkt erkannt werden.

Zahlreiche vergangene Angriffe auf KRITIS, z. B. Krankenhäuser und Wasserwerke, zeigen, dass erfolgreiche Ransomware-Attacken drastische Folgen für die Zivilbevölkerung nach sich ziehen und elementare Services des öffentlichen Geschehens sabotieren können.

Im April 2023 wurde bekannt, dass der deutsche Rüstungskonzern Rheinmetall erneut Ziel einer Cyberattacke wurde. Rheinmetall ist Deutschlands größter Rüstungskonzern. Bei Militärfahrzeugen und im Munitionsgeschäft zählt das Unternehmen zu den drei größten Herstellern der westlichen Welt.

Eine weltweite Welle von Cyberattacken mit Erpressungssoftware legte zu Beginn des Jahres 2023 zahlreiche Unternehmen und öffentliche Einrichtungen in Europa und Nordamerika lahm. Nach Angaben des deutschen Bundesamtes für Sicherheit in der Informationstechnik (BSI) könnten Hunderte deutsche Firmen davon betroffen sein. Der geographische Schwerpunkt der Cyberattacken lag auf Frankreich, den USA, Deutschland und Kanada.[524]

>> Wenn es wirklich zum Blackout käme, dann wären das nicht nur 40 Minuten oder ein paar Stunden, die ich durch Notstromaggregate überbrücken muss [...] Was ist, wenn der Strom wirklich weg ist? Denn wenn der Strom weg ist, nützen mir Redundanzen nichts. Ich wüsste keine Sicherheitsmaßnahme, die einen vollständigen Datenverlust bei einem Blackout verhindern könnte. Es sei denn, man diversifiziert und hält ein Back-Up in einem anderen Rechenzentrum vor, das mindestens ein paar hundert Kilometer entfernt ist.[525]

Der Präsident des deutschen Bundesamtes für Bevölkerungsschutz und Katastrophenhilfe, Ralph Tiesler, erklärte im November 2022, dass seinem Bundesamt und der deutschen Bundesnetzagentur keine Erkenntnisse vorlägen, dass Deutschland »lange andauernde großflächige Stromausfälle zu erwarten« habe. Wahrscheinlicher jedoch sei, dass Deutschland »kleinräumige und kurz andauernde

Stromausfälle erleben könnte, die nötig würden, um die Anlagen bei Überlastung der Netze zu schützen.«[526]

Die Berliner Feuerwehr, die durch den zeitweiligen Stromausfall im Berliner Stadtteil Köpenick im Jahr 2019 praktische Erfahrung mit einer solchen Lage sammeln konnte, zeigte sich im November 2022 in Bezug auf die Eigenbetroffenheit, auf die Versorgung mit Strom und Kraftstoff, vorbereitet auf einen Blackout: »Blackouts und ihre Auswirkung auf die Leistungsfähigkeit der Berliner Feuerwehr sind bereits seit vielen Jahren Bestandteil strategischer und struktureller Überlegungen bzw. Planungen.«[527] Lagen wie Blackouts würden regelmäßig geübt, Gegenmaßnahmen geprüft und weiterentwickelt. Dabei würde die Resilienz und die Krisenstabilität der Berliner Feuerwehr kontinuierlich gestärkt, weitere Stromaggregate und Kraftstoffreserven würden als Gegenmaßnahmen beschafft.

Die Qualität und die Quantität von Spionage und Sabotage gegen Deutschland haben seit Ende des Kalten Krieges 1990 eine neue Hochphase erreicht. Hinzukommen (potenzielle) Angriffe auf KRITIS, häufig in Form von Cyberattacken. Die deutschen Fähigkeiten zur Abwehr von Spionage, Sabotage und Angriffen auf KRITIS sollten schnellstens kritisch evaluiert und an die aktuelle und zukünftige Lage angepasst werden.

10.3   Fazit

Im Bereich der Gefahren durch Spionage und Sabotage gegen Deutschland befinden wir uns in einem **Kalten Krieg 2.0**, bzw. haben das Niveau des Kalten Krieges von 1945 bis 1989 erreicht. So schätzt der Präsident des Bundesamtes für Verfassungsschutz, Thomas Haldenwang, die aktuelle Lage ein.

Was muss nun *sofort getan* werden? Wir brauchen einen Bewusstseinswandel! Das Mindset mancher Behörden und Politikerinnen und Politiker ist noch immer auf dem Stand vor dem Beginn des Ukrainekrieges im Jahr 2022. Wir, das sind auch große Teile der Bevölkerung, gerade auch die Wahlberechtigten, müssen schnellstens begreifen, dass es Staaten mit mächtigen Geheimdiensten gibt, die uns schaden wollen. Schaden, indem sie unsere Geheimnisse im Bereich von Wirtschaft, Forschung, Politik und Militär stehlen wollen, was unsere Volkswirtschaft schwächen, uns alle in Nachteile geraten lässt, uns ärmer machen kann. Schaden, indem sie Einfluss auf unsere politischen Prozesse nehmen, mit Desinformationskampagnen gerade auch auf Wahlen. Schaden aber auch, indem sie (potenziell) durch Sabotage unsere Kritischen Infrastrukturen angreifen: Server von Krankenhäusern fallen aus, Stromausfälle über Stunden hätten katastrophale Folgen für den öffentlichen Verkehr und unsere Sicherheit.

Die Behörden, die für die Abwehr von Spionage und Sabotage zuständig sind, müssen jetzt von den politischen Entscheidungsträgern klare Vorgaben zur Überprüfung und Verbesserung bekommen. Nötig sind aber auch die finanziellen Mittel dafür, dass die Qualität der Technik stimmt und dass hervorragend Qualifizierte in diesen Behörden eingestellt werden. Diejenigen Mitarbeiterinnen und Mitarbeiter, die bereits in den Behörden sind, müssten sofort anders, (noch) besser, qualitativ hochwertig ausgebildet und nachgeschult werden, zur Abwehr von Spionage und Sabotage!

11
Fazit

Ist unsere Öffentliche Sicherheit in Gefahr?

Dieses Buch hat diese Leitfrage in zehn Kapiteln aus der Perspektive der Denkschule des **sicherheitspolitischen Realismus ausgerollt**. In diesen zehn Kapiteln wurde beschrieben, wie unterschiedliche Phänomene wie Gewaltkriminalität im öffentlichen Raum, Messerangriffe, Gruppenvergewaltigungen, Rechtsextremismus und Rechtsterrorismus, Islamismus und islamistischer Terrorismus, andere Extremismusbereiche, aber auch die Organisierte Kriminalität, Cybercrime und Desinformationskampagnen sowie Spionage und Sabotage unsere **Öffentliche Sicherheit bedrohen**.

Diese Bedrohungen sind auf den Ebenen **Qualität** und **Quantität** teilweise ähnlich, teilweise anders. Gerade die in Kapitel 1 ausgewertete aktuelle Polizeiliche Kriminalstatistik zeigt, dass die **Gewaltdelikte** aktuell deutlich angestiegen sind. Dies korrespondiert sowohl mit dem Sicherheitsempfinden der Menschen in Deutschland, das durch den Viktimisierungssurvey des Bundeskriminalamtes dargestellt wird, als auch mit zahlreichen Umfragen und den **zahlreichen täglichen Fällen** von Gewalt im öffentlichen Raum.

Zu Beginn des Kapitels 1 wurde erklärt, dass eine **sicherheitspolitisch-realistische** Analyse des Zustands unserer Öffentlichen Sicherheit teilweise Unterschiede zu dem aufweist, was meistens politisch und medial im Fokus steht. Allein die täglichen Fälle von Messerangriffen, Messerkriminalität veranschaulichen dies. Eine überregionale und regionale Recherche findet jeden Tag zahlreiche Fälle – nach Angaben von Polizeistatistiken 38 pro Tag – dieser Gewaltform, die in vielen Fällen drastische Folgen für die Opfer haben: Tod, schwerste Verletzungen, Verletzungen mit körperlichen und psychischen Folgen, Traumatisierungen, Angst vor Messergewalt im öffentlichen Raum. Lange Zeit, zu lange, vermittelten Politikerinnen und Politiker, aber auch ein großer Teil der Medien, den Eindruck, als handele es sich bei diesen **Messerangriffen** um sogenannte »Einzelfälle«. Eine **klare Strategie** zur Eindämmung dieser Kriminalitätsform fehlt noch immer. Die Wirksamkeit von »Waffenverbotszonen« in Innenstädten und öffentlichen Verkehrsmitteln wurde in Kapitel 1 diskutiert.

Allein die innerhalb weniger Monate und Jahre massiv angestiegenen Zahlen von **Gewaltdelikten mit Messern** zeigen diese klare Bedrohung auf, häufig im öffentlichen Raum. Dieses Gewaltphänomen, die rein faktische Wirkung der von den Polizeien gezählten und veröffentlichten Messer-Delikte, in Kombination damit, wie manche Politikerinnen und Politiker sowie Medien damit umgehen, zeigt eine erhebliche **Diskrepanz zur Alltagsrealität** vieler Menschen in Deutschland auf. Für diese Alltagsrealität ist das persönliche Sicherheitsempfinden der Menschen in Deutschland ebenso wichtig wie die reine polizeistatistische Zahl von 38 Messerangriffen pro Tag.

Die aktuellen Umfragen zum Sicherheitsempfinden der Menschen in Deutschland ergeben ein sehr eindeutiges Bild. Die repräsentativ befragten Menschen erklären ganz aktuell, dass etwa jeder/jede zweite Befragte davon ausgeht, dass Deutschland in zehn Jahren **nicht sicherer** sein wird, die Öffentliche Sicherheit also noch mehr in Gefahr sein wird.[528]

Eine Umfrage aus dem **Frühjahr 2024** zeigte, dass die Öffentliche Sicherheit mit **etwa 90 Prozent** eines der **Top-Themen** für die Menschen in Deutschland ist. Dabei sind alarmierende **43 Prozent** der Befragten der Auffassung, dass die **Polizei** in Deutschland **aktuell nicht** der Lage ist, die **öffentliche Sicherheit** zu **gewährleisten.**[529]

Die Wochenzeitschrift »Der Spiegel« berichtete Ende Juni 2024 von den Ergebnissen einer Forsa-Umfrage (im Auftrag des Deutschen Beamtenbundes) aus dem Mai 2024 in Deutschland und titelte »Neuer Tiefpunkt in puncto-Vertrauen: **Mehr als zwei Drittel der deutschen Bürger halten den Staat für außerstande, wichtige Themen wie die Flüchtlings- oder Bildungspolitik lösen zu können, 70 Prozent** der Befragten halten den deutschen **Staat für überfordert.**« Für überfordert halten die Befragten den deutschen Staat demnach vor allem in der **Asyl- und Flüchtlingspolitik,** der **Bildungspolitik** sowie bei der **öffentlichen Sicherheit.**[530]

Als Zwischenfazit zu Kapitel 1: Sowohl die Zahlen der Delikte der aktuellen Polizeilichen Kriminalistik als auch tägliche, leicht zu recherchierende Fälle von Gewalt im öffentlichen Raum zeigen, dass unsere Öffentliche Sicherheit – an unterschiedlichen Orten, durch unterschiedliche Phänomene und Akteure – **gefährdet wird** und **in Gefahr ist.**

Die Kapitel 2 bis 7 haben die Gefahren für die Öffentliche Sicherheit untersucht, die von den **unterschiedlichen Extremismusbereichen** bzw. **politisch motivierter Kriminalität** ausgehen.

Als erstes wurden der **Rechtsextremismus** und **Rechtsterrorismus** in Deutschland untersucht, der mit 40.600 die größte »Mitgliederzahl« (Fachbegriff: »Personenpotenzial«) hat. Rechtsextremisten verüben im Vergleich zu den anderen Extremismusbereichen in Deutschland die meisten Straftaten und die meisten Gewalttaten – pro Jahr etwa 900 bis 1.200. Zu diesen Gewalttaten hinzu kommt die Bedrohung, die seit Jahren von durch Rechtsterroristen begangene **Anschläge** und **Attentate** ausgeht. Zusätzlich haben die Sicherheitsbehörden zahlreiche rechtsterroristischen Anschläge bzw. Attentate verhindern können. Realistisch analysiert ist davon auszugehen, gerade vor dem Hintergrund der Schwierigkeit der Sicherheitsbehörden, **Radikalisierungsverläufe** von Menschen im Internet zu erkennen, dass zukünftig weitere rechtsterroristische Anschläge bzw. Attentate geplant und verübt werden.

Der **Islamismus** und der **islamistische Terrorismus** waren bis zum Herbst 2023 politisch und medial selten im Fokus. Seit den »Pro-Palästina«/Anti-Israel-Demonstrationen samt zahlreicher öffentlicher Forderungen nach einem **Kalifat** in Deutschland, dem Messerattentat in Mannheim sowie den von den Sicherheitsbehörden verhinderten islamistischen Anschlägen im Winter 2023 und Frühjahr 2024 hat sich dies etwas geändert. Die deutschen Verfassungsschutzbehörden erklären, dass Islamisten die **freiheitliche demokratische Grundordnung Deutschlands ablehnen** und ihre islamistische Interpretation des Islam das gesellschaftlich-politische Leben bestimmen oder zumindest teilweise regeln sollte. Ein weiteres bestimmendes Ideologieelement des Islamismus ist zudem der Antisemitismus.[531]

Die zahlreichen verübten sowie geplanten, aber von den Sicherheitsbehörden verhinderten islamistischen Anschläge innerhalb der letzten Monate und Jahre in Deutschland und anderen europäischen Staaten haben die **Qualität** und die **Quantität** der **Gefahren** verdeutlicht, die aktuell und zukünftig von Islamisten, Salafisten und islamistischen Terroristen für unsere Öffentliche Sicherheit ausgehen. Seit dem islamistischen Anschlag in Madrid im Frühjahr 2004 wurden allein in Europa über 95 (!) islamistische Anschläge verübt bzw. von Sicherheitsbehörden verhindert. Durch die seit 2004 in Europa verübten islamistischen Anschläge wurden über 800 Menschen getötet und über 3.800 verletzt – darunter zahlreiche schwer, Amputationen waren die Folge.

Der Extremismusbereich **»Reichsbürger«** und **»Selbstverwalter«** ist organisatorisch und ideologisch heterogen. Das verbindende Element dieses Extremismusbereiches ist die **fundamentale Ablehnung der Bundesrepublik Deutschland und ihrer Rechtsordnung.** Oftmals wird damit ein aggressives Auftreten gegenüber Vertreterinnen und Vertretern der Bundesrepublik Deutschland verbunden. Aggressive Äußerungen münden oft in Drohungen, hinzu kommen Körperverletzungen sowie immer wieder auch versuchte und vollendeten Tötungsdelikte. Seit dem Frühjahr 2024 laufen drei Gerichtsprozesse gegen Mitglieder einer Gruppe von »Reichsbürgern« um den angeklagten Heinrich XIII Prinz Reuß zu den **Plänen, den Bundestag, unser Parlament, anzugreifen** (»Mitgliedschaft in oder Unterstützung einer terroristischen Vereinigung« und »Vorbereitung eines hochverräterischen Unternehmens«). Die Prozesse dauern an, mehr Hintergrundinformationen zu den Plänen jener Gruppe werden bald öffentlich werden.

Der Extremismusbereich **»Verfassungsschutzrelevante Delegitimierung des Staates«** ist der jüngste und kleinste Extremismusbereich Deutschlands und existiert seit April 2021. Die Verfassungsschutzbehörden gehen im Augenblick von 1.600 Personen im Bereich »Delegitimierer« aus, wovon etwa 250 Personen als gewaltorientiert eingeschätzt werden. »Delegitimierer« zielen nach Angaben der Verfassungsschutzbehörden darauf ab, wesentliche Verfassungsgrundsätze außer Kraft zu setzen oder die **Funktionsfähigkeit** des **Staates** oder seiner Einrichtungen zu **beeinträchtigen**. Dazu machen sie demokratische Entscheidungsprozesse und Institutionen verächtlich oder rufen dazu auf, **behördliche** oder **gerichtliche Anordnungen** und Entscheidungen zu **ignorieren**, erläutern die Verfassungsschutzbehörden aktuell.

Linksextremisten wollen nach Angaben der deutschen Verfassungsschutzbehörden die **bestehende Staats- und Gesellschaftsordnung** und damit die freiheitliche demokratische Grundordnung **beseitigen**. Um dieses Ziel zu erreichen, versuchen Linksextremisten, Einfluss auf Gesellschaft und Politik zu nehmen. Zudem begehen sie

nahezu täglich und bundesweit eine Vielzahl teils **schwerer Straf-
und Gewalttaten.**[532] Diese Analyse ist sehr klar und daher ist es für
manche Menschen erstaunlich, dass einerseits medial so wenig über
Linksextremisten, ihre Ziele, ihre **Gewalt- und Tötungsbereitschaft**
berichtet wird und andererseits der Linksextremismus im Bereich
der deutschen Sicherheitspolitik so selten debattiert wird.

Die Akteure des **auslandsbezogenen Extremismus** in Deutschland
sind sehr heterogen und untereinander klar verfeindet. Der auslandsbezogene Extremismus in Deutschland umfasst aktuell rechts-
und linksextremistische sowie separatistische Bestrebungen aus
verschiedenen Ländern Europas, Asiens und Afrikas. Die Straf- und
Gewalttaten von Akteuren des auslandsbezogenen Extremismus –
beispielsweise der »PKK« und der »Grauen Wölfe« – reichen von
versammlungstypischen Straftaten wie dem Zeigen verbotener
Symbolik und Widerstand gegen Polizeikräfte über Sachbeschädigungen an (halb-)staatlichen Einrichtungen der Herkunftsländer
bis hin zu gewaltsamen Auseinandersetzungen und Angriffen beim
Aufeinandertreffen mit politischen Gegnern. Außerdem wird von
»Grauen Wölfen« und palästinensischen Akteuren ein starker **Antisemitismus** verbreitet und auch antisemitische Gewalttaten verübt.

Das Bundeskriminalamt erklärt seit Jahren regelmäßig, dass **Organisierte Kriminalität** eine **erhebliche Bedrohung** für unsere **Gesellschaft, Wirtschaft, unseren Staat** darstellt. Der durch die Organisierte Kriminalität in Deutschland verursachte und polizeilich registrierte
Schaden lag im Jahr 2022 – dem Berichtsjahr des aktuellen Bundeslagebildes Organisierte Kriminalität des BKA – im Hellfeld bei **1,3 Milliarden Euro.** Der tatsächliche Schaden, der allerdings im Dunkelfeld
liegt, ist sehr wahrscheinlich deutlich höher. Außerdem treten die
Akteure der Organisierten Kriminalität im öffentlichen Raum mit
Waffen auf und begehen **Körperverletzungs- und Tötungsdelikte.**
In den letzten Jahren kommt regelmäßig zu Tötungen im öffentlichen Raum, die den Charakter von **Hinrichtungen** haben. Organi-

sierte Kriminalität gefährdet unsere Öffentliche Sicherheit also auf verschiedenen Ebenen. Sie macht den öffentlichen Raum unsicherer und stärkt Strukturen, die den Staat schwächen. Ebenso muss klarer benannt werden, womit die Organisierte Kriminalität am meisten Profite macht: Mit dem Handel und Schmuggel von **Rauschgift**. Diese Drogen machen zahlreiche Menschen krank und töten Menschen.

Die **Bedrohung im Cyberraum** ist in Deutschland aktuell so hoch wie nie zuvor. Diese dramatische Lage beschreiben das Bundesamt für Sicherheit in der Informationstechnik (BSI) sowie das Bundeskriminalamt bereits seit Jahren mit klaren Worten wie »angespannte bis kritische Lage« sowie »**so hoch wie nie zuvor**«. Dass unser Cyberraum bedroht ist, scheint für viele Menschen in unserem Land noch nicht so klar, so spürbar zu sein, anders als beispielsweise Gewalt im öffentlichen Raum wie Messergewalt. Ein durch **Cybercrime** und **Cyberattacken** bedrohter Cyberraum gefährdet unsere Wirtschaft und damit unseren Wohlstand.

Cyberattacken können verschiedene Ziele haben. Im Rahmen von **Spionage** können sie dazu dienen, Informationen auf illegalem Wege zu erlangen, die von großer Bedeutung für die Politik, die Wirtschaft, den Energiesektor, Streitkräfte, Wissenschaft und Forschung sind. Im Rahmen von **Sabotage** können Cyberattacken Hardware, Daten, Netzwerke, Kritische Infrastruktur (KRITIS) angreifen und teilweise oder vollständig zerstören.

Vor allem **russische**, aber auch andere Geheimdienste führen **Desinformationskampagnen** gegen Deutschland sowie andere EU- und NATO-Mitgliedsstaaten durch. Solche Desinformationskampagnen sollen nach Angaben des Bundesamtes für Verfassungsschutz **politische** und **gesellschaftliche Spannungen** verstärken und das Vertrauen der Bevölkerung in staatliche Stellen unterminieren.

Seit dem Beginn des **Ukrainekrieges** im Februar 2022 ist die Bedrohung durch **Spionage** ein zusätzlicher Faktor, der die Öffentliche Sicherheit Deutschlands gefährdet. Das Niveau von Spionageaktivitäten, die vor allem, aber nicht ausschließlich, von Russland, China und dem Iran ausgehen, hat ein Niveau erreicht, das seit dem Ende des **Ost-West-Konfliktes** 1989/1990 **unerreicht** war.

Ist unsere Öffentliche Sicherheit in Gefahr?

Sie ist aktuell ist **so sehr bedroht,** wie sie es seit dem Bestehen unserer Bundesrepublik noch nicht war. **Zu viele Bedrohungen und Akteure** kommen zur **gleichen Zeit** zusammen. Daher ist es dringend notwendig, dass unsere Gesellschaft, unsere Politikerinnen und Politiker, alle Menschen in Deutschland nicht die Augen vor den **vielfältigen Bedrohungen**, denen unsere Öffentliche Sicherheit ausgesetzt ist, verschließen. Und die **Sicherheitsbehörden** müssen die Fähigkeiten und Mittel erhalten, um **wirksame Maßnahmen** gegen diese Gefahren zu ergreifen.

Anmerkungen

1   Vgl. https://www.tagesschau.de/inland/innenpolitik/polizeiliche-kriminalstatistik-2023-100.html (21.7.2024).
2   https://www.nzz.ch/international/nancy-faeser-muss-zugeben-deutschland-hat-probleme-mit-kriminellen-auslaendern-ld.1825523 (21.7.2024).
3   Vgl. ebd.
4   Vgl. ebd.
5   Vgl. Bundeskriminalamt (2020): Sicherheit und Kriminalität in Deutschland – SKiD 2020 Bundesweite Kernbefunde des Viktimisierungssurvey des Bundeskriminalamts und der Polizeien der Länder, S. VI-IX.
6   Vgl. https://www.welt.de/politik/deutschland/article251432106/Angriffe-auf-Politiker-Gewaltopfer-erster-und-zweiter-Klasse-Kritik-an-Vorstoss-zur-Strafverschaerfung.html (21.7.2024).
7   Vgl. ebd.
8   Vgl. https://www.welt.de/politik/deutschland/article251686612/BKA-Praesident-sieht-auffaellige-Haeufung-von-Gewalt-gegen-Politiker.html#:~:text=ErProzent20seheProzent20eineProzent20ProzentE2Prozent80Prozent9EauffProzentC3ProzentA4lligeProzent20HProzentC3ProzentA4ufung,9.Prozent20JuniProzent20istProzent20dieProzent20Europawahl. (21.7.2024).
9   Vgl. ebd.
10 Vgl. https://www.welt.de/politik/deutschland/article251432106/Angriffe-auf-Politiker-Gewaltopfer-erster-und-zweiter-Klasse-Kritik-an-Vorstoss-zur-Strafverschaerfung.html (21.7.2024).
11 Vgl. ebd.
12 Vgl. ebd.
13 Vgl. ebd.
14 Vgl. ebd.
15 Vgl. ebd.
16 Vgl. https://www.tagesspiegel.de/gesellschaft/panorama/gewalttat-in-bad-oeynhausen-polizei-sieht-nach-todlichem-angriff-hinweise-auf-einzeltater-11918387.html (21.7.2024).
17 https://www.morgenpost.de/politik/article406671527/buergermeister-von-bad-oeynhausen-taeter-muss-land-verlassen.html (21.7.2024).
18 Ebd.
19 Vgl. https://www.welt.de/politik/deutschland/article252237276/Philippos-T-totgeschlagen-Dieser-Fall-ist-Sinnbild-gescheiterter-Migrations-und-Integrationspolitik.html (21.7.2024).
20 Vgl. ebd.

21 Vgl. https://www.msn.com/de-de/nachrichten/politik/nrw-innenminister-widerspricht-faeser-im-fall-bad-oeynhausen/ar-BB1p4wYB?ocid=msed gntp&pc=ACTS&cvid=d8c4dc3019d34d589d743ff3ec83868b&ei=16 (21.7.2024).

22 Vgl. ebd.

23 Vgl. ebd.

24 Vgl. ebd.

25 https://www.rnd.de/politik/scharfe-kritik-an-faeser-nach-aussagen-zu-mutmasslichem-taeter-von-bad-oeynhausen-HXSFNRLMUBDNJGJ4LTLCWZCH3E.html (21.7.2024).

26 Ebd.

27 Ebd.

28 Vgl. https://www1.wdr.de/nachrichten/westfalen-lippe/jugendkriminalitaet-stadtgespraech-100.html (21.7.2024).

29 Vgl. ebd.

30 Vgl. ebd.

31 Vgl. https://www.welt.de/vermischtes/kriminalitaet/article252123760/Gera-Jugendliche-quaelen-14-Jaehrigen-Polizei-ermittelt-nach-Gewaltvideo.html (21.7.2024).

32 Vgl. ebd.

33 Vgl. https://www.waz.de/lokales/witten/article406678237/pruegelei-am-bahnhof-witten-annen-polizei-bittet-um-hinweise.html (21.7.2024).

34 Vgl. Bundesministerium des Innern und für Heimat (2024): Polizeiliche Kriminalstatistik 2023. Ausgewählte Zahlen im Überblick. Berlin, S. 9.

35 Vgl. ebd.

36 Ebd., S. 12.

37 Vgl. ebd., S. 12-15.

38 Vgl. https://www.zdf.de/nachrichten/politik/deutschland/bundespolizei-jahresbericht-straftaten-deutschland-100.html (1.9.2024).

39 Vgl. https://www.zdf.de/nachrichten/politik/deutschland/bundespolizei-jahresbericht-straftaten-deutschland-100.html (1.9.2024).

40 Vgl. https://www.nzz.ch/international/mehr-messerangriffe-und-sexualdelikte-die-deutsche-bundespolizei-registriert-neuen-hoechststand-bei-straftaten-ld.1844325 (1.9.2024).

41 Vgl. https://www.nzz.ch/international/mehr-messerangriffe-und-sexualdelikte-die-deutsche-bundespolizei-registriert-neuen-hoechststand-bei-straftaten-ld.1844325 (1.9.2024).

42 https://www.nzz.ch/international/messerattacke-frankfurt-am-main-afghane-attackiert-frau-mit-messer-ld.1834677 (21.7.2024).

43 Vgl. https://www.mdr.de/nachrichten/sachsen-anhalt/magdeburg/boerde/wolmirstedt-polizei-angriff-schusswaffe-114.html (21.7.2024).

44 Vgl. https://www.swr.de/swraktuell/baden-wuerttemberg/stuttgart/verletzte-auseinandersetzung-em-fanzone-stuttgart-100.html (21.7.2024).

45 Vgl. https://www.welt.de/vermischtes/article252280484/Lauf-an-der-Pegnitz-Polizisten-schiessen-nach-Messerattacke-auf-Angreifer.html (21.7.2024).

46 Vgl. Bundesministerium des Innern und für Heimat (2024): Polizeiliche Kriminalstatistik 2023. Ausgewählte Zahlen im Überblick. Berlin, S. 15.

47 Vgl. https://www.rnd.de/politik/gewalt-an-bahnhoefen-bisher-373-taten-mit-messern-in-2024-QBZDCLZUHRNXBJOT4IZKPF62MM.html (1.9.2024).

48 Vgl. https://www.focus.de/panorama/ex-bundesrichter-thomas-fischer-messer-verbote-in-staedten-was-faeser-knallhart-fordert-ist-voellig-unrealistisch_id_260028938.html (21.7.2024).

49 Vgl. ebd.

50 Vgl. ebd.

51 https://www.merkur.de/politik/messer-bahn-kriminalstatistik-nancy-faeser-sebastian-fiedler-spd-gewaltstraftaten-zr-92994617.html (21.7.2024).

52 Ebd.

53 Vgl. https://www.welt.de/vermischtes/kriminalitaet/article251726450/111-Gruppenvergewaltigungen-in-Berlin-im-vergangenen-Jahr.html (21.7.2024).

54 Vgl. https://de.statista.com/themen/800/sexual-und-drogendelikte/#topicOverview (21.7.2024).

55 https://www.bmi.bund.de/SharedDocs/pressemitteilungen/DE/2024/04/pks2023.html;jsessionid=226BD5B82AED440A624B5A8A293AAD28.live871 (2.6.2024).

56 Ebd.

57 https://www.bundestag.de/dokumente/textarchiv/2024/kw15-de-aktuelle-stunde-kriminalstatistik-997392 (21.7.2024).

58 Ebd.

59 Ebd.

60 Ebd.

61 Ebd.

62 https://de.statista.com/statistik/daten/studie/1062780/umfrage/umfrage-zu-den-wichtigsten-problemen-in-deutschland/ (21.7.2024).

63 https://de.statista.com/infografik/31737/befragte-die-denken-dass-ihr-land-in-den-naechsten-10-jahren-sicherer-werden-wird/ (21.7.2024).

64 Vgl. https://www.evg-online.org/politik/news-2024/umfrage-zum-thema-sicherheit-liefert-erschuetternde-ergebnisse/ (21.7.2024).

65 https://www.theeuropean.de/wissenschaft/hermann-binkert-innere-sicherheit-ist-ein-top-thema-aber-polizei-wird-ungenuegend-geschuetzt (21.7.2024).

66 Vgl. https://www.spiegel.de/politik/deutschland/deutschland-70-prozent-der-buerger-halten-staat-fuer-ueberfordert-forsa-umfrage-a-ea1175ab-d979-4e5c-9adb-39b2dc059d44 (21.7.2024).

67   Vgl. https://www.faz.net/aktuell/rhein-main/frankfurt/toedliche-schuesse-im-frankfurter-hauptbahnhof-was-wissen-wir-bisher-19946206.html (1.9.2024)..

68   Vgl. https://www.verfassungsschutz.de/SharedDocs/glossareintraege/DE/E/extremismus.html (21.7.2024).

69   Vgl. ebd.

70   Vgl. https://www.verfassungsschutz.de/SharedDocs/glossareintraege/DE/F/fdgo.html (21.7.2024).

71   https://www.verfassungsschutz.de/DE/themen/linksextremismus/linksextremismus_node.html (21.7.2024).

72   https://www.verfassungsschutz.de/DE/themen/rechtsextremismus/zahlen-und-fakten/zahlen-und-fakten_node.html (21.7. 2024).

73   Vgl. Bundesministerium des Innern und für Heimat (2024): Verfassungsschutzbericht 2023, S. 78.

74   Vgl. Bundesministerium des Innern und für Heimat (2023): Verfassungsschutzbericht 2022, 26; Bundesministerium des Innern und für Heimat (2022): Verfassungsschutzbericht 2021, S. 26; Bundesministerium des Innern, für Bau und Heimat (2021): Verfassungsschutzbericht 2020, 26.

75   Vgl. Bundesministerium des Innern und für Heimat (2024), Verfassungsschutzbericht 2023, S. 29.

76   Vgl. ebd., S. 28-31.

77   Vgl. https://www.sueddeutsche.de/politik/afd-rechtsextremismus-verfassungsschutz-gutachten-1.6394686?reduced=true (21.7.2024).

78   Vgl. Bundesministerium des Innern und für Heimat (2024), Verfassungsschutzbericht 2023, S. 75-76.

79   Vgl. ebd., S. 74-75.

80   Vgl. https://www.verfassungsschutz.de/DE/themen/rechtsextremismus/begriff-und-erscheinungsformen/begriff-und-erscheinungsformen_artikel.html#doc714132bodyText2 (21.7.2024); Bundesamt für Verfassungsschutz (2024): Kompendium des BfV. Darstellung ausgewählter Arbeitsbereiche und Beobachtungsobjekte, S. 54-55.

81   Vgl. ebd., S. 54-56.

82   Vgl. ebd., S. 55.

83   Vgl. ebd., S. 54-55.

84   Vgl. ebd., S. 54-61.

85   Vgl. ebd., S. 56-58.

86   Vgl. Bundesministerium des Innern und für Heimat (2023): Verfassungsschutzbericht 2022, S. 72-73.

87   Vgl. ebd., S. 73.

88   Vgl. Stockhammer, Nicolas (2023): Trügerische Ruhe. Wien, S. 199.

89   Vgl. Bundesamt für Verfassungsschutz (2024): Kompendium des BfV. Darstellung ausgewählter Arbeitsbereiche und Beobachtungsobjekte, S. 50-51.

90 Vgl. https://www.tagesschau.de/inland/gesellschaft/kubitschek-verein-unternehmen-100.html (21.7.2024).

91 Vgl. Bundesministerium des Innern und für Heimat (2023): Verfassungsschutzbericht 2022, S. 78.

92 Vgl. ebd., S. 76.

93 Vgl. ebd., S. 80.

94 Vgl. Scharloth, Joachim, Die Sprache der Neuen Rechten, in Deutsche Polizei 5/2020, S. 16–18.

95 Vgl. Bundesamt für Verfassungsschutz (2024): Kompendium des BfV. Darstellung ausgewählter Arbeitsbereiche und Beobachtungsobjekte. Köln/Berlin, März 2024, S. 48.

96 Vgl. ebd., S. 48-49

97 Vgl. ebd.

98 Vgl. ebd.

99 VG Köln, Beschluss vom 05.03.2021 – 13 L 105/21, zit. n. Bundesministerium des Innern und für Heimat (2023): Verfassungsschutzbericht 2022, Berlin Juni 2023, S. 88.

100 VG Köln, Urteil vom 08.03.2022 – 13 K 326/21 und Beschluss vom 10.03.2022 – 13 L 105/21, zit. n. Bundesministerium des Innern und für Heimat (2023): Verfassungsschutzbericht 2022, Berlin Juni 2023, S. 88.

101 Vgl. Goertz, S. (2024): Die AfD – Die aktuelle Einstufung durch die Verfassungsschutzbehörden. In: Polizei Infor Report 3/2024, S. 5-6.

102 Vgl. Bundesministerium für Inneres und Heimat (2023): Verfassungsschutzbericht 2022, S. 90.

103 Homepage »Alternative für Deutschland«, 1.12.2022, zitiert nach: Bundesministerium für Inneres und Heimat (2023): Verfassungsschutzbericht 2022, S. 90.

104 Zitiert nach: Bundesministerium für Inneres und Heimat (2023): Verfassungsschutzbericht 2022, S. 90.

105 Vgl. Bundesamt für Verfassungsschutz (2024): Kompendium, S. 49.

106 Vgl. Bundesministerium des Innern und für Heimat (2023): Verfassungsschutzbericht 2022, S. 74.

107 Vgl. https://www.faz.net/aktuell/politik/inland/wie-die-afd-kandidaten-fuer-europa-den-grossen-austausch-beschworen-19086881.html (21.7.2024).

108 Zitiert nach: Bundesministerium des Innern und für Heimat (2023): Verfassungsschutzbericht 2022, S. 90.

109 Vgl. ebd.

110 Vgl. ebd.; Vgl. Goertz, S. (2024): Die AfD – Die aktuelle Einstufung durch die Verfassungsschutzbehörden. In: Polizei Info Report 3/2024, S. 6.

111 Vgl. Amt für Verfassungsschutz Thüringen (2023): Verfassungsschutzbericht 2022, S. 16.

112 Vgl. https://www.mdr.de/nachrichten/sachsen-anhalt/landespolitik/afd-verfassungsschutz-gesichert-rechtsextremistisch-104.html (21.7.2024).

113 Vgl. https://www.tagesschau.de/inland/innenpolitik/verfassungsschutz-afd-sachsen-rechtsextremistisch-100.html (21.7.2024).

114 Vgl. https://www.tagesschau.de/inland/innenpolitik/afd-urteil-muenster-ovg-analyse-100.html (21.7.2024).

115 Vgl. ebd.

116 Vgl. Goertz, S: (2024): Die AfD – Die aktuelle Einstufung durch die Verfassungsschutzbehörden. In: Polizei Info Report 3/2024, S. 3-4.

117 Vgl. https://www.zeit.de/politik/deutschland/2024-02/rechtsextremismus-afd-bundesamt-fuer-verfassungsschutz-gutachten (20.4.2024).

118 Vgl. Bundesministerium des Innern und für Heimat (2024): Verfassungsschutzbericht 2023, S. 88-89.

119 Vgl. ebd.

120 Vgl. ebd.

121 Vgl. Bundesamt für Verfassungsschutz (2022): Lagebild Antisemitismus 2020/2021, S. 64.

122 Vgl. ebd.

123 Vgl. ebd., S. 64-65.

124 Vgl. Bundesministerium des Innern und für Heimat (2023): Verfassungsschutzbericht 2022, Berlin, S. 69.

125 Vgl. Bayerisches Landesamt für Verfassungsschutz, Was ist verfassungsschutzrelevante Islamfeindlichkeit?; https://www.verfassungsschutz.bayern.de/weitere_aufgaben/islamfeindlichkeit/definition/index.html (21.7.2024).

126 Vgl. https://www.verfassungsschutz.de/SharedDocs/hintergruende/DE/rechtsextremismus/2022-08-17-pridemonth.html (21.7.2024).

127 Vgl. ebd.

128 Vgl. ebd.

129 Vgl. https://dip21.bundestag.de/dip21/btd/19/240/1924084.pdf, S. 3 (21.7.2024).

130 Vgl. ebd.

131 Vgl. Verfassungsschutz Baden-Württemberg (2022): Fürchtet euch! Funktionen von Untergangsszenarien im extremistischen Kontext, S. 18-19.

132 https://www.spiegel.de/politik/deutschland/das-magazin-das-jetzt-auch-der-verfassungsschutz-liest-a-2dd9ac07-47bc-4461-9962-b9078274b925 (21.7.2024).

133 Zitiert nach ebd.

134 Vgl. https://www.verfassungsschutz.de/DE/service/glossar/Functions/glossar.html?cms_lv2=678608 (21.7.2024).

135 Vgl. https://www.verfassungsschutz.de/SharedDocs/glosaareintraege/DE/S/siege-ideologie.html (21.7.2024).

136 Vgl. Bundesministerium des Innern und für Heimat (2022): Verfassungsschutzbericht 2021, S. 71.

137 Vgl. ebd., S. 72.

138 Vgl. https://www.verfassungsschutz.de/DE/service/glossar/Functions/
glossar.html?cms_lv2=678618 (21.7.2024).
139 Moghadam, F.: The Staircase to Terrorism: A Psychological Exploration, in:
American Psychologist, 60/ 2005, 2, S. 161–169.
140 Vgl. https://www.verfassungsschutz.de/SharedDocs/hintergruende/
DE/rechtsextremismus/2021-10-18-rechtsextremistische-gewalt.html
(21.7.2024).
141 Vgl. Bundesministerium des Innern und für Heimat (2024): Verfassungsschutzbericht 2023, S. 80.
142 Vgl. Bundesamt für Verfassungsschutz, Kompendium des BfV. Darstellung
ausgewählter Arbeitsbereiche und Beobachtungsobjekte, S. 27-28.
143 Vgl. Bundesministerium des Innern und für Heimat (2024): Verfassungsschutzbericht 2023, S. 90.
144 Vgl. https://www.bka.de/SharedDocs/Downloads/DE/Publikationen/
Herbsttagungen/2019/herbsttagung2019MuenchLangfassung.
html?nn=113686, S. 5 (21.7.2024).
145 Vgl. Goertz, S., Rechtsextremismus und Rechtsterrorismus in Deutschland,
2021, S. 158.
146 https://www.deutschlandfunkkultur.de/rechtsterroristen-einsame-woelfe-
in-einer-digitalen-100.html (21.7.2024).
147 https://www.verfassungsschutz.de/DE/themen/islamismus-und-islamis-
tischer-terrorismus/islamismus-und-islamistischer-terrorismus_node.html
(21.7.2024).
148 Vgl. Bundesamt für Verfassungsschutz (2024): Kompendium des BfV.
Darstellung ausgewählter Arbeitsbereiche und Beobachtungsobjekte, S.
109-110.
149 Vgl. ebd., S. 110.
150 Vgl. ebd., S. 111.
151 Vgl. Bundesministerium des Innern und für Heimat/Bundeskriminalamt
(2024): Bundesweite Fallzahlen Politisch motivierte Kriminalität Fact Sheet
21.5.2024, S. 4, 8.
152 Vgl. Bundesministerium des Innern und für Heimat (2024): Verfassungsschutzbericht 2023, S. 42-43.
153 Vgl. u. a. Horgan, John, The Psychology of Terrorism, 2014; Sageman,
Marc, Misunderstanding Terrorism, 2017.
154 Vgl. Venhaus, John, Why Youth Join al-Qaeda, 2010.
155 Vgl. https://www.verfassungsschutz.de/DE/themen/islamismus-und-
islamistischer-terrorismus/zahlen-und-fakten/zahlen-und-fakten_node.
html#doc678982bodyText4 (21.7.2024).
156 Vgl. https://www.tagesschau.de/inland/gesellschaft/mannheim-angriff-
polizist-102.html (21.7.2024).
157 Vgl. ebd.
158 Vgl. ebd.

159 https://www.swr.de/swraktuell/baden-wuerttemberg/mannheim/
     messerattacke-mannheim-attentater-radikaler-islamist-100.html
     (21.7.2024).
160 https://www.mdr.de/nachrichten/deutschland/politik/
     innenministerkonferenz-abschiebung-straftaeter-gewalt-
     cybermobbing-100.html (21.7.2024).
161 Vgl. Bundesamt für Verfassungsschutz (2024): Kompendium des BfV. Dar-
     stellung ausgewählter Arbeitsbereiche und Beobachtungsobjekte, S. 147.
162 Vgl. ebd.
163 Vgl. Bundesamt für Verfassungsschutz (2024): Kompendium, S. 147-148.
164 Vgl. https://www.im.nrw/milli-goerues-bewegung-mgb; (21.7.2024).
165 https://www.bpb.de/themen/islamismus/dossier-islamismus/290422/die-
     muslimbruderschaft-in-deutschland/?rl=0.41351178978916564#rate5
     (21.7.2024).
166 Vgl. ebd.
167 Vgl. ebd.
168 https://www.verfassungsschutz-bw.de/,Lde/Startseite/Arbeitsfelder/
     Muslimbruderschaft (21.7.2024).
169 Vgl. ebd.
170 Vgl. Bundesministerium des Innern und für Heimat (2023): Verfassungs-
     schutzbericht 2022, S. 184.
171 Vgl. ebd., S. 185.
172 Vgl. Bundesamt für Verfassungsschutz (2023): Lagebild Antisemitismus
     2020/2021, S. 91-92.
173 Vgl. ebd., S. 92.
174 Vgl. ebd.
175 Vgl. ebd.
176 Vgl. ebd.
177 https://www.merkur.de/politik/hamas-terror-deutschland-pro-palaestina-
     demos-israel-krieg-kalifat-92656955.html (21.7.2024).
178 Vgl. ebd.
179 Vgl. Bundesministerium des Innern und für Heimat (2022): Verfassungs-
     schutzbericht 2021, S. 177.
180 https://www.spiegel.de/panorama/justiz/attentat-in-wuerzburg-
     verdaechtiger-nennt-messerattacke-seinen-dschihad-a-ebe101e5-a162-
     46bb-b380-837afc9b0cd4 (21.7.2024).
181 https://www.nordbayern.de/region/islamist-oder-verwirrter-was-uber-den-
     wurzburger-messerstecher-bekannt-ist-1.11175349 (21.7.2024).
182 https://www.sueddeutsche.de/bayern/kriminalitaet-wuerzburg-ermittler-
     finden-hassbotschaften-in-unterkunft-des-taeters-dpa.urn-newsml-dpa-
     com-20090101-210626-99-154090 (21.7.2024).
183 https://www.rtl.de/cms/wuerzburg-urteil-nach-toedlichem-messerangriff-
     gefallen-4998741.html (21.7.2024).

184 https://www.spiegel.de/panorama/justiz/ludwigshafen-zwei-tote-bei-messerangriff-a-d932fe6e-c6a3-469a-96b8-c3684c74bd18 (21.7.2024).

185 https://www.swr.de/swraktuell/rheinland-pfalz/ludwigshafen/urteil-im-prozess-um-messerattacke--oggersheim-taeter-muss-in-psychiatrie-100. html (21.7.2024).

186 Vgl. ebd.

187 https://www.verfassungsschutz.de/DE/themen/islamismus-und-islamistischer-terrorismus/zahlen-und-fakten/zahlen-und-fakten_node.html (21.7.2024).

188 https://www.welt.de/regionales/hamburg/article245837794/Brokstedt-Durch-Messerattacke-verletzte-Frau-nimmt-sich-das-Leben.html (21.7.2024).

189 https://www.spiegel.de/panorama/justiz/brokstedt-was-den-vater-der-getoeteten-17-jaehrigen-fassungslos-macht-a-2dd4aa64-8677-4c22-8a9a-5dc1a3899e93; https://www.abendblatt.de/region/schleswig-holstein/article237812377/brokstedt-messerangriff-regionalzug-vater-der-getoeteten-ann-marie-fordert-umdenken.html (21.7.2024).

190 https://www.zdf.de/nachrichten/politik/messerattacke-brokstedt-ibrahim-a-anis-amri-100.html (21.7.2024).

191 https://www.ndr.de/nachrichten/schleswig-holstein/Urteil-im-Brokstedt-Prozess-Ibrahim-A-hatte-sich-entschlossen,brokstedt468.html (21.7.2024).

192 https://www.verfassungsschutz.de/DE/themen/islamismus-und-islamistischer-terrorismus/zahlen-und-fakten/zahlen-und-fakten_node.html (21.7.2024).

193 Vgl. https://www.bpb.de/kurz-knapp/hintergrund-aktuell/541653/ueberfall-der-hamas-auf-israel/; https://www.rnd.de/politik/tote-in-israel-und-gaza-so-viele-opfer-hat-der-konflikt-bisher-gekostet-NPPTLPU3DZEI7DUTK5KLDIXGGA.html; https://www.rnd.de/politik/krieg-in-gaza-israel-stimmt-feuerpause-und-austausch-von-geiseln-gegen-haeftlinge-zu-NS4JBFYIQNPPXCE47VIYV6S7A4.html; https://www.nzz.ch/feuilleton/gewalt-der-hamas-an-israelinnen-schweigen-der-metoo-bewe-gung-ld.1767977 (21.7.2024).

194 Vgl. https://www.welt.de/politik/ausland/article247929970/Israel-Dutzende-Leichen-in-Kibbuz-entdeckt-Es-ist-mehr-wie-ein-Pogrom-aus-der-Zeit-unserer-Grosseltern.html (21.7.2024).

195 Vgl. https://www.rnd.de/politik/hamas-terror-in-israel-ajc-direktor-beschreibt-graeueltaten-in-kibbuzen-2FXHJ4CJCZAVXKPVVLRUDYALJM. html (21.7.2024).

196 Vgl. https://www.zdf.de/nachrichten/politik/hamas-vergewaltigung-kriegswaffe-frauen-israel-100.html (21.7.2024).

197 https://www.zeit.de/politik/2023-12/bundeskriminalamt-anschlaege-vereitelt-deutschland-gefahrenlage (21.7.2024).

198   https://www.welt.de/politik/deutschland/article248183162/Duisburg-
      Islamist-Tarik-S-soll-Anschlag-auf-Pro-Israel-Demo-geplant-haben.html
      (21.7.2024).
199   Vgl. ebd.
200   Vgl. https://www.generalbundesanwalt.de/SharedDocs/Pressemitteilungen/
      DE/aktuelle/Pressemitteilung-vom-06-07-2023.html (21.7.2024).
201   Vgl. ebd.
202   Vgl. https://www.bka.de/DE/Presse/Listenseite_Pressemitteilungen/2023/
      Presse2023/230425_Sprengstoffanschlag.html (21.7.2024).
203   Vgl. EUROPOL (2019): European Union Terrorism Situation and Trend
      Report 2018, S. 27.
204   https://www.verfassungsschutz.de/de/aktuelles/schlaglicht/
      schlaglicht-2016-05-psychologische-erklaerungsansaetze-jihadisten
      (9.1.2021).
205   Vgl. ebd.
206   Vgl. https://www.tagesschau.de/inland/innenpolitik/solingen-attentat-
      video-100.html (1.9.2024).
207   https://www.ardmediathek.de/video/story/der-anschlag-von-solingen-
      chronik-eines-versagens/wdr/Y3JpZDovL3dkci5kZS9CZWl0cmFnLXNNvcGh
      vcmEtMDY1MDgwZDgtZWJiNS00MzA1LWIzZjktMDgwNjUwZmVkZDUx
      (1.9.2024).
208   https://www.tagesschau.de/inland/innenpolitik/solingen-
      konsequenzen-100.html (1.9.2024).
209   Ebd.
210   Ebd.
211   Ebd.
212   Ebd.
213   https://www.n-tv.de/politik/politik_kommentare/Saskia-Esken-liefert-den-
      wohl-duemmsten-Satz-des-Jahres-article25182452.html (1.9.2024).
214   https://www.focus.de/politik/deutschland/nach-miosga-talk-spd-sprecher-
      mehr-als-entsetzt-ueber-eskens-aussage-zum-solingen-anschlag_
      id_260257740.html (1.9.2024).
215   Ebd.
216   Bundesamt für Verfassungsschutz, Reichsbürger und Selbstverwalter,
      Zahlen und Fakten, 2023; https://www.verfassungsschutz.de/DE/themen/
      reichsbuerger-und-selbstverwalter/reichsbuerger-und-selbstverwalter_
      node.html (21.7.2024).
217   Vgl. Bundesministerium des Innern und für Heimat, Verfassungsschutzbe-
      richt 2023, Berlin 2024, S. 133.
218   Vgl. ebd., Verfassungsschutzbericht 2022, Berlin, S. 104-105.
219   Vgl. ebd., S. 105.
220   Vgl. Bundesministerium des Innern und für Heimat/Bundeskriminalamt
      (2024): Bundesweite Fallzahlen Politisch motivierte Kriminalität 2023,
      21.5.2024, S. 22.

221 Vgl. Bundesministerium des Innern und für Heimat, Verfassungsschutzbericht 2023, Berlin 2024, S. 34.

222 Vgl. ebd., S. 134.

223 Vgl. Bundesamt für Verfassungsschutz, Kompendium des BfV, Köln/Berlin 2024, S. 67-68.

224 Vgl. ebd., S. 69-70.

225 Vgl. https://www.capital.de/wirtschaft-politik/reichsbuerger--das-finanzsystem-des--koenigreich-deutschland--34280252.html (21.7.2024).

226 Vgl. Bundesamt für Verfassungsschutz (2022): Lagebild Antisemitismus, S. 67-71.

227 Vgl. Bundesministerium des Innern und für Heimat (2023): Verfassungsschutzbericht 2022, Berlin, S. 123.

228 Vgl. Butter, M.: »Nichts ist wie es scheint.« Über Verschwörungstheorien, Berlin, 2018, S. 21-29.

229 Vgl. Deutscher Bundestag, Drucksache 19/24084 19. Wahlperiode Antwort der Bundesregierung 5.11.2020, https://dserver.bundestag.de/btd/19/240/1924084.pdf (21.7.2024).

230 Vgl. RND, Verschwörungstheorien, Wer steckt hinter Qanon? Forscher wollen Hintermänner gefunden haben – dank künstlicher Intelligenz, 24.9.2022, https://www.rnd.de/politik/wer-ist-qanon-das-steckt-hinter-der-verschwoerung-die-auch-in-deutschland-aktiv-ist-A7YQ22U7RBG55ES7Z33A3NKRPY.html (21.7.2024).

231 Vgl. Goertz, S., Corona Fake News, Verschwörungstheorien und die Querfront in Deutschland, in: Polizei Info Report 3/2021, S. 14.

232 Vgl. ebd.

233 Vgl. Verfassungsschutz Baden-Württemberg, Fürchtet euch! Funktionen von Untergangsszenarien im extremistischen Kontext, 2022, S. 18-19.

234 Petter, Jan, »Compact«. Das Magazin, das jetzt auch der Verfassungsschutz liest, 12.3.2020, https://www.spiegel.de/politik/deutschland/das-magazin-das-jetzt-auch-der-verfassungsschutz-liest-a-2dd9ac07-47bc-4461-9962-b9078274b925 (21.7.2024).

235 Zitiert nach ebd.

236 Vgl. Bundesamt für Verfassungsschutz, Glossar, Neue Weltordnung, 2024, https://www.verfassungsschutz.de/DE/service/glossar/Functions/glossar.html?cms_lv2=678608 (21.7.2024).

237 Vgl. Bundesamt für Verfassungsschutz, Glossar, S.H.A.E.F.-Ideologie, https://www.verfassungsschutz.de/DE/service/glossar/Functions/glossar.html?cms_lv2=678618 (21.7.2024).

238 Vgl. Soldt, Rüdiger, Schüsse auf Polizisten: Lange Haftstrafe für Angeklagten in Reichsbürger-Prozess, 15.11.2023, https://www.faz.net/aktuell/politik/inland/reichsbuerger-prozess-von-boxberg-lange-haftstrafe-fuer-angeklagten-19315262.html (21.7.2024).

239 https://www.sueddeutsche.de/panorama/extremismus-lebenslange-haft-im-reichsbuerger-prozess-gefordert-dpa.urn-newsml-dpa-com-20090101-231017-99-599253 (21.7.2024).
240 Vgl. ZDF Heute, Nach Razzia gegen Reichsbürger: BKA-Chef Münch erwartet weitere Beschuldigte, 8.12.2022, https://www.zdf.de/nachrichten/politik/razzia-reichsbuerger-muench-haldenwang-100.html (21.7.2024).
241 Vgl. Tagesschau, Bewaffnete Reichsbürger Razzia wegen geplanten Staatsstreichs, 7.12.2022, https://www.tagesschau.de/investigativ/razzia-reichsbuerger-staatsstreich-101.html (21.7.2024).
242 Vgl. https://www.ndr.de/nachrichten/niedersachsen/Reichsbuerger-Drei-Verfahren-gegen-Prinz-Reuss-Gruppe,reichsbuerger516.html (21.7.2024).
243 Vgl. https://www.hessenschau.de/panorama/prozess-gegen-reichsbuerger-gruppe-um-prinz-reuss-anklage-begruendet-terror-vorwurf-v5,reichsbuerger-prozessbeginn-100.html (21.7.2024).
244 Vgl. unter https://www.zeit.de/politik/deutschland/2020-11/corona-proteste-extremismus-rechtsextremismus-verschwoerungstheorien?utm_referrer (21.7.2024).
245 Vgl. https://www.verfassungsschutz.de/DE/themen/verfassungsschutzrelevante-delegitimierung-des-staates/verfassungsschutzrelevante-delegitimierung-des-staates_node.html (21.7.2024).
246 Ebd.
247 Vgl. Bundesministerium für Inneres und Heimat (2024): Verfassungsschutzbericht 2023, Juni 2024, S. 144.
248 Vgl. ebd., S. 145.
249 Vgl. Goertz, S. (2022): Verfassungsschutzrelevante Delegitimierung des Staates – »Querdenker« als neuer Extremismus-Phänomenbereich? In: Backes, U./Gallus, A./Jesse, E./Thieme, T. (Hrsg.): Extremismus & Demokratie, 2022, S. 175.
250 Vgl. Bundesministerium für Inneres und Heimat (2024): Verfassungsschutzbericht 2023, Juni 2024, S. 145-146.
251 Vgl. Landesamt für Verfassungsschutz Baden-Württemberg, Vortrag: »Die Querdenken-Bewegung – zwischen Verschwörungsmythen und Bürgerprotest« Teil 2, unter: https://www.verfassungsschutz-bw.de/,Lde/_Die+Querdenken-Bewegung+_+zwischen+Verschwoerungsmythen+und+Buergerprotest_+_+Teil+2 (21.7.2024).
252 Vgl. ebd.
253 Vgl. ebd.
254 Vgl. ebd.; S. Goertz, Verfassungsschutzrelevante Delegitimierung des Staates. »Querdenker« – ihre Akteure, Ideologieelemente und ihr Gewaltpotenzial, in: Kriminalistik 3/2022, S. 163.
255 Vgl. Bundesministerium des Innern und für Heimat: Verfassungsschutzbericht 2021, Berlin, Juni 2022, S. 113.
256 Vgl. ebd.

257   https://www.verfassungsschutz.de/SharedDocs/kurzmeldungen/
      DE/2021/2021-04-29-querdenker.html (21.7.2024).
258   Vgl. Bundesministerium des Innern und Heimat: Verfassungsschutzbericht
      2021, Berlin, Juni 2022, S. 114-115.
259   Vgl. Ministerium des Innern des Landes Nordrhein-Westfalen: Sonderbe-
      richt zu Verschwörungsmythen und »Corona-Leugnern«, Düsseldorf, Mai
      2021, S. 69.
260   Vgl. https://www.verfassungsschutz.de/DE/themen/
      verfassungsschutzrelevante-delegitimierung-des-staates/begriff-und-
      erscheinungsformen/begriff-und-erscheinungsformen_artikel.html
      (21.7.2024).
261   Vgl. ebd.
262   Vgl. ebd.
263   Douglas, K./Sutton, R. /Chichocka, A.: The Psychology of Conspiracy Theo-
      ries, in: Current Directions in Psychological Science 26 (6), 2017.
264   Vgl. Wille, J.: Von Reichsbürgern und Chemtrails: Verschwörungstheorien
      2.0, in: GreifRecht: Greifswalder Halbjahresschrift für Rechtswissenschaft
      14 (2019), S. 22
265   Vgl. Lamberty, P.: Verschwörungsmythen als Radikalisierungsbeschleuni-
      ger: Eine psychologische Betrachtung, April 2020, https://library.fes.de/
      pdf-files/dialog/16197-20200529.pdf, S. 2 (21.7.2024).
266   Vgl. Lamberty, P.: Zwischen Theorien und Mythen: eine kurze begriffliche
      Einordnung, in: Informationen zur politischen Bildung, Heft 344/2020,
      Sonderbeilage Verschwörungserzählungen; https://www.bpb.de/
      izpb/318157/verschwoerungserzaehlungen (21.7.2024); https://www.kas.
      de/de/web/extremismus/ProzentE2Prozent80Prozent9EverschwoProzentCC
      Prozent88rungstheorien-verschwoProzentCCProzent88rungserzaProzentC
      CProzent88hlungen-wege-in-die-radikalisierung (21.7.2024).
267   Vgl. Senatsverwaltung für Inneres, Digitalisierung und Sport Berlin: Ver-
      fassungsschutz Berlin Bericht 2020, Berlin 2021, S. 18.
268   Vgl. ebd.
269   Vgl. Butter, M.: »Nichts ist wie es scheint.« Über Verschwörungstheorien,
      Berlin, 2018, S. 21-29.
270   Vgl. ebd.
271   Vgl. https://www.kas.de/de/web/extremismus/ProzentE2Prozent80Prozen
      t9EverschwoProzentCCProzent88rungstheorien-verschwoProzentCCProz
      ent88rungserzaProzentCCProzent88hlungen-wege-in-die-radikalisierung
      (21.7.2024).
272   Vgl. https://dip21.bundestag.de/dip21/btd/19/240/1924084.pdf, S. 3
      (21.7.2024).
273   Vgl. https://www.kas.de/de/web/extremismus/ProzentE2Prozent80Prozen
      t9EverschwoProzentCCProzent88rungstheorien-verschwoProzentCCProz
      ent88rungserzaProzentCCProzent88hlungen-wege-in-die-radikalisierung
      (21.7.2024).

274 Vgl. Goertz, S.: Corona Fake News, Verschwörungstheorien und die Querfront in Deutschland, in: Polizei Info Report 3/2021, S. 14.

275 Vgl. ebd.

276 Vgl. https://www.kas.de/de/web/extremismus/ProzentE2Prozent80Prozent9EverschwoProzentCCProzent88rungstheorien-verschwoProzentCCProzent88rungserzaProzentCCProzent88hlungen-wege-in-die-radikalisierung (21.7.2024).

277 Vgl. Bundesamt für Verfassungsschutz: Lagebild Antisemitismus, Berlin 2020, S. 13.

278 Vgl. ebd., S. 22-23.

279 Vgl. Senatsverwaltung für Inneres, Digitalisierung und Sport Berlin: Verfassungsschutz Berlin Bericht 2020, Berlin 2021, S. 20.

280 Der Präsident des Bundesamtes für Verfassungsschutz, Thomas Haldenwang, erklärte zu dieser Einstufung als Verdachtsfall Rechtsextremismus: »Das Magazin bedient sich revisionistischer, verschwörungstheoretischer und fremdenfeindlicher Motive«. https://www.spiegel.de/politik/deutschland/das-magazin-das-jetzt-auch-der-verfassungsschutz-liest-a-2dd9ac07-47bc-4461-9962-b9078274b925 (21.7.2024).

281 Zitiert nach: https://www.spiegel.de/politik/deutschland/das-magazin-das-jetzt-auch-der-verfassungsschutz-liest-a-2dd9ac07-47bc-4461-9962-b9078274b925 (21.7.2024).

282 Vgl. https://www.kas.de/de/web/extremismus/ProzentE2Prozent80Prozent9EverschwoProzentCCProzent88rungstheorien-verschwoProzentCCProzent88rungserzaProzentCCProzent88hlungen-wege-in-die-radikalisierung (21.7.2024).

283 Vgl. https://www.verfassungsschutz.de/DE/themen/verfassungsschutzrelevante-delegitimierung-des-staates/begriff-und-erscheinungsformen/begriff-und-erscheinungsformen_artikel.html (21.7.2024).

284 Imhoff, R./Bruder, M.: Speaking (un-) truth to power: Conspiracy mentality as a generalised political attitude. In: European Journal of Personality, 28, 1, 2014, S. 25-43.

285 Moghadam, F.: The Staircase to Terrorism: A Psychological Exploration, in: American Psychologist, 60/ 2005, 2, S. 161–169.

286 Vgl. https://www.verfassungsschutz.de/DE/themen/verfassungsschutzrelevante-delegitimierung-des-staates/begriff-und-erscheinungsformen/begriff-und-erscheinungsformen_artikel.html (21.7.2024).

287 Vgl. https://www.welt.de/politik/deutschland/article235365480/Sachsen-Corona-Kritiker-haben-eindeutig-rote-Linien-ueberschritten.html (21.7.2024).

288 Vgl. https://www.welt.de/politik/deutschland/article235616550/Corona-Demonstrationen-Politiker-warnen-vor-Eskalation-der-Proteste.html (21.7.2024).

289 Vgl. https://www.tagesschau.de/investigativ/funk/todesdrohungen-tele-gram-101.html (21.7.2024).

290 Vgl. ebd.

291 Zitiert nach: ebd.; Goertz, S. (2022): Verfassungsschutzrelevante Delegiti-mierung des Staates – »Querdenker« als neuer Extremismus-Phänomen-bereich? In: Backes, U./Gallus, A./Jesse, E./Thieme, T. (Hrsg): Extremismus & Demokratie 2022, S. 187-188.

292 »Corona ist nur der Aufhänger«. Verfassungsschutzchef Thomas Halden-wang über eine neue Szene von Staatsfeinden. In: Frankfurter Allgemeine Sonntagszeitung, 16.1.2022, S. 2.

293 Vgl. https://www.welt.de/politik/deutschland/plus235289124/Coro-na-Bedroht-als-Nazi-beschimpft-Wut-auf-Impf-Personal-eskaliert.html (21.7.2024).

294 Goertz, S. (2022): Verfassungsschutzrelevante Delegitimierung des Staates – »Querdenker« als neuer Extremismus-Phänomenbereich? In: Backes, U./ Gallus, A./Jesse, E./Thieme, T. (Hrsg): Extremismus & Demokratie 2022, S. 187-188.

295 Vgl. Bundesministerium für Inneres und Heimat (2024): Verfassungsschutz-bericht 2023, Juni 2024, S. 147-148.

296 Vgl. ebd., S. 144.

297 Bundesamt für Verfassungsschutz, Linksextremismus, 2023, https://www. verfassungsschutz.de/DE/themen/linksextremismus/linksextremismus_node. html (21.7.2024).

298 Vgl. Bundesamt für Verfassungsschutz, Linksextremismus, 2023, https:// www.verfassungsschutz.de/DE/themen/linksextremismus/linksextremis-mus_node.html (21.7.2024).

299 Vgl. Bundesamt für Verfassungsschutz, Themen, Linkextremismus, Begriff und Erscheinungsformen, 2023, https://www.verfassungsschutz.de/DE/ themen/linksextremismus/begriff-und-erscheinungsformen/begriff-und-erscheinungsformen_artikel.html (21.7.2024).

300 Vgl. Bundesministerium des Innern und für Heimat/Bundeskriminalamt (2024): Bundesweite Fallzahlen Politisch motivierte Kriminalität 2023, 21.5.2024, S. 4-8.

301 Vgl. Bundesministerium für Inneres und Heimat (2024): Verfassungsschutz-bericht 2023, Juni 2023, S. 36.

302 Vgl. Bundesamt für Verfassungsschutz, Kompendium, 2024, S. 94-95.

303 Vgl. Bundesamt für Verfassungsschutz, Linksextremismus. Begriff und Erscheinungsformen, 2023, https://www.verfassungsschutz.de/DE/ themen/linksextremismus/begriff-und-erscheinungsformen/begriff-und-erscheinungsformen_artikel.html (21.7.2024).

304 Vgl. Landesamt für Verfassungsschutz Thüringen, Verfassungsschutzbe-richt 2022, Erfurt 2023, S. 85.

305 Vgl. Goertz, S., Medienporträt: de.indymedia.org. In: Backes, Uwe/Gallus, Alexander/Jesse, Eckhard/Thieme, Tom (Hrsg.): Jahrbuch Extremismus & Demokratie, 33. Jahrgang 2021, S. 252.

306 Unter anderem am 17.12.2021, https://de.indymedia.org/node/164079; am 15.9.2022, https://de.indymedia.org/node/223972, am 17.8.2023, https://de.indymedia.org/node/298128 (21.7.2024).

307 Vgl. Bundesamt für Verfassungsschutz, Kompendium 2024, S. 77-79.

308 https://www.verfassungsschutz.de/SharedDocs/hintergruende/DE/linksextremismus/palaestina-solidaritaet-im-dogmatischen-linksextremismus.html (21.7.2024).

309 Vgl. https://www.verfassungsschutz.de/SharedDocs/hintergruende/DE/linksextremismus/palaestina-solidaritaet-im-dogmatischen-linksextremismus.html (21.7.2024).

310 Ebd.

311 Tazio Müller, climate justice, 10.1.2023, https://climatejustice.social/@muellertadzio/109665200416712070 (21.7.2024).

312 https://www.zdf.de/nachrichten/politik/klimabewegung-protest-radikalisierung-tadzio-mueller-100.html (15.5.2023).

313 https://www.spiegel.de/politik/deutschland/tadzio-mueller-wer-klimaschutz-verhindert-schafft-die-gruene-raf-a-5e42de95-eaf2-4bc1-ab23-45dfb0d2db89 (15.5.2023).

314 https://www.zdf.de/nachrichten/politik/klimabewegung-protest-radikalisierung-tadzio-mueller-100.html (15.5.2023).

315 https://www.focus.de/politik/deutschland/aktion-der-letzten-generation-letzte-generation-aktivisten-kleben-sich-an-pipeline-und-drehen-sie-ab_id_166663740.html (21.7.2024).

316 Vgl. Bundesministerium des Innern und für Heimat, Verfassungsschutzbericht 2022, Berlin 2023, S. 142.

317 Internetplattform »de.indymedia«, 10.9.2022, zitiert nach: Bundesministerium des Innern und für Heimat, Verfassungsschutzbericht 2022, Berlin 2023, S. 145.

318 Vgl. Frankfurter Allgemeine Zeitung, Gewalt als legitimes Mittel: Niedersachsens Verfassungsschutz warnt vor radikalen Klima-Aktivisten. 2.10.2022, https://www.faz.net/aktuell/politik/landes-verfassungsschutzchef-warnt-vor-radikalen-klima-aktivisten-18357977.html (21.7.2024).

319 https://www.spiegel.de/wirtschaft/unternehmen/tesla-fabrik-in-gruenheide-linksextremistische-gruppe-reklamiert-brandanschlag-fuer-sich-a-d76cdbff-8535-411d-9daf-7588c03c2ae9 (21.7.2024).

320 Vgl. Bundesamt für Verfassungsschutz, Kompendium 2024, S. 79-80.

321 Vgl. Bundesministerium des Innern und für Heimat (2024): Verfassungsschutzbericht 2023, Juni 2024, S. 37.

322 Vgl. Bundesministerium des Innern und für Heimat (2023): Verfassungsschutzbericht 2022, Juni 2023, Berlin S. 137.

323   Bundesministerium des Innern und für Heimat/Bundeskriminalamt (2024): Bundesweite Fallzahlen Politisch motivierte Kriminalität 2023, 21.5.2024, S. 22.

324   Vgl. Bundesministerium des Innern und für Heimat (2023): Verfassungsschutzbericht 2022, Juni 2023, Berlin, S. 138.

325   Vgl. https://www.verfassungsschutz.de/SharedDocs/hintergruende/DE/linksextremismus/die-antifa-antifaschistischer-kampf-im-linksextremismus.html#doc812060bodyText1 (21.7.2024).

326   »Ende Gelände«, »Überall Polizei, nirgendwo Sicherheit – Kritik der Polizei«, S. 14. Zitiert nach: Zitiert nach: Bundesministerium des Innern und für Heimat, Verfassungsschutzbericht 2022, Berlin 2023, Berlin, S. 144.

327   https://de.indymedia.org/node/192297 (21.7.2024).

328   Vgl. Bundesministerium des Innern und für Heimat, Verfassungsschutzbericht 2022, Berlin 2023, Berlin, S. 137.

329   Vgl. Bundesamt für Verfassungsschutz, Kompendium 2024, S. 80.

330   Zitiert nach: Ebd.

331   Vgl. https://www.verfassungsschutz.de/SharedDocs/hintergruende/DE/linksextremismus/die-antifa-antifaschistischer-kampf-im-linksextremismus.html#doc812060bodyText1 (21.7.2024).

332   Vgl. Bundesamt für Verfassungsschutz, Linksextremismus, Die »Antifa«: Antifaschistischer Kampf im Linksextremismus, 2024, https://www.verfassungsschutz.de/SharedDocs/hintergruende/DE/linksextremismus/die-antifa-antifaschistischer-kampf-im-linksextremismus.html (21.7.2024).

333   Vgl. Bundesministerium des Innern und für Heimat, Verfassungsschutzbericht 2020, Berlin 2021, S. 126.

334   https://www.verfassungsschutz.de/DE/themen/linksextremismus/linksextremismus_node.html

335   Vgl. Bundesministerium des Innern und für Heimat/Bundeskriminalamt (2024): Bundesweite Fallzahlen Politisch motivierte Kriminalität 2023, 21.5.2024, S. 4-8; Bundesministerium des Innern und für Heimat (2023): Verfassungsschutzbericht 2022, Juni 2023, S. 26-29; Bundesministerium des Innern und für Heimat (2022): Verfassungsschutzbericht 2021, Juni 2022, S. 27-35.

336   https://www.tagesspiegel.de/berlin/wer-sich-gegen-nazis-organisiert-ist-nicht-kriminell-berliner-linke-abgeordneter-kocak-verteidigt-linksextremistin-lina-e-9906470.html (21.7.2024).

337   Vgl. https://www.nzz.ch/meinung/der-andere-blick/der-fall-lina-e-und-die-verharmlosung-des-linksextremismus-ld.1740293 (21.7.2024).

338   https://www.verfassungsschutz.de/DE/themen/auslandsbezogener-extremismus/auslandsbezogener-extremismus_node.html (21.7.2024).

339   Vgl. https://www.stmi.bayern.de/sus/verfassungsschutz/auslandsbezogener_extremismus/index.php (21.7.2024).

340   Vgl. Bundesamt für Verfassungsschutz (2024): Kompendium, S. 157.

341 Vgl. https://www.verfassungsschutz.bayern.de/weitere_aufgaben/ auslandsbezogener_extremismus/erscheinungsformen/index.html (21.7.2024).
342 Vgl. Bundesamt für Verfassungsschutz (2024): Kompendium, S. 157.
343 Vgl. Bundesministerium des Innern und für Heimat/Bundeskriminalamt (2024): Bundesweite Fallzahlen Politisch Motivierte Kriminalität, S. 26.
344 Vgl. ebd., S. 8.
345 Vgl. ebd., S. 4.
346 Vgl. Bundesministerium des Innern und für Heimat (2024): Verfassungsschutz 2023, Juni 2024, S. 264.
347 Vgl. ebd., S. 45.
348 Vgl. ebd.
349 Vgl. Bundesamt für Verfassungsschutz (2024): Kompendium, S. 157-158.
350 Vgl. ebd., S. 161-162.
351 Vgl. Bundesministerium des Innern und für Heimat (2023): Verfassungsschutzbericht 2022, S. 242.
352 Vgl. ebd., S. 243.
353 Vgl. ebd.
354 Vgl. Bundesamt für Verfassungsschutz (2024): Kompendium, S. 171.
355 Vgl. https://www.verfassungsschutz.bayern.de/weitere_aufgaben/ auslandsbezogener_extremismus/erscheinungsformen/tuerkischer_ rechtsextremismus/index.html (21.7.2024).
356 Vgl. Bundesamt für Verfassungsschutz (2024): Kompendium, S. 173.
357 Vgl. Bundesministerium des Innern und für Heimat (2023): Verfassungsschutzbericht 2022, S. 275.
358 Vgl. Bundesamt für Verfassungsschutz (2024): Kompendium, S. 162-163.
359 Vgl. ebd., S. 163.
360 Vgl. Bundesministerium des Innern und für Heimat (2023): Verfassungsschutzbericht 2022, S. 245.
361 Vgl. Bundesamt für Verfassungsschutz (2024): Kompendium 2024, S. 172.
362 https://www1.wdr.de/nachrichten/ruhrgebiet/gefahr-durch-rechtsextreme-graue-woelfe-100.html (21.7.2024).
363 Vgl. Bundesamt für Verfassungsschutz (2024): Kompendium 2024, S. 173.
364 https://www1.wdr.de/nachrichten/ruhrgebiet/gefahr-durch-rechtsextreme-graue-woelfe-100.html (21.7.2024).
365 Vgl. Bundesministerium des Innern und für Heimat (2023): Verfassungsschutzbericht 2022, S. 261.
366 https://www.tagesspiegel.de/politik/dringender-handlungsbedarf-fraktionen-fordern-nochmals-verbot-der-grauen-wolfe-10270891.html (21.7.2024).
367 Vgl. ebd.
368 Vgl. ebd.
369 Vgl. ebd.

370 Vgl. Bundesministerium des Innern und für Heimat (2023): Verfassungsschutzbericht 2022, S. 262-263.
371 Vgl. Bundeszentrale für politische Bildung, Überfall der Hamas auf Israel,
13.10.2023, https://www.bpb.de/kurz-knapp/hintergrund-aktuell/541653/
ueberfall-der-hamas-auf-israel (21.7.2024).
372 Vgl. Senatsverwaltung für Inneres und Sport Berlin, Verfassungsschutzbericht 2022, Berlin 2023, S. 65.
373 Vgl. ebd., S. 66.
374 Vgl. Schindler, Frederik, Wenn in Berlin der palästinensische Terror
gegen Israel bejubelt wird, 8.10.2023, https://www.welt.de/politik/
deutschland/article247877442/Nach-Hamas-Angriffen-Wenn-in-Berlin-der-
palaestinensische-Terror-gegen-Israel-bejubelt-wird.html (21.7.2024).
375 Vgl. https://www.handelsblatt.com/politik/international/-israel-krieg-
medien-einigung-in-israel-auf-bildung-von-notstandsregierung-einziges-
kraftwerk-in-gaza-stellt-betrieb-ein-/29433048.html (21.7.2024).
376 Vgl. Anger, Heike/Neuerer, Dietmar/Terpitz, Katrin, Israel-Krieg. Wie
groß ist die Hamas-Gefahr in Deutschland? 11.10.2023, https://www.
handelsblatt.com/politik/deutschland/israel-krieg-wie-gross-ist-die-hamas-
gefahr-in-deutschland/29438118.html (21.7.2024).
377 Vgl. RBB 24, Brandenburg. Stübgen kritisiert Vorgehen bei Verbot
für Hamas und Samidoun, 4.11.2023, https://www.rbb24.de/politik/
beitrag/2023/11/brandenburg-kritik-innenminister-stuebgen-verbot-
hamas-samidoun.html (21.7.2024).
378 Vgl. Frankfurter Allgemeine Zeitung, Hamas-Verbot: Verfassungsschützer
wirft Bundesregierung zögerlichen Umgang mit Islamisten vor, 7.12.2023,
https://www.faz.net/aktuell/politik/inland/verfassungsschuetzer-wirft-
bundesregierung-zoegerlichen-umgang-mit-islamisten-vor-19366521.
html?GEPC=s5 (21.7.2024).
379 Vgl. Senatsverwaltung für Inneres und Sport Berlin (2023): Verfassungsschutzbericht 2022, S. 65.
380 Vgl. ebd., S. 66.
381 Vgl. Bundesministerium des Innern und für Heimat/Bundeskriminalamt
(2024): Bundesweite Fallzahlen Politisch Motivierte Kriminalität, S. 25.
382 Vgl. Bundesamt für Verfassungsschutz (2024): Kompendium, S. 159-160.
383 Vgl. Bundesministerium des Innern und für Heimat (2023): Verfassungsschutzbericht 2022, S. 246.
384 Vgl. ebd., S. 262-262.
385 https://www.tagesspiegel.de/politik/dringender-handlungsbedarf-
fraktionen-fordern-nochmals-verbot-der-grauen-wolfe-10270891.html
(21.7.2024).
386 Ebd.
387 Ebd.
388 https://www.bmi.bund.de/SharedDocs/kurzmeldungen/DE/2023/10/
lagebild-ok.html (21.7.2024).

389 https://www.mopo.de/hamburg/polizei/auch-hamburger-hafen-betroffen-drogenkartelle-machen-europa-zu-kokain-drehscheibe/ (21.7.2024).
390 https://regionalheute.de/drogenkrieg-in-hamburg-eskaliert-1675335664/ (21.7.2024).
391 https://www.t-online.de/region/hamburg/id_100252686/hamburg-schuesse-vor-shishabar-eventuell-drogenkrieg-das-sagen-anwohner.html (21.7.2024).
392 https://www.bild.de/regional/berlin/berlin-aktuell/neue-lka-analyse-so-gefaehrlich-sind-die-kriminellen-clans-in-berlin-85018522.bild.html (21.7.2024).
393 https://www.tagesspiegel.de/gesellschaft/panorama/im-griff-der-clans-4033363.html (21.7.2024).
394 https://www.morgenpost.de/meinung/article231200520/Organisierte-Kriminalitaet-Der-Staat-hechelt-hinterher.html (21.7.2024).
395 https://www.zeit.de/news/2022-07/10/clankriminalitaet-minister-informieren-ueber-lagebild-2021 (21.7.2024).
396 Vgl. Bundeskriminalamt (2023): Bundeslagebild Organisierte Kriminalität 2022, 12.10.2023, S. 7.
397 Vgl. https://www.bka.de/SharedDocs/Pressemitteilungen/DE/Presse_2023/pm231012_pm_blb_ok.pdf?__blob=publicationFile&v=3 (21.7.2024).
398 Vgl. https://www.spiegel.de/panorama/justiz/organisierte-kriminalitaet-europol-veroeffentlicht-erstmals-zahlen-zu-bedrohlichsten-banden-a-423f5c5a-3dbd-4a26-ab0b-abf99ffac2aa (21.7.2024).
399 Vgl. ebd.
400 Vgl. https://www.merkur.de/politik/polizei-schweden-clankriminalitaet-kriminelle-clans-banden-norwegen-zr-92692501.html; https://www.focus.de/politik/clankriminalitaet-in-skandinavien-und-deutschland-schaut-nach-schweden-und-traeumt-nicht-laenger-von-multikulti_id_87885523.html; https://crisis-prevention.de/sicherheit/clankriminalitaet-und-parastaatliche-strukturen-eine-polizeiliche-und-kriminalpolitische-herausforderung.html# (21.7.2024).
401 https://www.zeit.de/news/2024-02/23/polizei-60-000-menschen-in-schweden-mit-gangs-verbunden (21.7.2024).
402 Vgl. https://www.bka.de/DE/UnsereAufgaben/Deliktsbereiche/Rockerkriminalitaet/rockerkriminalitaet_node.html#:~:text=InProzent20DeutschlandProzent20werdenProzent20hierzuProzent20in,UnterstProzentC3ProzentBCtzergruppierungenProzent20(Supporterclubs)Prozent20gezProzentC3ProzentA4hlt (21.7.2024).
403 Vgl. Bundeskriminalamt (2023): Bundeslagebild Organisierte Kriminalität 2022, 12.10.2023. S. 22.
404 Vgl. https://www.bka.de/DE/UnsereAufgaben/Deliktsbereiche/Rockerkriminalitaet/rockerkriminalitaet_node.html#:~:text=InProzent20DeutschlandProzent20werdenProzent20hierzuProzent20in,UnterstProzentC3

ProzentBCtzergruppierungenProzent20(Supporterclubs)Prozent20gezProze
ntC3ProzentA4hlt (21.7.2024).

405 Vgl. ebd.
406 Vgl. ebd.
407 Vgl. ebd.
408 Vgl. ebd.
409 Vgl. https://www.bka.de/DE/UnsereAufgaben/Deliktsbereiche/
OrganisierteKriminalitaet/ok.html (21.7.2024).
410 Vgl. ebd.
411 Vgl. ebd.
412 Vgl. Bundeskriminalamt (2023): Bundeslagebild Organisierte Kriminalität
2022, 12.10.2023. S. 25.
413 Vgl. https://www.bka.de/DE/UnsereAufgaben/Deliktsbereiche/
OrganisierteKriminalitaet/ok.html (21.7.2024).
414 Vgl. Bundeskriminalamt (2023): Bundeslagebild Organisierte Kriminalität
2022, 12.10.2023, S. 27.
415 Vgl. ebd.
416 Vgl. Landeskriminalamt Nordrhein-Westfalen (2018): Clankriminalität –
Lagebild NRW 2018, S. 6.
417 Vgl. ebd.
418 Vgl. ebd.
419 Vgl. Landeskriminalamt Nordrhein-Westfalen (2020): Clankriminalität NRW
2019, S. 24-26; Goertz, S. (2023): Clankriminalität in Deutschland und
staatliche Gegenmaßnahmen. In: Behörden Magazin 1/2023, S. 6-7.
420 Goertz, S. (2023): Clankriminalität in Deutschland und staatliche Gegenmaßnahmen. In: Behörden Magazin 1/2023, S. 6-7.
421 Vgl. Landeskriminalamt Nordrhein-Westfalen (2020): Clankriminalität NRW
2019, S. 44.
422 Vgl. https://www.tagesschau.de/inland/innenpolitik/hafen-drogen-
polizei-100.html (21.7.2024).
423 https://www.welt.de/politik/deutschland/article250468206/Kampf-gegen-
Drogen-Kartelle-Die-Deutschen-muessen-jetzt-handeln.html (21.7.2024).
424 Vgl. https://www.welt.de/politik/deutschland/article250468206/Kampf-
gegen-Drogen-Kartelle-Die-Deutschen-muessen-jetzt-handeln.html
(21.7.2024).
425 Vgl. https://www.tagesschau.de/ausland/europa/drogenmafia-101.html
(21.7.2024).
426 Vgl. https://www.tagesschau.de/ausland/europa/de-vries-prozess-101.html
(21.7.2024).
427 Vgl. https://www.tagesschau.de/inland/innenpolitik/hafen-drogen-
polizei-100.html (21.7.2024).
428 Vgl. Bundeskriminalamt (2023): Bundeslagebild Organisierte Kriminalität
2022, 12.10.2023, S.38.
429 Vgl. ebd., S. 38-39.

430 Vgl. https://www.theguardian.com/commentisfree/2024/jan/05/amsterdam-netherlands-drugs-policy-trade (21.7.2024).

431 Vgl. https://www.welt.de/politik/deutschland/plus252468736/Folter-Drogen-Bandenkrieg-Wie-die-Mocro-Mafia-nach-Deutschland-draengt.html (21.7.2024). https://www.focus.de/panorama/gewalt-eskaliert-brutale-mocro-mafia-expandiert-nach-deutschland-wer-hinter-der-drogenbande-steckt_id_260132112.html (21.7.2024).

432 https://www.focus.de/panorama/gewalt-eskaliert-brutale-mocro-mafia-expandiert-nach-deutschland-wer-hinter-der-drogenbande-steckt_id_260132112.html (21.7.2024).

433 Vgl. https://www.bundestag.de/dokumente/textarchiv/2024/kw08-de-cannabis-990684#:~:text=in%20schriftlichen%20Stellungnahmen.-,Gesetzentwurf%20der%20Bundesregierung,zu%20drei%20Cannabispflanzen%20zum%20Eigenkonsum; https://www.faz.net/aktuell/politik/inland/der-drogenkrieg-in-nrw-und-die-cannabis-legalisierung-19847473.html (21.7.2024).

434 Vgl. Bundeskriminalamt (2023): Bundeslagebild Organisierte Kriminalität 2022, 12.10.2023, S. 17.

435 Vgl. ebd., S. 49.

436 Vgl. https://www.tagesschau.de/ausland/europa/eu-drogenbericht-2024-100.html#:~:text=DieProzent20EUProzent20schProzentC3ProzentA4tztProzent2CProzent20dassProzent20es,DeutschlandProzent20mitProzent201.631Prozent20dokumentiertenProzent20FProzentC3ProzentA4llen. (21.7.2024).

437 Bundesamt für Sicherheit in der Informationstechnik (2023): Die Lage der IT-Sicherheit in Deutschland 2023, S. 11.

438 Vgl. ebd., S. 14.

439 Vgl. Bundeskriminalamt (2024): Bundeslagebild Cybercrime 2023. Mai 2024, S. 1-2.

440 Vgl. https://www.tagesschau.de/wirtschaft/cybercrime-deutschland-100.html (21.7.2024).

441 Vgl. Bundesamt für Sicherheit in der Informationstechnik (2023): Die Lage der IT-Sicherheit in Deutschland 2023, S. 85.

442 Vgl. Bundeskriminalamt (2024): Bundeslagebild Cybercrime 2023. Mai 2024, S. ii

443 Vgl. ebd.

444 Vgl. ebd., S. 8.

445 Ebd., S. 23.

446 Vgl. ebd., S. 3.

447 Vgl. ebd.

448 Bundeskriminalamt (2024): Bundeslagebild Cybercrime, S. 25.

449 Vgl. Bundesamt für Sicherheit in der Informationstechnik (2023): Die Lage der IT-Sicherheit in Deutschland 2023, S. 33-35; Goertz, S. (2024): Cyber-

crime, Cybersicherheit und Cyberangriffe in Deutschland – Die aktuelle Analyse der Sicherheitsbehörden. In: Polizei Praxis 1/2024, S. 56.
450 Vgl. Bundesamt für Sicherheit in der Informationstechnik (2023): Die Lage der IT-Sicherheit in Deutschland 2023, S. 39.
451 Vgl. ebd., S. 52.
452 Vgl. Bundesamt für Verfassungsschutz (2024): Kompendium, S. 192.
453 https://background.tagesspiegel.de/cybersecurity/cybernation-deutschland-nicht-meckern-machen (21.7.2024).
454 Vgl. ebd.
455 Vgl. https://www.bmi.bund.de/DE/themen/sicherheit/spionageabwehr-wirtschafts-und-geheimschutz/cyberspionage/cyberspionage-artikel.html (21.7.2024); Goertz, S. (2024): Cybercrime, Cybersicherheit und Cyberangriffe in Deutschland – Die aktuelle Analyse der Sicherheitsbehörden. In: Polizei Praxis 1/2024, S. 56.
456 Vgl. Bundesministerium des Innern und für Heimat (2023): Verfassungsschutzbericht 2022, S. 3.
457 Vgl. https://background.tagesspiegel.de/cybersecurity/cybernation-deutschland-nicht-meckern-machen (21.7.2024).
458 Vgl. ebd., S. 284.
459 Vgl. Goertz, S. (2024): Cybercrime, Cybersicherheit und Cyberangriffe in Deutschland – Die aktuelle Analyse der Sicherheitsbehörden. In: Polizei Praxis 1/2024, S. 58.
460 https://www.tagesschau.de/inland/innenpolitik/cdu-cyberangriff-100.html (21.7.2024).
461 Ebd.
462 Vgl. https://www.tagesschau.de/ausland/europa/cyberangriff-grossbritannien-verteidigungsministerium-100.html (21.7.2024).
463 Vgl. Bundesamt für Verfassungsschutz (2024): Kompendium, S. 192.
464 Vgl. ebd.
465 Vgl. ebd.
466 Vgl. Bundesministerium des Innern und für Heimat (2023): Verfassungsschutzbericht 2022, Juni 2023, S. 278-279.
467 Vgl. ebd., S. 284-285.
468 Vgl. Bundesministerium des Innern und für Heimat (2023): Verfassungsschutzbericht 2022, Juni 2023, S. 284-285.
469 https://www.tagesschau.de/inland/spd-cyberangriff-russland-100.html (21.7.2024).
470 Vgl. ebd.
471 Vgl. ebd.
472 Vgl. https://interaktiv.br.de/elite-hacker-fsb/ (21.7.2024).
473 Vgl. https://www.tagesschau.de/inland/cyberangriff-rheinmetall-101.html (21.7.2024).
474 Vgl. https://www.tagesschau.de/inland/gesellschaft/cyberattacke-deutschland-101.html (21.7.2024).

475   Vgl. https://www.zdf.de/politik/frontal/doku-vulkan-files-cyberangriff-
russland-ukraine-krieg-leak-daten-100.html (21.7.2024).

476   Vgl. ebd.

477   Vgl. https://www.zdf.de/nachrichten/politik/cyber-angriffe-hacker-
deutschland-ukraine-krieg-russland-102.html (21.7.2024).

478   Vgl. https://www.bmi.bund.de/SharedDocs/topthemen/DE/topthema-
desinformation/massnahmen-der-bundesregierung.html (21.7.2024).

479   Vgl. ebd.

480   https://www.bmi.bund.de/SharedDocs/reden/DE/2022/faeser-19052022-
bfv-symposium.html (21.7.2024).

481   Vgl. ebd.

482   Goertz, S. (2022): Russische Desinformationskampagnen in Deutschland.
Gegenmaßnahmen der Bundesregierung und Behörden – Kritik und Vor-
schläge. In: Veko online 26.10.2022 https://www.veko-online.de/aktuelle-
ausgabe/titel/titel-russische-desinformationskampagnen-in-deutschland.
html (21.7.2024).

483   Vgl. https://www.tagesschau.de/investigativ/ndr-wdr/russland-
desinformation-105.html (21.7.2024).

484   Vgl. ebd.

485   Zitiert nach: https://www.zdf.de/nachrichten/politik/innenministerium-fake-
webseiten-ukraine-krieg-russland-100.html (21.7.2024).

486   Vgl. https://www.zdf.de/nachrichten/politik/desinformation-kampagne-
facebook-ukraine-krieg-russland-100.html (21.7.2024).

487   Zitiert nach: https://www.rnd.de/politik/russland-faelscht-
deutsche-nachrichtenseiten-und-verbreitet-propaganda-
AYHVPHB5TRGU5IHQFTIBP5Y4WE.html (21.7.2024).

488   Vgl. https://www.tagesschau.de/inland/desinformation-kampagne-
russland-100.html (21.7.2024).

489   Ebd.

490   Vgl. https://www.br.de/nachrichten/netzwelt/desinformation-im-netz-
menschen-in-deutschland-beunruhigt,U5XIJUx (21.7.2024).

491   Vgl. ebd.

492   Vgl. https://www1.wdr.de/nachrichten/bettwanzen-russland-
desinformation-100.html?at_medium=wdr.de&at_campaign=sharing&at_
source=Email (21.7.2024).

493   Vgl. ebd.

494   https://www.verfassungsschutz.de/DE/verfassungsschutz/der-bericht/vsb-
spionageabwehr/vsb-spionageabwehr-node.html#doc1036458bodyText1
(21.7.2024).

495   https://www.verfassungsschutz.de/DE/themen/spionage-und-
proliferationsabwehr/begriff-und-hintergruende/begriff-und-
hintergruende_node.html (21.7.2024)

496   Vgl. Bundesministerium des Innern und für Heimat (2023): Verfassungsschutzbericht 2022, Berlin Juni 2023, S. 278.

497 Vgl. Baumgärtner, Maik/Knobbe, Martin/Lehberger, Roman/Schmid, Fidelius/Wiedemann-Schmidt, Wolf (2023): Der Vegetarier unter den Geheimdiensten. In: Der Spiegel, Nr. 11/2023, S. 14-16.

498 Vgl. Baumgärtner, Maik/Grozev, Christo/Höfner, Roman/Knobbe, Martin/Lehberger, Roman/Schmid, Fidelius/Wiedemann-Schmidt, Wolf (2023): Casino der Spione. In: Der Spiegel, Nr. 11/2023, S. 9-13.

499 https://www.rbb-online.de/kontraste/archiv/kontraste-vom-29-03-2023/im-visier-des-kreml-russische-spionage-in-deutschland.html (21.7.2024).

500 https://www.handelsblatt.com/politik/deutschland/taurus-abhoeraffaere-geheimdienstchef-fuerchtet-noch-schlimmeres-als-das-bundeswehr-leak/100022960.html (21.7.2024).

501 Ebd.

502 Ebd.

503 Vgl. https://www.mdr.de/nachrichten/deutschland/politik/russische-spione-bayreuth-festnahme-100.html (21.7.2024).

504 Vgl. ebd.

505 https://www.stern.de/news/von-notz-nennt-mutmasslichen-spionage-fall--hochalarmierenden-vorgang--34640462.html (21.7.2024).

506 Ebd.

507 Ebd.

508 https://www.spiegel.de/politik/deutschland/spionageverfahren-in-deutschland-die-uebersicht-a-743ccd36-ebe4-414a-ba5c-6df3998a7477 (21.7.2024).

509 Vgl. Bundesministerium des Innern und für Heimat (2023): Verfassungs-schutzbericht 2022, Berlin Juni 2023, S. 288-290.

510 Vgl. ebd.

511 Vgl. ebd.

512 Vgl. https://www.br.de/nachrichten/netzwelt/huawei-und-5g-einfallstor-fuer-china-spione-und-hacker,UBWgLlo?UTM_Name=Web-Share&UTM_Source=Link&UTM_Medium=Link (21.7.2024).

513 Vgl. ebd.

514 Vgl. Bundesministerium des Innern und für Heimat (2023): Verfassungs-schutzbericht 2022, Berlin Juni 2023, 289-291.

515 Vgl. https://www.tagesschau.de/inland/festnahmen-spionage-china-100.html (21.7.2024).

516 Vgl. https://www.mdr.de/nachrichten/deutschland/politik/haftbefehl-afd-spionage-china-festnahme-mitarbeiter-krah-100.html (21.7.2024).

517 Vgl. Bundesministerium des Innern und für Heimat (2023): Verfassungs-schutzbericht 2022, Berlin Juni 2023, S. 296-297.

518 Vgl. https://www.faz.net/aktuell/rhein-main/al-quds-demo-in-frankfurt-aufzug-der-iran-sympathisanten-19635985.html (21.7.2024).

519 Vgl. https://www.focus.de/panorama/welt/mossad-warnt-auch-deutschland-sabotage-kommandos-der-mullahs-in-westeuropa-unterwegs_id_259679644.html (21.7.2024).

520   Vgl. Bundesministerium des Innern und für Heimat (2023): Verfassungs-
        schutzbericht 2022, Berlin Juni 2023, S. 299-300.
521   Vgl. https://www.fr.de/politik/spionage-denunziation-kurierfahrer-
        terrorismus-verhaftung-erdogan-kritiker-deutschland-tuerkei-zr-92887451.
        htmlhttps://www.bing.com/?PC=L621 (21.7.2024).
522   Vgl. https://www.faz.net/aktuell/politik/inland/erdogans-einfluss-auf-die-
        deutschtuerken-der-lange-arm-ankaras-19633736.html (21.7.2024).
523   Vgl. https://www.verfassungsschutz.de/DE/themen/geheim-und-
        sabotageschutz/begriffe-und-hintergruende/Begriffe-und-Hintergruende_
        node.html#doc721820bodyText2 (21.7.2024).
524   Vgl. https://www.tagesschau.de/inland/gesellschaft/cyberattacke-
        deutschland-101.html (21.7.2024).
525   Behörden Spiegel Interview: Keine großflächigen Stromausfälle erwartet.
        BBK-Präsident Tiesler über Resilienz und Blackout. Behörden Spiegel No-
        vember 2022, S. 42.
526   Ebd.
527   Bennet Biskup-Klawon: Wenn es länger dauert, wird es schwierig. Feuer-
        wehr und THW im Blackout. In: Behörden Spiegel November 2022, S. 42.
528   https://de.statista.com/infografik/31737/befragte-die-denken-dass-ihr-
        land-in-den-naechsten-10-jahren-sicherer-werden-wird/ (21.7.2024).
529   https://www.theeuropean.de/wissenschaft/hermann-binkert-innere-
        sicherheit-ist-ein-top-thema-aber-polizei-wird-ungenuegend-geschuetzt
        (21.7.2024).
530   Vgl. https://www.spiegel.de/politik/deutschland/deutschland-70-prozent-
        der-buerger-halten-staat-fuer-ueberfordert-forsa-umfrage-a-ea1175ab-
        d979-4e5c-9adb-39b2dc059d44 (21.7.2024).
531   Vgl. Bundesamt für Verfassungsschutz (2024): Kompendium des BfV.
        Darstellung ausgewählter Arbeitsbereiche und Beobachtungsobjekte, S.
        109-110.
532   https://www.verfassungsschutz.de/DE/themen/linksextremismus/
        linksextremismus_node.html (21.7.2024).